Wilhelm Braune

Gotische Grammatik

Wilhelm Braune

Gotische Grammatik

ISBN/EAN: 9783743657434

Hergestellt in Europa, USA, Kanada, Australien, Japan

Cover: Foto ©Andreas Hilbeck / pixelio.de

Weitere Bücher finden Sie auf **www.hansebooks.com**

SAMMLUNG
KURZER GRAMMATIKEN
GERMANISCHER DIALEKTE.

HERAUSGEGEBEN

VON

WILHELM BRAUNE.

I. GOTISCHE GRAMMATIK.

HALLE.
MAX NIEMEYER.
1895.

GOTISCHE GRAMMATIK

MIT EINIGEN LESESTÜCKEN UND
WORTVERZEICHNIS

VON

WILHELM BRAUNE.

VIERTE AUFLAGE.

HALLE.
MAX NIEMEYER.
1895.

VORWORT.

Diese gotische grammatik soll in erster linie dem akademischen unterrichte dienen, als grundlage für vorlesungen und gotische übungen; sie soll aber auch dem studierenden ein ausreichendes hülfsmittel bieten zur praktischen erlernung der gotischen sprache und ihn dadurch befähigen, den vorlesungen über historische und vergleichende grammatik mit grösserem nutzen zu folgen. Zu diesem zwecke ist die gotische laut- und flexionslehre möglichst aus sich selbst zur darstellung gebracht, ohne die vergleichende grammatik zur erklärung der tatsachen heranzuziehen. Eher ist zuweilen auf einen anderen germanischen dialekt, wie das althochdeutsche, bezug genommen. Die sprachwissenschaftliche erläuterung soll den vorlesungen überlassen bleiben. Wer aber nach dem buche gotisch lernt, ohne die möglichkeit zu haben vorlesungen zu hören, dem möge als hülfsmittel zur vertiefung seiner kenntnisse besonders empfohlen werden K. Brugmanns grundriss der vergleichenden grammatik und Fr. Kluges vorgeschichte der altgerm. dialekte (in Pauls grundriss der germ. philologie I, 300—406). Die litteraturcitate in der grammatik selbst dienen nicht der sprachwissenschaftlichen erklärung, sondern verweisen auf solche schriften und abhandlungen, aus denen über die feststellung der tatsachen und deren auffassung vom rein gotischen standpunkte aus förderndes zu entnehmen ist; höchstens einzelne verweise auf Brugmanns grundriss dürften diese schranke überschreiten.

Die lesestücke sollen für gotische übungen ausreichendes material liefern; dem auf eigene hand sich einarbeitenden geben sie gelegenheit, das in der grammatik gelernte anzu-

wenden. Dem anfänger wäre zu empfehlen, für das erste mal sich die lautlehre nur überlesend, die flexionslehre dagegen genauer anzusehen (alles zunächst unter ausschluss der anmerkungen) und dann sogleich mit der lektüre eines textes zu beginnen. Daneben her wird eine weitere einprägung der grammatik gehen müssen, wie ja auch die möglichst genau zu betreibende analyse der texte ein stetes zurückgreifen auf die grammatik erfordern wird.

Das glossar enthält nicht nur den wortschatz der lesestücke, sondern auch sämmtliche in der grammatik angeführte wörter. Die citate aus der flexionslehre sind dazu vollständig gegeben, aus der lautlehre überall da, wo ein wort nicht nur als beliebig herausgegriffenes beispiel steht. Es kann so das wortverzeichnis zugleich als register zur grammatik dienen.

Seit seinem ersten erscheinen im jahre 1880 hat dieses buch wesentliche änderungen nicht erfahren: der erfolg schien mir die zweckmässigkeit der anlage zu verbürgen, so dass ich auch jetzt einzelnen weitergehenden wünschen gegenüber mich zurückgehalten habe. Dass eine beimischung sprachvergleichender elemente dem zwecke des buches entgegen wäre, daran muss ich festhalten. Eher konnte es in frage kommen, ob nicht wortbildungslehre und syntax als hauptteile an die laut- und flexionslehre anzufügen wären. Doch habe ich auch davon abgesehen. Was von der wortbildungslehre für die praktische erlernung der gotischen sprache förderlich ist, findet sich in die flexionslehre eingeflochten; eine systematische darstellung scheint mir für das gotische allein nicht sehr fruchtbringend, sondern nur im zusammenhange mit den übrigen germanischen, bez. indogerm. sprachen. Und gerade in dieser hinsicht liegt für den studierenden ein treffliches hülfsmittel vor in Kluges nominaler stammbildungslehre der altgerm. dialekte (vgl. § 223), die als ergänzungsheft dieser grammatikensammlung leicht zugänglich ist und auf welche ich in der flexionslehre ausgiebig verwiesen habe. Die beigabe einer dem sonstigen charakter der grammatik entsprechenden syntax würde den umfang des ganzen leicht um das doppelte gesteigert haben, was im interesse der verbreitung des buches *nicht unbedenklich zu sein schien. Leicht erreichbare abrisse der gotischen syntax giebt es ohnedies: ich habe mich daher vorläufig mit der hinzufügung eines litteraturverzeichnisses begnügt (§ 224), das dem suchenden als wegweiser dienen mag.*

Auch für diese auflage habe ich von benutzern des buches freundliche mitteilungen erhalten. Ueber die verbesserung von druckfehlern hinaus haben den inhalt fördernd beeinflusst die zuschriften der herren G. H. Balg, R. Bethge, J. Franck, M. H. Jellinek: ihnen allen spreche ich hiermit meinen herzlichsten dank aus. Auch die recension von M. Roediger (D. Literaturztg. 1888, 769 f.) habe ich dankbar benutzt. Für unterstützung bei der correktur habe ich meinem freunde E. Sievers besten dank zu sagen.

Heidelberg, 1. mai 1895.

W. Braune.

Inhalt.

Lautlehre
    Seite

Cap. I. Die schrift (§ 1—2) 1
Cap. II. Die vocale (§ 3—27) 3
Cap. III. Uebersicht über den gotischen vocalismus (§ 28 - 36) . 15
    A. Phonetisches system (§ 28)
    B. Historisches system (§ 29—36)
Cap. IV. Die consonanten (§ 37—82). 18
    A. Sonore consonanten (§ 38—50)
    B. Geräuschlaute (§ 51—78)
        1. Labiale (§ 51—56)
        2. Gutturale (§ 57—68)
        3. Dentale (§ 69—78)
    Anhang. Allgemeines über die consonanten (§ 79—82)

Flexionslehre

Cap. I. Declination der substantiva (§ 83—120) 37
    Allgemeine vorbemerkungen (§ 83 - 88ᵃ)
    A. Vocalische (starke) declination (§ 89—106)
    B. N-declination (schwache declination) (§ 107—113)
    C. Kleinere declinationsklassen (§ 114—118)
    Anhang. Declination der fremdwörter (§ 119—120)
Cap. II. Declination der adjectiva (§ 121—139). 51
    A. Starkes adjectivum (§ 122—131)
    B. Schwaches adjectivum (§ 132)
    C. Declination der participia (§ 133—134)
    D. Steigerungsformen des adjectivs (§ 135—139)
Cap. III. Die zahlwörter (§ 140—149) 59
Cap. IV. Pronomina (§ 150—166) 61
Cap. V. Conjugation (§ 167—209) 67
    I. Starke verba (§ 169—152)
    II. Schwache verba (§ 153—195)
    III. Unregelmässige verba (§ 196—209)
Cap. VI. Partikeln (§ 210—219). 87

Anhang: Die Goten. Quellen der gotischen sprache. Ausgaben.
    Hülfsmittel zur laut- und wortlehre. Litteratur der got. syntax.
    (§ 220—224) 90
Lesestücke 98
Wortverzeichnis 117
Verzeichnis abgekürzt angeführter bücher 140

Lautlehre.

Cap. I. Die schrift.

§ 1. Die denkmäler der gotischen sprache sind in einem eigentümlichen alphabet überliefert, als dessen erfinder uns durch griech. kirchenschriftsteller Ulfilas (s. § 221) genannt wird. Jedoch ist das gotische alphabet keine völlige neuschöpfung, sondern Ulfilas legte das griech. alphabet zu grunde und passte es dem gotischen lautstande an, indem er mehrere zeichen aus dem lateinischen alphabete dazu nahm, in einigen fällen sich auch an das heimische runenalphabet anlehnte. Vom griechischen alphabet behielt er auch die reihenfolge und die zahlengeltung bei. Wir umschreiben jetzt das gotische alphabet in unseren drucken in völlig genügender weise durch das lateinische. Im folgenden führen wir je in der ersten reihe die originalen gotischen schriftzeichen auf, in der zweiten die zahlengeltung derselben, in der dritten die umschreibung der gotischen schriftzeichen durch lateinische buchstaben, deren wir uns ferner ausschliesslich bedienen werden.

1	2	3	4	5	6	7	8	9
a	b	g	d	e	q	z	h	þ

10	20	30	40	50	60	70	80	90
i	k	l	m	n	j	u	p	—

Lautlehre. Cap. I.

Ҏ	S	T	Y	Ⅎ	X	Θ	Ϙ	↑
100	200	300	400	500	600	700	800	900
r	s	t	w	f	χ	h·	o	—

Anm. 1. Von diesen zeichen ist eins (i, 1ɥ) durch zwei formen vertreten. Das i ohne punkte ist das häufigere, das punktierte i steht nur im wortanfange, ferner im wortinnern nach einem vocalzeichen, falls es eine silbe für sich beginnt und nicht mit dem vorhergehenden vocale in einen diphthong zusammengefasst werden soll, z. b. fraïtiþ (d. i. fra-itiþ). In der transscription wird überall i angewant.

Anm. 2. Zwei zeichen haben keinen lautwert, sondern dienen nur als zahlzeichen. Es sind dies die aus dem griechischen alphabet entnommenen episema *koppa* (90) und *sampi* (900). — Als zahlzeichen werden die buchstaben durch einen übergelegten strich oder durch punkte vorn und hinten bezeichnet: ĪB oder ·IB· = 12.

Anm. 3. Die transscription der gotischen zeichen ist in einigen fällen schwankend. Statt des w wurde bisher meist v angewendet (§ 39 a. 1); — für die einfachen zeichen q und h· sind im gebrauch: kv oder qu (für q § 59 a. 1), hv oder w (für h· § 63); — statt des þ, welches aus dem nordisch-angelsächsischen alphabet entnommen ist, kommt auch th zur anwendung (§ 70 a. 1).

Anm. 4. Abkürzungen werden in den gotischen denkmälern nur wenige gebraucht, regelmässig aber in den heiligen namen *guþ, frauja, iesus, χristus*. Sie werden durch einen übergelegten strich bezeichnet und sind in unsern drucken gewöhnlich aufgelöst, z. b. g͞þ = *guþ*, f͞a, f͞ns = *frauja, fraujins*. — Weiteres s. in Gabelentz-Loebe's gramm. s. 19 ff.

Anm. 5. Die Goten hatten vor Ulfilas schon die germanische runenschrift. Von dieser behielt man die namen der buchstaben auch für die neuen zeichen bei. Die gotischen buchstabennamen sind uns nebst einigen gotischen worten und alphabeten in einer Salzburg-Wiener handschrift des 9. jahrh. erhalten: W. Grimm, Wiener jahrbücher der litteratur 43, s. 4 ff. Massmann, zs. fda. 1, s. 296 ff. — Die form der namen ist freilich sehr verderbt. Hierüber vgl. A. Kirchhoff, das gotische runenalphabet, 2. aufl., Berlin 1854; J. Zacher, das gotische alphabet Vulfilas und das runenalphabet, Leipzig 1855. — Von besonderer wichtigkeit ist die abhandlung von Wimmer über das Wulfilanische alphabet, als anhang I zu seinem buche: 'Die Runenschrift' Berlin 1887, s. 259-274.

§ 2. Von den 27 zeichen fallen zwei als blosse zahlzeichen weg (§ 1 a. 2), ein drittes, das χ, ist nur in griechischen fremdwörtern, besonders im namen *Christus*, beibehalten und

bezeichnet keinen gotischen laut. Es bleiben also 24 zeichen zurück, deren lautliche geltung zu ermitteln ist. Es sind dies:
a) Consonantzeichen:
p b f m w | t d þ s z n l r | k q g h ƕ j.
b) Vocalzeichen:
a e i o u.
Dazu c) die verbindungen von zwei vocalzeichen:
ei iu ai au.

Zur feststellung des lautwertes dieser zeichen bieten sich folgende mittel dar: 1. Das gotische alphabet ist seiner grundlage nach das griechische: es ist also die für das 4. jahrh. n. Chr. zu erschliessende aussprache der griechischen buchstaben auch für die gotischen anzunehmen, so lange nichts dagegen spricht. 2. Die widergabe der zahlreichen griechischen fremdwörter und eigennamen bei Ulfilas. 3. Die transscription der gotischen eigennamen in lateinischen urkunden und bei lateinischen schriftstellern des 4.—8. jahrhunderts. 4. Das zeugnis der verwanten germanischen sprachen. 5. Lautwandlungen und grammatische vorgänge in der gotischen sprache selbst gestatten uns schlüsse auf die natur der laute.

Anm. 1. Ueber die aussprache des gotischen vgl. Weingärtner, die aussprache des gotischen zur zeit des Ulfilas, Leipzig 1858; Fr. Dietrich, über die aussprache des gotischen während der zeit seines bestehens, Marburg 1862; über die consonanten Paul, zur lautverschiebung, Beitr. 1, s. 147 ff.

Anm. 2. Altes zeugnis zur gotischen aussprache in der Salzburg-Wiener hs.:

uuortun	otan	auar	euangelia	ther	lucam
waurþun	uþþan	afar	aiwaggeljo	þairh	Lokan
uuorthun		auar	thuo	iachuedant iachuatun
waurþun		afar	þo	jah qeþun.

ubi dicit. genuit *j.* poniţur   ubi gabriel .*g.* ponunt et alia his sim/ubi aspiratione . ut dicitur gah libeda *jah libaida* / diptongon *ai* pro *e* longa p ch q ponunt. — Vgl. § 1 a. 5 und zur erklärung bes. Kirchhoff s. 20 ff.

Cap. II. Die vocale.

a

§ 3. Das gotische *a* bezeichnet in der regel den kurzen *a*-laut.

Anm. 1. Fremde wörter und namen z. b. *Annas* Ἅννας, *Akaja*

Ἀχαΐα, *barbarus* βάρβαρος, *aggilus* ἄγγελος, *karkara* carcer, *lukarn* lucerna, *Kafarnaum* Καπερναούμ.

Anm. 2. Gotische namen: *Athanaricus*, *Ariaricus*, *Amalafrigda* (Ammian).

§ 4. Das kurze *a* ist sehr häufig, sowol in stammsilben als in flexionen.

Beispiele: a) Stammsilben: *agis* schreck, *aljis* alius, *tagr* träne, *ahva* aqua, *alan* wachsen, *hafjan* heben, *saltan* salzen, *haldan* halten, *waldan* herschen; *fadar* vater, *staps* ort. — *ahtau* octo, *gasts* gast, *hvapar* uter, *awistr* schafstall (ahd. *au* ovis, ahd. gr. § 219 a. 3), *bandi* fessel, *barn* kind, *saggws* cantus; alle praeterita der III.—V. ablautsreihe: *bar* ich trug, *hlaf* ich stahl, *band* ich band, *gaf* ich gab etc.

b) Flexionen: *daga* (d. sing. § 90), *waúrda* (n. a. pl. § 93), *giba* (n. a. s. § 96), *guma* (n. s. § 107), *haírtóna* (n. a. pl. § 109); — *blindamma*, *blindana*, *blinda*, *blindata* (st. adj. § 123); — *imma*, *ina*, *ita*, *ija*, *meina* (pronomen § 150 ff.); — *nima* (1. s. praes. ind.); *nimaima*, *nimaiwa*, *nimaina* (1. pl. du., 3. pl. optat.); *haitada* (mediopassiv § 170); *sókida* (sw. praet. § 184); — adverbia: -*ba* (z. b. *glaggwuba*), *néhva*, *inna*, *ana*, *waíla* etc.

Anm. 1. Apokope eines unbetonten *a* vor encliticis: *þat-ist*, *þat-ei*, *þan-uh*, *þamm-uh*, *þan-ei*, *þamm-ei*, *kar-ist*. — Ferner *frét* und *frétum* (praet. zu *fra-itan* verzehren, § 176 a. 3).

Anm. 2. *a* in den diphthongen *ai*, *au* s. § 21. 25.

§ 5. In wenigen fällen hat *a* auch die geltung eines langen vocals *á* (vgl. Holtzmann, altd. gr. I, 3 ff.).

a) In fremdwörtern: *Silbânus* (Silvanus), *auráli* (orale), *spaikulátur* (speculator), *Peilâtus* etc.;

b) in folgenden gotischen wörtern: *fâhan* fangen (ahd. *fâhan*), *hâhan* hängen (ahd. *hâhan*), *þâhta* (praet. zu *þagkjan* denken), *brâhta* (praet. zu *briggan* bringen), *gafâhs* fang, *faúrhâh* vorhang, *gahâhjô* zusammenhängend, *gâhts* das gehen. Dazu noch *þâhô* ton (ahd. *dâha*), *unwâhs* untadelhaft (ags. *wóh* bös).

Anm. 1. In den unter b) aufgeführten wörtern ist *âh* aus *anh* hervorgegangen (§ 50 a. 1). Vgl. auch Litbl. 1886 s. 485.

e

§ 6. Das zeichen *e* bezeichnet stets einen langen vocal, und zwar ein geschlossenes, sehr weit nach *i* hin liegendes *é*.

Anm. 1. In griechischen wörtern wird regelrecht η durch *é* widergegeben, z. b. *Gabriêl, Kêfas, aikklêsjô, Krêta*; — einigemale aber auch *ι: Naen Naiv, Tykekus Τυχικός, ailðe ἐλωί*; desgl. *ε: Iared Ἰαρέδ*.

Anm. 2. In gotischen namen schreiben die Lateiner *e* für got. *ê: Sigismêres, Gelimêr, Reccarêd*; aber daneben schon im 6. jh. ganz gewöhnlich auch *i*, z. b. *Theodemir, Valamir*. Vgl. Beitr. 11, 7 ff.; Wrede, Wand. 92 f.

§ 7. Das got. *ê* (welchem im ahd. und alts. regelrecht *â* entspricht, ahd. gr. § 34) findet sich:

a) in reduplicierenden verben, zum teil mit *ô* ablautend (§ 179. 181): *grêtan, lêtan, slêpan*; b) im plural praet. der IV. V. ablautsreihe: *sêtum* (zu *sitan* sitzen), *nêmum* (zu *niman* nehmen), *têmum* (zu *timan* geziemen), *êtum* (*itan*) und im sg. praet. *frêt* Luc. 15, 30 (§ 176 a. 3); c) in ableitungen von den unter b) genannten verbalstämmen, z. b. *andanêms* angenehm, *andanêm* annahme, *gatêmiba* geziemend, *uzêta* krippe; d) in andern wörtern wie *jêr* jahr, *qêns* frau, *mêna* mond, *lêkeis* arzt, *mêrjan* verkünden, *manasêþs* (menschensaat) welt etc.; e) in bildungssilben: *fahêþs* freude, *awêþi* schafherde (doch vgl. § 17 a. 1), *azêts* leicht, 2. pers. praet. sw. v. -*dês* (*nasidês* § 184); f) auslautend: in der endung des gen. plur., z. b. *dagê*; in einsilb. instrumentalen *þê, h·ê* (§ 153. 159), in partikeln und adverb. wie *swê, untê, hidrê, bisunjanê*, endlich in den dativen *h·ammêh, h·arjammêh, ainummê-hun* (vgl. § 163—66).

Anm. 1. *ê* vor vocalen erscheint als *ai* s. § 22.

Anm. 2. Ziemlich häufig findet sich *ei* für *ê* geschrieben, besonders im ev. Lucas, z. b. *qeins* (= *qêns*), *faheid* (= *fahêd*), *fraleitais* (= *fralêtais*) Luc. 2, 5. 10. 29, *afleitan* Matth. 9, 6 etc.

Anm. 3. Vereinzelt findet sich auch *i* statt *ê*, öfter im ev. Lucas, z. b. *birusjôs* Luc. 2, 41; *qiþeina* 6, 56. 9, 21; *lawidldeina* 6, 11; *duatsniwun* Mc. 6, 53. Nur mit *i* belegt ist *wriþus* herde Luc. 8, 33 (für *wrêþus*, vgl. Bezzenb. Beitr. 3, 114).

Anm. 4. Umgekehrt wird auch *e* statt *i* und *ei* geschrieben (§ 10 a. 5, § 17 a. 1). — Diese in a. 2—4 aufgeführten abweichungen deuten auf ostgot. schreiber; vgl. Wrede, Ostg. 161.

§ 8. Vom vorigen zu sondern ist das *ê* in einigen got. worten, in welchem ihm ahd. *ea, ia* (nicht *â*) entspricht: *hêr* hier, *Krêks* Grieche, *fêra* gegend, seite, *mês* tisch. Vgl. ahd. gr. § 35. 36; Beitr. 18, 409 f.

i

§ 9. *i* bezeichnet der regel nach den kurzen vocal *i*, während die entsprechende länge (*î*) im got. durch *ei* (§ 16) widergegeben wird.

Anm. 1. Das *i* entspricht in griechischen wörtern dem kurzen *ι*, nur ausnahmsweise gibt es griech. *η* wider, welches sonst *ē* ist: z. b. *Aúnisimus Ὀνήσιμος, Bipania Βηθανία.*

Anm. 2. Einen langen laut bezeichnet das *i* in gotischen wörtern, wenn es incorrect für *ē* (vgl. § 7 a. 3) geschrieben wird.

§ 10. Das got. *i* ist, historisch betrachtet, ein zweifaches: es sind in demselben zwei ursprünglich getrennte laute zusammengefallen, die nun vom rein gotischen standpunkte aus nicht mehr zu scheiden sind.

a) Got. *i* ist = urgerm. *e* (ahd. *ë* oder *i*, vgl. ahd. gr. § 28—30), z. b. im praesens der verba der III.—V. ablautsreihe (§ 32—34) *niman* ahd. *nëman*, *giban* ahd. *gëban*, *giba* ahd. *gëba*. *bindan* ahd. *bintan*, *itan* essen, *midjis* medius, *hlifan* stehlen, *swistar* ahd. *swëster*, *fidwōr* vier, *gifts* gabe, *qiss* rede; part. pt. der V. ablautsreihe: *gibans, itans, lisans, wigans, qipans*.

b) Got. *i* ist = urgerm. *i* (ahd. *i*, ahd. gr. § 31), z. b.: *lists* list, *fisks* fisch, *is* er, *wissa* ich wusste, *skritnan* zerissen werden; plur. praet. und part. praet. der verba I. ablautsreihe (§ 30): *bitun, bitans* (zu *beitan*), *stigun, stigans* (zu *steigan*), *lipun, lipans* (zu *leipan*).

Anm. 1. Im auslaut steht *i* in *ni, bi, si, hiri*, in den nominativen femininer und neutraler *j*-stämme: *bandi* (§ 96), *kuni* (§ 93), im a. v. sing. der masculina *hari* (§ 93), 3. sing. opt. praet. *nēmi*. Dieses auslautende *i* erscheint als *j*, wenn es inlautend wird (§ 45).

Anm. 2. Auslautendes *i* wird vor folgendem *i* eines enklitischen wortes elidiert in *nist* (= *ni-ist*), *sei* (= *si-ei*), *niba* (*ni iba*).

Anm. 3. Vor *h* und *r* wird jedes *i* zu *ai* gebrochen, vgl. § 20.

Anm. 4. *ij* findet sich in *ija* eam, *þrija* tria, *fijan* hassen, *frijōn* lieben, *sijum* wir sind, *kijans* gekeimt u. a. Statt *ij* wird auch (aber nur selten) einfaches *i* geschrieben: *fian, sium* etc.; — sehr häufig ist die schreibung ohne *j* nur in *friaþwa* (neben *frijaþwa*) liebe.

Anm. 5. Bisweilen ist *e* statt *i* geschrieben, z. b. *usdrebi* Mc. 5, 10, *seneigana* 1. Tim. 5, 1.

Anm. 6. *i* im diphthongen *iu* s. § 18. 19.

Anm. 7. Ueber scheidung der beiden *i* (= ahd. *ë* und *i*) in ostgot. namen s. Wrede, Ostg. 162.

O.

§ 11. Das zeichen *o* bedeutet im gotischen stets langes *ō*, und zwar ein geschlossenes, dem *u* nahestehendes *ô*.

Anm. 1. In griech. wörtern entspricht *o* der regel nach dem *ω*, selten einem *o*, z. b. *Makidonja Μακεδονία*; auch für *ου* wird es gesetzt: *Iodas Ἰούδας* Luc. 3, 26.

Anm. 2. *o* steht in got. wörtern öfter für (kurzes) *u* (§ 14 a. 3).

§ 12. ô (= ahd. *uo*, s. ahd. gr. § 38 ff.) ist in gotischen wörtern häufig, z. b. *brôþar* bruder, *bôka* buche, *frôþs* klug; *flôdus* flut, *fôtus* fuss.

Im praet. der VI. reihe (§ 35) und der ê-ô-reihe (§ 36): *ôl, hôf, ôg*, plur. *ôlum, hôfum, ôgum*; *lailôt, lailôtum, saisô*. In endungen z. b. n. plur. *gibôs, dagôs*; sw. v. II. *salbôn*; auslautend gen. pl. f. *gibô, tuggônô*; nom. sing. *tuggô, hairtô*. Pronom.: *hô, þô, sô, hvanô-h, ainnô-hun, hvarjanô-h*. Verbum *salbô*. Adv. auf -ô (§ 211).

Anm. 1. Statt eines *ô* wird einige male *u* geschrieben: *gakrôtuda* (zu *krôtôn*) er wird zermalmt Luc. 20, 18, *ahtêdun* sie fürchteten (zu *ôg*) Marc. 11, 32. — In ostgot. namen steht häufig *u* für *ô*, s. Wrede, Ostg. 164.

Anm. 2. In einigen worten geht *ô* vor vocalen in *au* über: s. § 26.

Anm. 3. Wechsel von *ô* und *u* in der flexion von *fôn*, gen. *funins* (§ 118). Hierüber und bez. anderer berührungen zwischen *ô* und *u* vg. Beitr. 6, 377 ff., 564, Kuhns zs. 26, 16 ff.

U

§ 13. Das zeichen *u* hat im gotischen die geltung sowol eines kurzen als eines langen vocals; jedoch ist die kürze *u* häufiger als die länge *ú*.

Anm. 1. *u* vertritt in fremdwörtern regelmässig griech. *ου*. Oefter aber steht es auch in unbetonter silbe für griech. *ο*: *diabulus* διάβολος (neben *diabaúlus*), *apaústulus* (neben *apaústaúlus*), *paintêkustê* πεντηκοστή.

Anm. 2. *u* für *ô* selten (§ 12 a. 1), *u* für *áu* (§ 25 a. 3).

§ 14. Das kurze *u* ist ein im got. sehr häufiger laut.

Beispiele: a) *juk* joch, *sunus* sohn, *drus* fall, *us-drusts* das fallen, *fra-lusts* verlust, *lusnan* verloren geben; — im plur. praet. und part. der verba der II. reihe (§ 31), z. b. *gutum, gutans, lusum, lusans*; — in endungen der subst. der *u*-decl. *handus, handu*, auslautend z. b. in *þu* pron. du, *nu* jetzt, *-u* fragepartikel.

b) *wulfs* wolf, *wulla* wolle, *gaqumþs* zusammenkunft, *gulþ* gold, *swumfsl* teich, *hund* 100, *sibun* 7, *taihun* 10, *fulls* voll, *un-* privativpraefix; im plur. praet. und part. pt. der verba der III. reihe (§ 32) *bundum, bundans*, im part. pt. der verba der IV. reihe (§ 33) *numans, stulans*.

brukans gebrochen, *us-bruknan* abgebrochen werden, *trudan* treten, part. *trudans, snutrs* weise.

Anm. 1. Vor ableitenden *j*-suffixen fällt stammauslautendes *u* in der regel aus, z. b. *-hardjan* härten (zu *hardus*), *-agljan* lästig werden (zu *aglus*), *maniojan* bereiten (zu *manicus*), *ufarasejan* vermehren (zu *ufarassus*); L. Meyer, got. spr. s. 325 f. Jedoch *skaduja*» beschatten (zu *skadus* schatten) und *skaduveins* beschattung (vgl. Zs. fda. 36, 269.). — Ueber *u* neben *w* vgl. § 42.

Anm. 2. Vor *h* und *r* wird jedes *u* zu *aú* gebrochen, vgl. § 24.

Anm. 3. Oefter (8 mal, meist im Lucas) ist *u* durch *o* gegeben, z. b. *lauhmoni* blitz Luc. 17, 24, *sunjos* söhne Luc. 16, 5, *ushôfon* Luc. 17, 13, *ainomihun* Luc. 8, 43, *faiho* geld Mc. 10, 23.

Anm. 4. Für *u* wird in endungen der u-declination zuweilen *au* geschrieben, z. b. *sunaus* (n. sing.) Luc. 4, 3; vgl. § 105 a. 2.

§ 15. Das lange *û* ist mit sicherheit anzusetzen in: a) *út* hinaus (*úta* etc.), *dúbo* taube, *rúna* geheimnis, *rûms* raum, geräumig, *múl* (in *faúrmúljan* das maul verbinden), *brúþs* braut, *hús* haus, *skúra* schauer, *hlútrs* lauter, *fúls* faul, *múks* sanft (in *múkamôdei*), *þúsundi* 1000, *brúkjan* brauchen (*brúhta*, adj. *brúks*), *lúkan* schliessen (§ 173 a. 2), *hrúkjan* krähen (s. Beitr. 6, 379), *hnúþô* stachel (isl. *hnúða*, s. Noreen, Nord. revy, april 1883).

b) Nach ausfall von *n* (vgl. § 5 b, § 50 a. 1): *þúhta* (praet. zu *þugkjan* denken), *þúhtus* gewissen, adj. *þúhts*, *húhrus* hunger, *júhiza* jünger (zu *juggs*), *úhtwô* morgenzeit, *úhteigs*, *úhtiugs* zeitig, *bi-úhts* gewohnt (s. Brugmann I, 183).

Anm. 1. Andere vielleicht als lang anzusetzende *u* sind: *prútsfill* aussatz (vgl. altn. *prútinn* geschwollen, ags. *prústfell*, Beitr. 9, 254), *anabúsns* gebot (Beitr. 9, 152 u. 10, 497; Brugmann II, 270), *lúns* lösung (Brugmann II, 265), *súts* süss (as. *swôti*, ags. *swéte*; doch vgl. Kuhns zs. 26, 380), das suffix *-dúþs* (§ 103; vgl. Beitr. 6, 380), *jús* ihr (§ 150; Brugmann II, 803. 810). Auch *fidúr-* und *-úh* wird von einigen angesetzt (vgl. § 24 a. 2).

Anm. 2. In *Rúma* Rom, *Rúmôneis* Römer gibt *û* das lat. *o* wider.

Anm. 3. *o* für *û* findet sich nur in *ôhteigô* 2. Tim. 4, 2. Cod. B (= *úhteigô* A).

Anm. 4. *û* vor vocalen zu *au* s. § 26 b.

ei

§ 16. Mit *ei* wird der laut des langen *i* bezeichnet, anschliessend an das griechische, welches zu Ulfilas' zeit ebenfalls dem ει den *i*-laut gab.

Anm. 1. In griechischen wörtern giebt *ei* gewöhnlich das ι wider, ebenso aber auch das ει und bisweilen das η.

Anm. 2. *ei* für got. *ê* geschrieben s. § 7 a. 2.

Anm. 3. Die von J. Grimm angenommene diphthongische aussprache des *ei* wird auch durch sprachgeschichtliche gründe widerlegt. Vgl. J. Schmidt, idg. vocalismus I, 485; Litbl. 1886, 455; Brugmann I, 58.

§ 17. In gotischen wörtern steht *ei* in stammsilben besonders im praesens der verba der I. reihe (§ 30): *beitan* beissen, *steigan* steigen, *þeihan* gedeihen; es wechselt in der flexion dieser verben mit *ai* und *i*.

Andere beispiele: *hveila* zeit, *eisarn* eisen, *leiþu* obstwein, *þreis* 3, *leihts* leicht, *weihs* heilig, *skeirs* klar; pronomina *weis* wir, *meins*, *þeins*, *seins*; — sehr häufig in bildungs- und flexionssilben, z. b. adj. auf *-eigs* (*mahteigs*), auf *-eins* (*aiweins* ewig), nomina actionis auf *-eins* (*laiseins* lehre), n. g. sing. der masc. *ja*-stämme *hairdeis* hirt, *laisareis* lehrer, n. pl. *i*-decl. *gasteis* und optativ praet. *nêmeis* etc.; auslautend in femininen auf *-ei*: *managei* (§ 113), imperative *sôkei* etc. (§ 186), relativpartikel *ei* (§ 157) nebst den damit gebildeten zusammensetzungen.

Anm. 1. Nicht ganz selten ist der laut *ei* durch *ê* widergegeben, z. b. *akêtis* M. 27, 48. *wêhsa* Mc. 6, 26. 27. *akê* Gal. 2, 14. *izê* Mc. 9, 1. Luc. 8, 13. 15 u. ö. — Vielleicht ist auch hierherzuziehen *awêþi* (§ 7 e), das freilich dreimal mit *ê* vorkommt: Joh. 16, 16. 1. Cor. 9, 7; vgl. Beitr. 11, 32; 15, 258.

Anm. 2. In dem vereinzelten *seiteina* 2. Cor. 11, 28 steht *ei* neben sonstigem *in* (*sinteins* täglich, *sinteinô* immer).

Anm. 3. Neben *gabeigs* reich (*gabei* reichtum), welches 5 mal im ev. Luc., ferner 2. Cor. 6, 9 und Eph. 2, 4 (B) steht, ist häufiger *gabigs* (11 mal), dazu *gabigjan* bereichern, *gabignan* reich werden (vgl. Brugmann II, 244. 246).

iu

§ 18. Die aussprache des got. *iu* ist die eines *i + u*, so dass *i* silbenträger, *u* consonant ist, also *íu*.

Anm. 1. Die Lateiner geben in got. worten das *iu* durch *eu*, *eo* wider: *Theudes*, *Theudicodo*; *Theodoricus*. Vgl. hierzu Wrede, Wand. 100 f., Ostg. 167.

Anm. 2. In *sium* (§ 10 a. 4), *niu* (fragepartikel = *ni-u* § 216) ist *iu* zweisilbig, also *i-ú*.

§ 19. *iu* ist normaler praesensvocal der II. reihe (§ 31): *biugan* biegen, *biudan* bieten, und wechselt bei diesen verben mit *au, u*. — In andern worten z. b. *þiuda* volk, *dius* tier, *liuhaþ* licht, *diups* tief, *siuks* krank, *niujis* neu, *niun* 9, *iup* aufwärts. — In bildungs- und flexionssilben kommt *iu* nicht vor, ausser in dem vereinzelten *ûhtiugs* (Beitr. 12, 202).

Anm. 1. In *triu* baum, *qiujan* lebendig machen u. ä. wechselt *iu* mit *iw* (vor folgendem vocal): gen. *triwis*, praet. *qiwida*; vgl. § 42.

ai

Das zeichen *ai* steht in gotischen wörtern für zwei etymologisch, und sicher auch phonetisch verschiedene laute.

§ 20. I. Der kurze vocal *ai*. — *ai* wird im gotischen angewant um einen kurzen, offenen *e*-laut zu bezeichnen. Nach Grimms vorgange setzt man in grammatischen schriften zur unterscheidung dann den accent auf das *i* (*aí*). Im ahd. und den übrigen germ. sprachen entspricht dem got. *ai* ein kurzes *e* oder *i*. Der kurze *e*-laut, welcher durch *ai* bezeichnet wird, hat statt:

1) vor *h* (*h·*) und *r*, welche laute jedes vorhergehende kurze *i* in *ĕ* (*ai*) verwandeln (§ 10 a. 3) z. b. *aírþa* erde, *waírþan* werfen, *baírhts* hell, *faíhu* vieh, *maíhstus* mist, *raíhts* recht, *taíhun* 10, *saíh·an* sehen, *þaíhum* plur. praet. (zu *þeihan* wachsen).
2) in der reduplicationssilbe (§ 178 ff.) *haihald*, *aiaik*, *lailôt*, *saisô* etc. Vgl. Osthoff, z. gesch. d. perfects s. 276 ff. Brugmann II, 1250. 3) in der conjunction *aíþþau* oder (= ahd. *ëddo*, ahd. gr. § 167 a. 11; vgl. Beitr. 12, 211); wahrscheinlich auch in *waíla* wol (= ahd. *wëla*, ahd. gr. § 29 a. 4), doch vgl. Beitr. 11, 553.

Anm. 1. Das gesetz des übergangs des *i* in *ai* vor *h*, *r* (sogenannte brechung) ist fast ausnahmslos und betrifft in gleicher weise das gemeingermanische und die speciell gotischen *i* (§ 10). Nur in folgenden wörtern ist *i* vor *h*, *r* nicht *ai* geworden: *nih* neque (= *ni uh*), *hiri* her! komm her! du. *hirjats*, plur. *hirjiþ* (§ 219) und in den vereinzelten formen: *sihu* sieg (vgl. § 106 a. 1), dazu das (wahrscheinlich verderbte) *þarihis* adj. g. sing. ungewalkt Mt. 9, 16. Vgl. IF. 4, 334 f.

Anm. 2. Nicht jedes *ai* vor *h*, *r* ist *aí*, es kann auch der alte diphthong sein: z. b. *páih* (praet. = *rais*) [aber plur. *paíhum* (= *risum*) § 30], *áih* ich habe, *áihts* eigentum, *háihs* einäugig, *fáih* betrug (Beitr. 12, 397), *áir* früh (ahd. *êr*), *sáir* schmerz (ahd. *sêr*), *áirus* bote. Die entscheidung, ob *ái* oder *aí* zu lesen sei, können in den meisten fällen nur die übrigen germanischen sprachen geben.

Anm. 3. In gotischen namen gibt die lateinische orthographie das *ai* durch *e* wider, z. b. *Ermanaricus* = got. *Airmanareiks, *Ermenberga* = got. *Airminbaírga. Vgl. Wrede, Ostg. 162.

Anm. 4. Diphthongisches *ái* ist anzunehmen in *baitrs* bitter, *jains* jener (nebst ableitungen), in denen man früher nach ahd. *bittar*, *jenêr* kurzen vocal ansetzte. Vgl. Holtzmann, altd. gr. s. 11 f.; Brugmann I, 394;

Bezzenb. beitr. 16, 156. — Scherer (z. gesch. d. dtsch. sprache) wollte auch das *ai* der 3. sg. opt. praes. (z. b. *nimai*), sowie mehrere *ai* der st. adj.-flexion (n. pl. m. *blindai*, g. sg. f. *blindaizôs*, g. pl. *blindaizê, blindaizô*) als kurze *ai* auffassen. Noch weiter geht hierin Hirt, Beitr. 18, 284 ff. — Vgl. ferner § 22 a. 3.

§ 21. II. Der alte diphthong *ai*. Die bei weitem grössere anzahl der gotischen *ai* ist die bezeichnung eines diphthongischen lautes, welcher im ahd. als *ei* oder *ê* (ahd. gr. § 43. 44), im alts. als *ê*, im altn. als *ei* vorhanden ist. Die Goten zur zeit des Ulfilas scheinen dieses *ai* wirklich noch als *a + i* gesprochen zu haben. (Die von Grimm angewante bezeichnung dieses *ai* als *ái* brauchen wir nur, wo verwechslung mit *ai* nahe läge.)

Beispiele des diphthongischen *ai* (vor *h, r* vgl. § 20 a. 2): Die praet. sing. der I. ablautsreihe (§ 30) *bait* ich biss (zu *beitan*), *staig* ich stieg (zu *steigan*) etc., *wait* (§ 197); *ains* ein, *hlaifs* brot (laib), *staiga* pfad, *laisjan* lehren; — *haitan* heissen, *maitan* schneiden, *skaidan* scheiden, *aiws* zeit; — *hails* heil, *dails* teil.

Auch in flexionssilben erscheint *ai* in der III. sw. conj. (§ 191) *habais, habaida* etc., im opt. praes. *nimais* etc., *anstais* g. sing. *i*-decl., im starken adj. *blindaizos* etc. (§ 123); — auslautend z. b. *gibai, anstai* dat. sing., *nimai* 3. s. opt., *blindai* d. sing. f., n. plur. m. des starken adj.; — einsilbige: *þai* n. plur. diese, *twai* 2, *bai* beide, *jai* ja, *sai* ecce, *wai* wehe!

Anm. 1. Das got. *ai* wird bei lateinischen schriftstellern vorwiegend durch *ai, ei* widergegeben: *Dagalaiphus, Gaina, Radagaisus, Gisaleicus* (vgl. Dietrich, Ausspr.), *eils* im lat. epigramm (zs. fda. 1, 379). Auf dem Bukarester runenring (vgl. § 221 a. 3) steht *hailag* (Grundr. I, 411). — Ueber die diphthongische aussprache des got. *ái* vgl. besonders noch Wrede, Wand. 95 ff.; über ostgot. monophthongierungen s. Wrede, Ostg. 165.

Anm. 2. *ai* und *aj* wechseln in *wai* wehe, *wai-dêdja* übeltäter und *waja-mêrjan* lästern; *aiws* zeit und dazu *ajukdups* ewigkeit.

§ 22. Zum diphthongischen *ai* wird von vielen gerechnet das *ai* in den redupl.-ablaut. verben (§ 182) *saian* säen und *waian* wehen. Dieses *ai* steht aber etymologisch für got. *ê*, und auch im ahd. entspricht *â* (nicht *ei*): ahd. *sâen, wâen* (vgl. ahd. gr. § 359 a. 3). Der diphthong *ai* müste in der stellung vor vocal zu *aj* werden, also *sajan, *wajan*. Vielleicht ist hier *ai* = langem *æ* zu sprechen; d. i. offenes *e*, in der stellung vor vocal das geschlossene *e* (*ê*) vertretend, also *saian, waian* für *sêan, wêan*.

Anm. 1. Vor dem *i* der endung (3. sg. praes.) finden sich häufiger formen mit *j*: *saijiþ* Mc. 4, 14; *saijiþ* 2. Cor. 9, 6 A (= *saiiþ* B); Gal. 6, 7. 8 A (= *saiiþ* B). Dagegen steht vor *a* nur éinmal *j* in *saijands* Mc. 4, 14. Vgl. hierzu Beitr. 11, 75 f.

Anm. 2. Hierher gehört auch das nur éinmal im praes. belegte *faian* tadeln (*faianda* R. 9, 19); dagegen ist zu praet. *lailôun* als praes. besser *lauan* (vgl. § 26 a. 2), nicht *laian* anzusetzen. Vgl. Beitr. 11, 56.

Anm. 3. Auch das *ai* in *armaiô* almosen (Bezzenb. beitr. 7, 210; Beitr. 11, 74) dürfte hierher gehören. — Vgl. über die lautliche geltung der hier in rede stehenden *ai* besonders Beitr. 11, 51 ff.; Brugmann I, s. 127 f.; Wrede, Wand. 99, welcher in diesen *ai* mit Holtzmann das kurze *ai* erblicken möchte; Noreen, urg. lautlehre s. 35 f.

§ 23. Dass das got. zeichen *ai* sowol kurzes als langes *e* (*ä*) bezeichnen kann, geht hervor aus seiner regelmässigen vertretung griechischer laute. Es steht regelrecht *ai* = *ε:* *aikklêsjô* ἐκκλησία, *Aileisabaiþ* Ἐλισάβετ, *Baiailzaibul* Βεελζεβούλ, *Gainnêsaraiþ* Γεννησαρέτ; ebenso = *αι* (d. i. *ä*): *Idumaia* Ἰδουμαία, *Haíbraius* Ἑβραῖος, *hairaisis* αἵρεσις etc.

Anm. 1. Ausnahmsweise entspricht das got. *ai* griechischem *η*, z. b. *Hairodiadins* gen. zu Ἡρωδίας Mc. 6, 17, *Neikaúdaimus* Skeir. 52 Νικόδημος (sonst *Nikaudemus* geschrieben).

au

Auch got. *au* steht (wie *ai*) für historisch und phonetisch verschiedene laute.

§ 24. **I. Der kurze vocal *aú*.** — *au* bezeichnet im got. einen kurzen offenen *o*-laut. In diesem falle wird es zum unterschied vom diphthong *au* in grammatischen schriften *aú* geschrieben. Im ahd. und den übrigen germanischen sprachen entspricht gotischem *aú* ein kurzes *o* oder *u*.

Das *aú* steht in gotischen worten vor *h* und *r*, und ist stets hervorgegangen aus kurzem *u*, welches vor diesen lauten zu *ŏ* 'gebrochen' wird.

Beispiele: *waúrms* wurm, *haúrn* horn, *baúrgs* (ahd. *burg*) stadt, *waúrd* wort, *waúrpum* pl. praet. zu *wairpan* werfen (vgl. § 32), *saúhts* krankheit (ahd. *suht*), *daúhtar* tochter, *aúhsa* ochs, *taúhum* pl. praet. zu *tiuhan* ziehen (§ 31), *baúhta* praet. zu *bugjan* kaufen.

Anm. 1. Vor andern lauten steht *aú* nur ganz ausnahmsweise und nicht völlig sicher. So in *auftô* vielleicht (daneben einmal *uftô* Mt. 27, 64), *bisauljan* beflecken, *bisaulnan* sich beflecken. Auch *ufbauljan* aufblasen (2. Tim. 3, 4) zieht Holtzmann (altd. gr. s. 14) hierher.

Anm. 2. a) Das kurze *u* ist vor *h* ausnahmslos zu *aú* geworden. Scheinbare ausnahme ist das enklitische -*uh* und, in welchem das *u* einer secundärentwicklung zuzuschreiben ist: es tritt gar nicht auf nach kurzem betonten, und nach langem vocale oder diphthongen, z. b. *sa-h, ni-h, þai-h, wiljáu-h, ƕarjanô-h; u* erscheint nach consonanten und bei mehrsilbigen worten unter auswerfung eines auslautenden kurzen *a*, z. b. *ƕaz-uh, þammuh* (= *þamma uh), qiþuh* (= *qiþa uh*). Doch wird von einigen -*úh* angesetzt (vgl. Beitr. 18, 299). — Sonstige *u* welche vor *h* stehen, sind sämmtlich lang, z. b. *púhta* (vgl. § 15). — b) Vor *r* steht *u* einigemale in unbetonten silben (§ 13 a. 1), nämlich in den fremdwörtern *spaíkulatur* und *paúrpura* purpur (neben *paúrpaúra*); desgleichen in dem gotischen worte *fidur-* (§ 141 a. 1), welches jedoch vielleicht *fidúr-* ist (vgl. IF. 4, 334). — Nicht hierher gehört das praefigierte *ur-* (in *urreisan, urruns* etc.), welches erst spät durch assimilation aus *us-* entstanden ist (§ 78 a. 4).

Anm. 3. Nicht jedes *au* ist vor *h* und *r* aus *u* hervorgegangen, sondern es kann auch der diphthong *áu* sein, z. b. *háuhs* hoch, *táuh* praet. zu *tiuhan* (aber plur. *taúhum* § 31), *gáurs* betrübt (dazu ahd. *gôrag* u. got. *gaunôn* klagen).

Anm. 4. Als *aú* könnte man das *au* fassen, welches in den endungen der *u*-decl. für *u* eintritt (§ 14 a. 4); jedoch wäre auch die annahme analogischer verschiebungen möglich. Beitr. 18, 280. — Vgl. auch *uftô* für *auftô* § 24 a. 1.

Anm. 5. Das griechische *o* wird regelrecht durch *aú* widergegeben, z. b. *apaustaulus ἀπόστολος, alabalstraun ἀλάβαστρον, Barþaulaumaius Βαρθολομαῖος, Pauntius Πόντιος.* In *Saúr Σύρος, paúrpaúra πορφύρα* ist *aú = v.* — Got. *aú* ist durch *o* widergegeben im ostg. namen *Thorisa* (Wrede, Ostg. 76. 165).

§ 25. II. Der alte diphthong *au*. Ausser vor *h* und *r* (zum teil auch vor diesen § 24 a. 3) ist *au* ein diphthongischer laut, welchem im ahd. *au, ou* oder *ô* (ahd. gr. § 45. 46), im alts. *ô*, im altnord. *au* entspricht. Wir bezeichnen, wo eine unterscheidung von *aú* nötig ist, (nach Grimm) diesen laut durch *áu*.

Beispiele: Die praet. sing. der II. ablautsreihe (§ 31) *gaut* ich goss (zu *giutan*), *laug* ich log etc., *laugnjan* leugnen, *dauþjan* taufen, *galaubjan* glauben, *galaubeins* glaube, *raups* rot, *daupus* tod; — *aukan* vermehren, *hlaupan* laufen, *stautan* stossen; — *haubiþ* haupt, *augô* auge.

In flexionen und auslautend erscheint *au* in der *u*-declination: *sunaus, sunau*; 1. p. sing. opt. *nimau, nēmjau*, 3. s. imperat. *lausjadau*, opt. med. *haituidau*.

> Anm. 1. *au* wechselt oft mit *aw* (vgl. § 42), z. b. *taujan* praet. *tawida* tun, *mawi* g. *maujōs* mädchen, *sniwan* praet. *snau* eilen.
>
> Anm. 2. Bei lateinischen schriftstellern wird got. *au* durch *au* widergegeben, z. b. *Ausila, Austrovaldus, Audericus*. Vgl. Wrede, Wand. 96 f. Ueber ostgot. monophthongierungen s. Wrede, Ostg. 105 f. (Zs. fda. 36, 273²).
>
> Anm. 3. In der *u*-declination wird für *du* öfter *u* geschrieben, vgl. § 24 a. 4; § 105 a. 2.

§ 26. Ein weiteres, von den vorigen historisch, und wol auch lautlich verschiedenes *au* findet sich vor vocalen.

a) Für ursprüngliches *ō*: *stauida* pract. zu *stōjan* richten, *staua* f. gericht, *staua* m. richter; *taui* n., g. *tōjis* tat (dazu vgl. *ubiltōjis* übeltäter, *taujan tawida* tun); *afmauidai* und *afdauidai* part. pt. 'defatigati' (zu *afmōjan* und *afdōjan*); *sauil* n. sonne.

b) Für *ū* der übrigen germ. sprachen: *trauan* (ahd. *trūēn*) trauen, *bauan* (ahd. *būan*) wohnen und *bnauan* zerreiben (altn. *(g)núa* und ahd. *núan*). Vgl. auch § 179 a. 2.

Da sich dieses *au* vor vocalen nicht zu *aw* wandelt, so muss es einen einfachen laut bezeichnen; es liegt nahe, darin die länge zu *aú* zu sehen, also ein langes offenes *ó* (*á*) zum unterschied von dem geschlossenen nach *ū* hin liegenden laute, welcher durch got. *ō* bezeichnet wird. Es wäre also got. *ó, ú*, vor vocal in *au* (*á*) übergegangen. Vgl. Brugmann I, 157. Die zahlreiche über diese frage erwachsene litteratur findet sich bei Noreen, urgerm. lautlehre s. 34. Dazu noch Beitr. 17, 563—67.

> Anm. 1. Auch griech. ω, welches sonst regelrecht durch *ō* gegeben wird, ist vor vocalen *au*: *Trauada* Τρῳάς, *Nauél* Νωέ, *Lauidja* Λωΐς.
>
> Anm. 2. *ō* vor vocal *u* findet sich jedoch in den praeteritalformen *waiwōun, lailōun* zu *waian* (§ 182) und *lauan* (§ 179, 4). Vgl. Beitr. 11, 74².

Anhang.

§ 27. Ausser den besprochenen vocalzeichen können auch noch einige andere zeichen vocalische function übernehmen, die gewöhnlich consonantische geltung haben. Es gibt im gotischen nämlich sehr zahlreiche vocalische, d. i. silbenbildende *l, m, n, r*. Das ist der fall nach consonanten im wortende, wo meist ein früherer suffixvocal ausgefallen ist, statt dessen dann die liquida bez. der nasal der silbenträger wird. Es sind also im gotischen zweisilbige worte mit vocalischer liquida oder vocalischem nasal ('liquida oder nasalis sonans') z. b. *akrs* (acker), *fugls* (vogel), *taikns* (zeichen), *maiþms* (geschenk).

Anm. 1. Die westgerm. sprachen haben aus diesen vocalischen liquiden und nasalen einen neuen vocal (ahd. *a*) entwickelt, z. b. ahd. *akkar, fogal, zeihhan*, alts. *meðom*. Vgl. ahd. gr. § 65 und Brugmann, I, 184. 223.

Cap. III. Uebersicht über den got. vocalismus.

A. Phonetisches system.

§ 28. Die gotischen vocale sind im vorhergehenden nach den schriftzeichen vorgeführt worden. Jetzt ordnen wir sie nach den natur der laute, welche durch die schriftzeichen ausgedrückt werden. Die vocalscala, welche sich zwischen den extremen *i* und *u* bewegt, legen wir in siebenfacher gliederung zu grunde:

     i e ä a å o u.

e und *o* bezeichnen hier das geschlossene, nach *i* resp. *u* hin liegende *e* und *o*; *ä* das offene *e*, *å* das offene *o*.

In der folgenden übersicht wird nun bei jeder dieser stufen angegeben, ob sie im gotischen vorhanden ist und durch welches gotische zeichen sie ausgedrückt wird.

  i: Die kürze *i*. § 10.
    Die länge *ei*. § 16. 17.
  e: Die kürze fehlt.
    Die länge *ê*. § 6—8.
  ä: Die kürze ist *aí*. § 20.
    Die länge? (vielleicht das *ai* in § 22).
  a: Die kürze *a*. § 3. 4.
    Die länge *á*. § 5.
  å: Die kürze ist *aú*. § 24.
    Die länge? (vielleicht das *au* in § 26).
  o: Die kürze fehlt.
    Die länge *ó*. § 11. 12.
  u: Die kürze *u*. § 13. 14.
    Die länge *ú*. § 15.

Dazu kommen die diphthongischen laute
  iu § 18. 19.
  ai § 21.
  au § 25.

B. Historisches system (ablautsreihen).

§ 29. Vom historisch-etymologischen gesichtspunkte betrachtet lassen sich die gotischen vocale in eine anzahl reihen verwanter vocale zusammenfassen. Die zu einer solchen reihe gehörigen vocale können in den zu ein und derselben wurzel gehörigen bildungen unter sich abwechseln; in der tempusbildung, sowie in der verbalen und nominalen derivation können alle zu derselben reihe gehörigen vocale eintreten, nicht aber solche, welche der reihe fremd sind. Diesen wechsel der vocale innerhalb einer reihe nennt man **ablaut**, die reihen selbst **ablautsreihen**. Die ablautsreihen treten am deutlichsten im verbum hervor. Die verwantschaft der in derselben reihe stehenden vocale ist keine phonetische, sondern eine historische, ihre begründung liegt ausserhalb der germanischen sprachen und fällt der vergleichenden indogermanischen grammatik zu. Es folgt eine aufzählung der gotischen ablautsreihen im anschluss an ihre erscheinung in der verbalflexion (vgl. § 172 ff.).

§ 30. I. reihe: **ei ai i** (*ai*).

Beispiele: *reisan* (*urreisan*), *rais*, *risum*, *risans* aufstehen, *urraisjan* aufstehen machen, *urrists* f. auferstehung; — *þeihan*, *þáih*, *þaíhum*, *þaíhans* gedeihen; — *wait* ich weiss, pl. *witum*; *weitan* sehen, *weitwóds* zeuge, *miþ-wissei* gewissen, *witubni* u. kenntnis; — *lais* ich weiss, *lubja-leisei* f., giftkunde, *lists* f.(?) list, *laisjan* lehren.

Anm. 1. Das in dieser reihe stehende i ist das § 10 b aufgeführte urgermanische i.

§ 31. II. reihe: **iu au u** (*aú*).

Beispiele: *giuta*, *gaut*, *gutum*, *gutans* giessen, *gutnan* sich ergiessen; — *liugan*, *laug*, *lugum*, *lugans* lügen, *liugnja* m. lügner, *liugn* n. lüge, *analaugns* verborgen, *laugnjan* leugnen; — *galaubjan* glauben, *galaubeins* glaube, *liufs* lieb, *lubó* f. liebe, *lubains* f. hoffnung; — *siuks* krank, *saúhts* f. krankheit;

— *driusan* fallen, *drausjan* fallen machen, *drus* m. fall, *driusô* f. abhang.

Anm. 1. Seltner kommt in dieser reihe auch der vocal û vor, vgl. *lûkan* schliessen § 173 a. 2; *anabûsns* gebot (? vgl. § 15 a. 1) zu *biudan*.

§ 32. III. reihe: i (*ai*) a u (*aú*).

Die in dieser reihe sich bewegenden themen haben nach dem vocale stets zweifache consonanz, die meist aus liquida oder nasal in gemination, oder aus verbindung von liquida oder nasal mit einem andern consonanten besteht.

Beispiele: *bindan, band, bundum, bundans* binden, *bandi* f. band, *bandja* m. der gefangene, *gabinda* f. band, *andbundnan* los werden, *gabundi* f. band; — *rinnan* laufen, *rannjan* laufen lassen, *runs* m. lauf, *rinnô* f. giessbach; — *waírpan, warp, waúrpum, waúrpans* werfen, *uswaúrpa* f. auswurf; — *þaírsan* dürr sein, *þaúrsnan* dürr werden, *þaúrsus* dürr, *þaúrstei* durst; — *drigkan* trinken, *dragkjan* tränken, *dragk* n. trank, -*drugkja* m. trinker, *drugkanei* f. völlerei; — *þriskan* dreschen, *gaþrask* n. tenne.

Anm. 1. Das i dieser und der beiden folgenden reihen ist das § 10 a aufgeführte = urgerm. *e*.

§ 33. IV. reihe: i (*ai*) a ê u (*aú*).

Die stämme dieser reihe haben einfache liquida oder nasal nach dem vocal.

Beispiele: *niman, nam, nêmum, numans* nehmen, -*numja* m. der nehmer, *anda-numts* f. annahme, *andanêms* angenehm, *andanêm* n. annahme; — *baíran, bar, bêrum, baúrans* tragen, *baúr* m. der geborene, *barn* n. kind, *bêrusjôs* die eltern; — *ga-timan* ziemen, *ga-tamjan* zähmen, *gatêmiba* geziemend.

Anm. 1. Zu dieser reihe auch *brikan, brak, brêkum, brukans* brechen, *gabruka* f. brocke, *us-bruknan* abgebrochen werden, *brakja* f. kampf. — Hierher auch *trudan* treten § 175 a. 2.

§ 34. V. reihe: i (*ai*) a ê.

Die stämme dieser reihe haben nach dem vocal einen einfachen consonanten, der nicht liquida oder nasal ist.

Beispiele: *giban, gaf, gêbum, gibans* geben, *giba* f. gabe, *gabei* f. reichtum; — *sitan* sitzen, *satjan* setzen, *anda-sêts* verabscheuungswürdig; — *mitan* messen, *mitôn* ermessen, *mitaþs* f. mass, *usmêt* n. aufenthalt; — *ga-nisan* gerettet werden, genesen, *nasjan* retten, *ganists* rettung.

Anm. 1. *saílvan, sahv, séhvum, saíh·ans* gehört in diese klasse, weil *h·* als einfacher laut gilt: § 63 a. 1.

§ 35. VI. reihe: **a ô**.

Die hierher gehörigen stämme gehen meist auf einfachen consonanten aus.

Beispiele: *wakan, wôk, wôkum, wakans* wachen, *waknan* erwachen, *wahtwô* f. wache, *wôkains* f. das wachen; — *graban* graben, *gróba* f. grube, *graba* f. graben; — *fraþjan, fróþ* verstehen, *fraþi* n. verstand, *fróþs* klug, *fródei* f. verstand; — *hafjan, hôf* heben, *-hafnan* sich erheben, *haban* haben, halten, *ungahóbains* f. unenthaltsamkeit; — *ôg* ich fürchte mich, *unagands* furchtlos, *ôgjan* in furcht setzen, *usagjan* erschrecken, *agis* n. furcht; — *sakan* streiten, *sakjô* f. streit, *sôkjan* suchen, *sôkns* f. untersuchung, *unand-sôks* unwiderleglich.

§ 36. Reihe **ê ô** (VII. ablautsreihe).

Ein zusammenhang zwischen *ê* und *ô* findet sich in den sog. reduplicierend-ablautenden verben *létan, laílôt* etc.; *saian* (= **séan* § 22), *saísô* etc., vgl. § 180 ff.

Anm. 1. Diese reihe ist in der verbalflexion der übrigen germanischen sprachen nicht mehr vorhanden, aber ihre existenz wird durch ihr auftreten in der wortbildung bezeugt, z. b. ahd. (*â:ô*) *tât* f.: *tôn, tuon* tun; — *knâan* kennen: *knôt, chnuat* f. geschlecht. — Weiteres hierüber s. Beitr. 11, 262 ff.

Cap. IV. Die consonanten.

§ 37. Die consonantzeichen, deren geltung und vorkommen in der gotischen sprache wir hier zu erörtern haben, sind schon in § 2 genannt worden. Die consonantisch fungierenden laute teilen wir ein in sonore consonanten und geräuschlaute. Vgl. Sievers, Grundzüge der phonetik[4] s. 70 ff. Danach entfallen von den gotischen consonantzeichen auf die sonoren: *w, j, l, m, n, r*; die übrigen bezeichnen geräuschlaute.

A. Sonore consonanten.

1. Die halbvocale *w* und *j*.

§ 38. Germ. *w* und *j* sind die vocallaute *u* und *i* in consonantischer function. Daher im gotischen der wechsel zwischen *i* und *j*, *u* und *w*, je nach der stellung im worte und der dadurch bedingten function der laute als vocal oder als consonant.

Diese consonantisch fungierenden *i* und *u*, welche in andern sprachen in der schreibung nicht von vocalischen *i* und *u* geschieden sind, haben im gotischen besondere zeichen, *j* und *w*. Man nennt diese laute auch 'halbvocale'.

w

§ 39. Das zeichen des gotischen alphabets, welches wir durch *w* widergeben, ist nach form und alphabetischer stelle das griech. v. Dieses vertritt es auch durchaus in griechischen fremdwörtern. Es wird also geschrieben *Pawlus* Παῦλος, *Daweid Daviđ*, *aiwaggêljô* εὐαγγέλιον, *paraskaiwê* παρασκευή. Aber nicht nur in diesen verbindungen αυ, ευ, in welchen das griechische υ damals vielleicht schon spirantische geltung hatte, wird got. *w* geschrieben, sondern auch für alleinstehendes griech. v, also in vocalischer function, z. b. *Swmaiôn* Συμεών, *swnagôgê* συναγωγή, *martwr* μάρτυρ. Unsere umschriften der gotischen texte setzen aber in letzterem falle für griech. v statt *w* das zeichen *y* (*Symaiôn, synagôgê, martyr*), was aus praktischen gründen auch in diesem buche beibehalten ist.

Anm. 1. Bemerkenswert ist got. *kawtsjo* (= lat. *cautio*) in der urkunde aus Neapel (§ 221 a. 3). Vgl. Wrede, Ostg. 166; Zs. fda. 36, 273.

Anm. 2. Die in den meisten neueren drucken angewendete transscription des got. zeichens ist *v*. Es empfiehlt sich aber wegen der übereinstimmung mit den übrigen germ. sprachen das *w* zu gebrauchen (z. b. got. *wilja*, mhd. nhd. *wille*, ags. *willa*, nengl. *will*). Vgl. Beitr. 12, 218 ff.

§ 40. In gotischen wörtern hat *w* ursprünglich die lautliche geltung des consonantischen *u* (= engl. *w*) gehabt. Doch scheint zur zeit des Ulfilas schon ein spirantisches element mit dem *u*-laute verbunden gewesen zu sein. Vgl. Zs. fda. 36, 266 ff. (37, 121 ff.).

Anm. 1. Bei lateinischen schriftstellern wird *w* in got. eigennamen gewöhnlich durch *uu* gegeben. *Vvilia, Uualamir*; häufig erscheint aber auch *Ub*: *Ubadila* (= *Wadila*), *Ubadamirus* (= *Wadamêrs*) etc. Griechische schriftsteller geben das got. *w* meist durch ου wider (z. b. Οὐάνδαλοι), aber auch durch β (z. b. Βάνδαλοι). Vgl. Dietrich s. 77—60. Wrede, Wand. 102, Ostg. 167 f.

§ 41. Gotisch *w* steht im anlaut häufig, z. b. *wasjan* kleiden, *witan* wissen, *wiljan* wollen, *wair* mann; *warmjan* wärmen.

Anlautend auch vor *l* und *r*, z. b. *wlits* angesicht, *wrikan* verfolgen, *wrôhjan* anklagen.

Nach den consonanten: *t, d, þ, s*, z. b. *twai* zwei, *dwals* töricht, *þwahan* waschen, *swistar* schwester.

Im inlaut vor vocalen, z. b. *awistr* schafstall, *saiwala* seele, *hneiwan* sich neigen, *siggwan* singen, *ûhtwô* dämmerung, *taihswô* rechte hand, *nidwa* rost.

Anm. 1. Als verbindungen eines *w* mit *k* und *h* werden gewöhnlich auch die zeichen *q* (*kw*) und *ƕ* (*hw*) aufgefasst. Jedoch sprechen gründe dafür, dass *q* und *ƕ* einfache labialisierte gutturallaute sind (§ 59 u. § 63). Anderseits aber wird *q* und *ƕ* im hochdentschen genau ebenso behandelt, wie got. *tw, gw* etc., bei welchen inlautend das *w* ausfällt. Z. b. got. *ûhtwô, siggwan* = ahd. *ûhta, singan*, ebenso got. *sigqan, saíƕan* = ahd. *sinkan, sehan*. Es ist dadurch freilich nichts für die geltung der gotischen zeichen bewiesen, wol aber dafür, dass im urgermanischen die *tw, gw* etc. den *kw, hw* analoge laute gewesen sein müssen.

§ 42. 1) *w* bleibt nach langen vocalen, diphthongen und nach consonanten unverändert bestehen a) im auslaut, b) vor dem *s* des nominativs, c) und vor *j*, z. b. a) *lêw* n. gelegenheit, *hláiw* n. grab, *waúrstw* n. werk; b) *snaiws* schnee, *triggws* treu; c) *lêwjan* verraten, *hnaiwjan* erniedrigen, *skadwjan* beschatten (zu *skadus* schatten), *arwjô* adv. umsonst.

2) Dagegen wird in allen drei stellungen *w* zu *u*, wenn ein kurzer vocal vorhergeht, z. b. a) *snau* (praet. zu *sniwan* § 176 a. 2), *triu* baum (gen. *triwis*), *kniu knie (gen. *kniwis*, § 94 a. 1), b) *naus* m. der tote (gen. *nawis*), *þius diener (gen. *þiwis*, § 91 a. 3), c) *mawi*, gen. *maujôs* mädchen; *gawi*, gen. *gaujis* gau; *þiwi*, gen. *þiujôs* magd; *tawida*, praes. *taujan* tun; *strawjan streuen, praet. *strawida*; *qiujan* lebendig machen, praet. *qiwida*. — Vgl. Grundr. I, 414; Zs. fda. 36, 277.

Anm. 1. Es gibt also im auslaut kein *aw, iw; aws, iws*. Eine ausnahme davon ist jedoch das nur einmal belegte *lasiws* schwach (2. Cor. 10, 10).

Anm. 2. Vor *j* steht *aw* statt des zu erwartenden *au* in *usskawjan* zur besinnung bringen 2. Tim. 2, 26 (B); 1. Cor. 15, 34 (*ussk..jiþ* hs.). Dazu adj. n. pl. *usskawai* (*unskawai* hs.) 1. Thess. 5, 8; vgl. § 124 a. 3.

Anm. 3. Für die stellung des inlautenden *w* vor anderen consonanten als *j* und *s* sind keine beispiele vorhanden; — vor *n* nach kurzem vocal haben wir *u* in *qiunan* lebendig werden (zu *qiwa-*), *siuns* gesicht (zu *saíƕa-*).

j

§ 43. Das zeichen *j* gibt regelrecht griechisches ι vor vocalen wider, in *Akaja* Ἀχαία, *Marja* Μαρία, *Judas* Ἰούδας, *Iskarjôtês* Ἰσκαριώτης etc. Oft wird aber auch got. *i* für gr. ι vor vocalen gebraucht, z. b. *Iskariôtês, Zakarias, Gabriél, Iudas.* — Das zeichen *j* hat in der aussprache des got. wahrscheinlich die geltung des consonantischen *i*, nicht den laut unseres spirantischen *j*.

§ 44. a) In gotischen wörtern steht *j* im anlaut, z. b. *juk* joch, *jér* jahr, *ju* schon, *jus* ihr. b) Im inlaut steht *j* nach vocalen und nach consonanten, aber stets vor vocalen, nie vor consonanten, z. b. *midjis* medius, *lagjan* legen, *niujis* neu, *frauja* herr, *þrija* tria, *bajóþs* beide. c) *ji* wird zu *ei* contrahiert nach einem zur selben silbe gehörigen consonanten, bleibt dagegen, wo das *j* die silbe eröffnet (vgl. Beitr. 16, 282). Letzteres ist der fall, wenn kurzer hochtoniger vocal mit einfachem consonanten oder langer stammvocal ohne consonanten vorhergeht. Die beispiele betreffen besonders die masculina (und neutra) der *ja*-stämme (§ 92, § 127): *har-jis, tô-jis* (täter), aber *hair-deis,* dat. *hair-dja;* ferner die I. schwache conjugation (§ 185): *sô-kja, sô-keis, sô-keiþ; san-dja, san-deiþ; miki-lja, mikileiþ;* — aber *nas-ja, nas-jis, nas-jiþ; stó-ja, stó-jis, stô-jiþ.*

Anm. 1. Die regel unter c) kann praktisch auch so gefasst werden: *ji* wird zu *ei* nach langer stammsilbe und nach nebensilben, bleibt aber *ji* nach kurzer stammsilbe und unmittelbar nach langem stammvocal. — Ausnahmen s. § 95; § 109 a. 2; § 132 a. 1.

Anm. 2. Statt des inlautenden *ij* vor vocalen wird öfter nur *i* geschrieben. s. § 10 a. 4; sporadisches *j* in der flexion von *saian* s. § 22 a. 1.

§ 45. Im auslaut steht *j* nie; es wird dann immer zu *i*, z. b. *harjis,* acc. *hari; mawi,* gen. *maujôs* (s. § 42, 2 c), *taui* tat, gen. *tôjis.*

Anm. 1. Wechsel von *aj* und *ai* s. § 21 a. 2.

2. Liquidae.

1

§ 46. *l* ist im gotischen sowol anlautend als in- und auslautend häufig, z. b. *laggs* lang, *galaubjan* glauben, *liuhaþ* licht, *lauhmuni* blitz, *wiljan* wollen, *aljis* alius, *blôma* blume; — verdoppelt z. b. *fill* fell, *fulls* voll, *wulla* wolle.

Anm. 1. Silbenbildend (§ 27) steht *l* z. b. in *fugls* vogel, *tuggl* gestirn, *tagl* haar, *swumfsl* teich, *sigljan* siegeln.

Anm. 2. Got. *l* entspricht immer griech. λ. Zugesetzt ist es in *alabalstraun* ἀλάβαστρον.

r

§ 47. *r* ist gleich griech. ρ und kommt in gotischen wörtern häufig vor, z. b. *raíhts* recht, *raubón* rauben, *baíran* tragen, *fidwór* vier. — Verdoppelung des *r* ist selten: *qaírrus* sanftmütig, *andstaúrran* bedrohen, *faírra* fern.

Anm. 1. Silbenbildendes *r* (§ 27) z. b. *akrs* acker, *bróþr* (dat. sing. zu *bróþar* § 114), *figgrs* finger, *tagr* träne, *hlútrs* lauter, *fagrs* passend, *maúrþr* mord, *huggrjan* hungern.

Anm. 2. Vor *r* wird jedes vorhergehende *i* zu *aí*, *u* zu *aú*; s § 20, § 24.

Anm. 3. Ueber *r* aus *z* s. § 75 a. 4; § 24 a. 2.

3. Nasale.

m

§ 48. *m* findet sich in allen stellen des worts, z. b. *mizdô* f. lohn, *ména* m. mond, *ams* m. schulter, *guma* m. mann; auslautend z. b. *nam* ich nahm, in endungen dat. pl. *dagam* etc., 1. plur. *nimam*, *némum* etc. — Doppelt z. b. *swamms* schwamm (vgl. § 80 a. 1), *wamm* n. fleck, im pronominaldat. sing. *imma*, *blindamma*.

Anm. 1. Silbenbildendes *m* (§ 27) in *maiþms* geschenk, *bagms* baum.

n

§ 49. *n* im anlaut, z. b. *nahts* nacht, *niujis* neu, *ni* negation; inlautend z. b. *kuni* n. geschlecht, *ains* unus; auslautend *laun* n. lohn, *niun* neun, vielfach in der flexion (d. sing. *hanin*, infin. *niman*, *némun* 3. p. plur. pt. etc.).

Doppeltes *n* ist häufig, z. b. *brinnan* brennen, *spinnan* spinnen, *rinnan* laufen, *kann* ich weiss, *kannjan* bekannt machen, *manna* mensch, *brunna* brunnen. Im auslaut und vor *j* bleibt *nn*, aber vor andern consonanten wird es vereinfacht (s. § 80): *kant*, *kunþa* (zu *kann*), *rant* (2. s. praet. zu *rinnan*), *brunsts* (zu *brinnan*), *ur-runs* ausgang (zu *rinnan*).

Anm. 1. Silbenbildendes *n* (§ 27) z. b.: *usbeisns* f. erwartung, *taikns* f. zeichen, *ibns* eben, *laugnjan* leugnen, *swégnjan* frohlocken.

§ 50. Vor gutturalen consonanten wird *n* zum gutturalen nasale. Dieser wird im gotischen (im anschluss an das griechische) durch *g* (*gg*) bezeichnet (s. § 67).

Anm. 1. Vor *h* schwindet der (gutturale) nasal mit ersatzdehnung des vocals. S. § 5 b, § 15 b (Brugmann I, 182 f.).

Consonanten.

B. Geräuschlaute.

1. Labiale.

p

§ 51. Das zeichen *p* entspricht griech. π. Es ist in gotischen wörtern nicht gerade häufig. a) Im **anlaut** fehlt es in echt gotischen wörtern so gut wie ganz; die vorkommenden fälle sind entweder offenbare fremdwörter oder doch etymologisch dunkel, bezw. der entlehnung verdächtig: *plinsjan* tanzen, *plats* lappen, *anapraggan* bedrängen, *paida* rock, *puggs* geldbeutel, *peikabagms* dattelpalme, *pund* pfund, *plapja* strasse (platea), *pistikeins* πιστικός, *paúrpura* purpur.

b) In- und auslautend ist *p* in echt gotischen wörtern vorhanden, z. b. *slêpan* schlafen, *greipan* greifen, *hôpan* sich rühmen, *skapjan* schaffen, *hlaupan* laufen, *diups* tief, *wairpan* werfen, *hilpan* helfen, *skip* schiff, *iup* aufwärts. — Die anlautende verbindung *sp*: *speiwan* speien, *sparwa* sperling, *spillôn* verkünden, *spinnan* spinnen.

Anm. 1. *pp* ist nicht vorhanden.
Anm. 2. Vor *t* wird *p* zu *f* in *gaskafts* f. geschöpf (zu *skapjan*), *hvôftuli* f. ruhm (zu *hvôpan*). Vgl. § 81.

f

§ 52. Got. *f* entspricht in fremdwörtern griechischem φ, z. b. *Filippus* Φίλιππος, *Kajafa* Καϊάφας. Lateinische schriftsteller geben got. *f* meist durch *ph* wider (Dietrich s. 75), z. b. *Dagalaiphus*, *Phaeba*. Es ist also got. *f* wahrscheinlich bilabialer, nicht labiodentaler spirant gewesen, wofür auch got. *fimf*, *hamfs* spricht.

Anm. 1. Als labiodental betrachtet das *f* Jellinek, zs. fda. 36, 275 f.

§ 53. a) Im **anlaut** ist *f* in gotischen wörtern häufig, z. b. *fôtus* fuss, *fadar* vater, *flôdus* flut, *faihu* (vieh), geld, *fuls* faul, *frôps* verständig, *frius* kälte; *fidwôr* 4.

b) Im **inlaut und auslaut** sind nur eine geringe anzahl von *f* vorhanden, z. b. *hlifan* stehlen, *hafjan* heben, *hiufan* klagen, *lôfa* m. flache hand, *ufar* über, *afar* nach. Vor consonanten z. b. *luftus* luft, *hamfs* verstümmelt, *tweifls* zweifel, *wulfs* wolf; — auslautend *fimf* fünf, *hôf* (zu *hafjan*), *þarf* ich bedarf.

Anm. 1. *f* steht auslautend und vor nominativ-*s* sehr häufig für inlautendes *b*: s. § 56.

Anm. 2. Inlautende *f* vor *t* (*n*) sind vertreter von *b* (§ 56 a. 4), vor *t* auch von *p* (s. § 51 a. 2).

Anm. 3. *ff* kommt nicht vor.

b

§ 54. *b* entspricht dem griech. β, welches es in fremdwörtern vertritt, z. b. *barbarus* βάρβαρος, *Iakob* Ἰακώβ. Die aussprache des griechischen β war die eines labialen weichen spiranten. Ebenso hat got. *b* die geltung eines weichen (stimmhaften) labiolabialen spiranten im inlaut nach vocalen, dagegen im anlaut und inlautend nach consonanten bezeichnet es den weichen verschlusslaut.

Anm. 1. In lateinischen fremdwörtern gibt, zwischen vocalen, got. *b* das lat. *v* wider, nach *m* dagegen lat. *b*: *Silbanus* Silvanus, *Naubaimbair* november, *anakumbjan* cumbere.

Anm. 2. In gotischen namen bei lat. schriftstellern wird got. *b* anlautend und nach consonanz durch lat. *b* gegeben (z. b. *Amala-berga, Hildi-bald, Albila*), inlautend zwischen vocalen dagegen durch lat. *v* (z. b. *Liuva, Erelieva*); vgl. Dietrich s. 71; Beitr. 1, 148 ff.; Wrede, Ostg. 169; Zs. fda. 36, 275.

§ 55. Beispiele des *b*:

a) Im anlaute: *bairan* tragen, *beitan* beissen, *brikan* brechen, *brukjan* brauchen, *blêsan* blasen, *biudan* bieten, *blôma* blume, *brôþar* bruder, *bôka* buchstabe, *bnauan* zerreiben.

b) Im inlaute: *liuba* (sw. m. adj.) lieb, *galaubjan* glauben, *graban* graben, *sibja* verwantschaft, *arbi* erbe, *kalbô* junge kuh. — *haubiþ* kopf, *hlaibis* (gen. zu *klaifs*) brot, *sibun* sieben, *haban* haben, *skaban* schaben, (*bi-*)*leiban* übrig bleiben, *liban* leben, *biraubôn* rauben, *salbôn* salben.

Anm. 1. *bb* ist in gotischen wörtern nicht vorhanden; nur in fremdwörtern, z. b. *sabbatus*.

§ 56. Im auslaut, vor dem *s* des nominativs und vor dem *t* der 2. s. praet. bleibt *b* nur nach consonanten (*l, m, r*), in der stellung nach vocalen wird es zu *f*. Es ist dies nur so zu verstehen, dass *b* nach vocal spirantischen laut hatte (§ 54), welcher im auslaut in den entsprechenden harten spiranten gewandelt wurde. Nach consonanten jedoch hatte *b* in- und auslautend die geltung als verschlusslaut. Also *giban* geben, praet. 1. 3. s. *gaf*, 2. *gaft*, 2. s. imper. *gif*, *hlaifs* brot, acc. *hlaif*, n. pl. *hlaibôs*; — aber *lamb* lamm, *dumbs* stumm, *swairban* wischen, praet. *swarb*.

Consonanten.

Anm. 1. Die regel des auslautenden *f* für inlautend *b* nach vocalen zeigt in unsern texten einige ausnahmen, aber die überwiegende anzahl der damit stimmenden beispiele beweist die gültigkeit der regel, welche phonetisch begründet ist und im altsächsischen *geban* — *gaf*; *liobo* — *liof*, (aber *lamb*) ein treffendes analogon hat. Die abweichenden fälle mit *b* im auslaut, im ganzen 22, stehen nur in bestimmten teilen der quellen (7 im Lucas, 4 in den Thessalonicherbriefen, 4 ev. Joh., 4 Skeireins, in sämmtlichen übrigen texten nur je 1 in Marc. und Eph.). Man darf daher die anomalen *b* wol den schreibern der betr. stücke zuweisen, welche entweder rein orthographisch die inlautenden *b* auch in den auslaut setzten, oder darin einer zu ihrer zeit herschenden jüngeren aussprache ausdruck gaben, nach welcher die stimmhaften laute auch im auslaut gesprochen wurden. Für letztere auffassung spricht, dass in der aus dem 6. jh. stammenden Arezzoer urkunde *Gudilub* geschrieben ist. — Vgl. auch das über den wechsel zwischen *d* und *þ* in § 74 a. 1 bemerkte.

Die ausnahmen sind im verbum selten, nur *grób* Luc. 6, 48 und *gadób* Sk. 42; — die formen mit *f* sind belegt in *gaf*, *gaft*, *gif* (sehr häufig); je einmal: *gróf* (zu *graban*), *swaif* (zu *sweiban*), *bilaif* (zu *bileiban*). *skauf* (zu *skiuban*). Man darf also mit sicherheit z. b. zu *dreiban* treiben das praet. *draif* ansetzen.

In nomen ist nur *hlaifs* häufiger belegt: nom. *hlaifs* 12 mal (1 *hlaibs*), acc. *hlaif* 19 mal (7 *hlaib*); — *twalif* 12 (12 mal gegen 3 *twalib*), danach auch *ainlif* (zu *ainlibim*).

Es sind ferner anzusetzen die nominative *stafs* element (nur *stabim*), *laufs* blatt (nur acc. *lauf* und *laubós*), *daufs* taub (nur *daubata*), *galáufs* kostbar (nur *galaubamma* 3, *filugalaubis*, *galubaim*), *gadófs* passend (1 *gadóf* gegen 4 *gadób*), *liufs* lieb (nur mehrsilbige formen belegt: *liubai*, *liuba*, *liubana* etc.). Als normale form ist endlich auch anzusetzen *þiufs* (= alts. *thiof*) dieb, obwol der nom. zufällig nur als *þiubs* (4 mal) belegt ist, neben *þiubós* (2 mal), *þiubé*.

Anm. 2. Unter die regel fallen auch die präpos. *af* und *uf*, welche (durch enklise) inlautend vor vocal *b* haben: *ab-u*, *ub-uh*. In der composition dagegen bleibt *f*: *af-étja* fresser, *uf-aiþeis* vereidet. (Vgl. *us* § 75 a. 4).

Anm. 3. Scheinbare ausnahme ist *þarf* ich bedarf (statt *þarb*) zum plur. *þaúrbum*; aber *þarf* hat wirkliches *f* (§ 53) und ist vom plur. mit *b* zu trennen (s. ahd. gr. § 101). Im adj. richtig *gaþaúrbs*. Vgl. § 79 a. 2.

Anm. 4. In der wortbildung steht *f* vor *t* sonstigem *b* gegenüber (§ 81): *gifts* f. gabe (zu *giban*, einmal Luc. 1, 27 *fragiftim*), *þaúrfts* bedürfnis. Vor *n* ist *b* das gewöhnliche: *ibns*, *stibna*, *daubnan*, *dröbnan*, aber die endung *-ubni* wechselt mit *-ufni*, z. b. *fraistubni* versuchung, aber *waldufni* gewalt; *aflifnan* übrig bleiben, zu *laiba* überbleibsel.

2. Gutturale.

k

§ 57. Got. *k* entspricht griech. *κ*, lat. *c*, z. b. *Kếfas* Κηφᾶς, *aikklésjó* ἐκκλησία, *laiktjó* lectio. Got. *k* vertritt in griech. wörtern auch χ, z. b. *kaúrazein* Χοραζίν, *arkaggilus* ἀρχάγγελος. Nur selten ist das zeichen χ beibehalten, immer in χ*ristus* (s. § 2). Vgl. Wrede, Ostg. 54.

Anm. 1. Das labialisierte *k* (*kw*) hat im gotischen ein eigenes zeichen: *q* (§ 59).

§ 58. Beispiele des *k*: a) anlautend *kniu* knie, *kaúrn* korn, *kuni* geschlecht, *kalds* kalt, *kiusan* prüfen, *kalbô* f. kalb. *sk: skeinan* scheinen, *skaidan* scheiden. b) Inlautend: *brikan* brechen, *aukan* mehren, *akrs* acker, *reiks* mächtig, *mikils* gross, *waúrkjan* wirken, *laikan* springen, *rakjan* recken; auslautend *ik* ich, *mik* mich, *juk* joch.

Anm. 1. *kk* in *smakka* feige, *sakkus* sack.

Anm. 2. In der wortbildung tritt vor *t* statt des *k* ein *h* ein (§ 51), z. b. *saúhts* krankheit (zu *siuks*), *wahtwô* wache (zu *wakan*), *brûhta* (praet. zu *brûkjan*), *þáhta* (zu *þagkjan*). — Ob vor dem *t* der zweiten p. praet. von verben auf *k* (z. b. *wakan*, *aukan*, *têkan*) *k* oder *h* anzusetzen sei, also *wôkt* oder *wôht*, ist ungewiss, da belege völlig mangeln.

q

§ 59. Das gotische *q* ist dem griechischen alphabet fremd, das betreffende zeichen ist aus dem lateinischen (Q) übernommen. Es entspricht in lateinischen wörtern dem *qu* (*qartus* Röm. 16, 23) und wird auch seinem lautwerte nach dem lateinischen *qu* gleichkommen, welches einen labialisierten *k*-laut bezeichnete, der ein einfacher, nicht positionsbildender consonant war. Vgl. zs. fdph. 12, 481 f.

Anm. 1. Die neben *q* übliche transscription des gotischen zeichens durch *kw* (*kv*) beruht auf der wahrnehmung, dass in den verwanten germanischen sprachen dem gotischen *q* eine consonantenverbindung entspricht, welche sich als ein *k* mit eng angeschlossenem *w*-laut darstellt und demgemäss auch durch zwei zeichen widergegeben wird: im ags. durch *cw*, im altn. durch *kv*, im ahd. mhd. nhd. durch *qu*. Also got. *qiþan* sagen = ags. *cweðan*, altn. *kveða*, ahd. *quedan*. Ueber den lautwert des got. *q* ist dadurch aber nichts sicheres erwiesen, wenngleich es immerhin möglich ist, dass seine aussprache der des nhd. *qu* völlig gleich war. — Vgl. auch § 41 a. 1.

§ 60. Beispiele des *q*: *qinô* weib, **qius*, plur. *qiwai* lebendig, *qaírnus* mühle, *qiman* kommen, *qrammiþa* feuchtigkeit; *naqaþs* nackend, *aqizi* axt, *riqis* finsternis, *sigqan* sinken, praet. *sagq*.

h

§ 61. Das gotische *h* gibt in griechischen wörtern den spiritus asper wider (z. b. *Haíbraius* Ἑβραῖος, *Hêrôdês* Ἡρώδης), jedoch wird der spiritus asper oft auch unbeachtet gelassen (z. b. *ósanna ώσαννά*). Das got. *h* hatte danach im anlaut die geltung des blossen hauchlauts. Im inlaut und auslaut ist vielleicht noch die aussprache als fricativlaut (hochd. *ch*) anzunehmen. Vgl. die assimilationen (§ 62 a. 3) und die brechung (§ 62 a. 1). Auch im anlaut vor consonanten *hl, hn, hr,* (*hw*) wird *h* noch einen stärkeren laut gehabt haben.

Anm. 1. Die Lateiner geben gotisches *h* durch ihr *h* (z. b. *Hildibald, Hildericus*), lassen es auch weg (z. b. *Ariamirus, eils* = *hails* im epigramm zs. fda. 1, 379); vgl. Dietrich s. 77.

Anm. 2. Das labialisierte *h* (*hw*) hat im gotischen ein eigenes zeichen: *ƕ* (§ 63. 64).

Anm. 3. Im inlaut zwischen vocalen ist bei fremden namen *h* zuweilen eingeschoben, z. b. *Iôhannês Ἰωάννης, Abraham Ἀβραάμ*. Vgl. Es. Tegnér, Tidskr. for filol. N. R. 7, 304 ff.

§ 62. Beispiele für *h*: a) anlautend: *haúrn* horn, *hana* hahn, *haírtô* herz, *hails* heil, *hund* hundert, *hafjan* heben; — anlautende verbindungen: *hlaifs* brot, *hliuma* m. gehör, *hlifan* stehlen, *hlútrs* lauter, *hlahjan* lachen; *hnaiws* niedrig, *hrains* rein, *hrôpjan* rufen, *hrôt* n. dach. — b) inlautend: *faíhu* geld, *taíhun* zehn, *teihan* zeigen, *tiuhan* ziehen, *saíhs* sechs, *nahts* nacht, *liuhtjan* leuchten, *filhan* verbergen, *swaíhra* socer. — c) im auslaut: *jah* und, *-uh* und (vgl. § 24 a. 2), *falh* (zu *filhan*), *táuh* (zu *tiuhan*) etc.

Anm. 1. Vor *h* wird (wie vor *r*) *i* zu *aí*, *u* zu *aú* gebrochen, vgl. § 20 und § 24.

Anm. 2. Ausfall des nasals vor *h* mit ersatzdehnung: *fáhan* (aus *fanhan*), *þúhta* (aus *þunhta*) etc., vgl. § 50 a. 1, § 5 b, § 15 b.

Anm. 3. Auslautendes *h* in *-uh* (oder *-h* § 24 a. 2), *jah*, *nih* kann an den anlaut des folgenden wortes assimiliert werden. In den evangelien (cod. argent.) und im cod. B jedoch nur selten und nur vor partikeln oder pronom., die mit *þ* anlauten; häufig dagegen und auch vor andern cons. in cod. A und Skeir., z. b. *wasuþþan* (= *wasuh-þan* aber es war) Mc. 1, 6, *summaiþþan* (= *sumaih-þan* aber einige) Mt. 26, 67, *sijaiþþan* (= *sijaih-þan* aber es sei) Mt. 5, 37, *jaþþê* (= *jah-þê* und wenn), *niþþan* (= *nih-þan* und nicht); — vor andern consonanten in A: *jalliban* (= *jah liban* und leben) 2. Cor. 1, 6, *jaggatraua* (= *jah gatraua* und ich vertraue) Röm. 14, 14, *jaddu* (= *jah du* und zu) 2. Cor. 2, 16, *jabbrusts* (= *jah brusts*) 2. Cor. 7, 15, *nukkant* (= *nuh kant* weisst du nun?) 1. Cor. 7, 16, ausnahmsweise auch im cod. arg., aber nur im Lucas: *janni* (= *jah ni*) Luc. 7, 32, *nissijai* (= *nih sijai*) Luc. 20, 16.

Anm. 4. *h* ist (in folge seines nicht mehr scharfen lautes? doch vgl. Beitr. 15, 277) im auslaut einigemal ausgefallen: *ƕarjô* Mc. 15, 6 (st. *ƕarjôh*), *hvammê* Gal. 5, 3 (st. *hvammêh*), *hvarjanô* Skeir. 43 (st. *hvarjanôh*), häufiger *inu* in A statt *inuh* ohne; in consonantenverbindung ist ausfall des *h* zu bemerken in *hiuma* Luc. 6, 17. 8, 4 (sonst *hiuhma* menge), *drausnôs* Skeir. 50 (zu *drauhsna* brocken), *als* (st. *alhs*) Mc. 15, 38 u. a. Alle diese fälle werden in ihrer vereinzelung wol den schreibern zur last fallen und sind deshalb von den herausgebern meist getilgt. Vgl. Bernhardt, Vulfila LIII f. — Auch überschüssiges *h* kommt vor: *snauh* (statt *snau*) 1. Th. 2, 16, worin aber doch vielleicht angehängtes -*uh* (§ 24 a. 2) zu sehen ist.

Anm. 5. In der wortbildung findet sich in gewissen fällen *h* neben *k* (s. § 58 a. 1), sowie *h* neben sonstigem *g* (§ 66 a. 1).

hv

§ 63. Das *hv* bezeichnet einen dem gotischen eigenen laut. welcher im griechischen keine entsprechung findet. Das gotische zeichen (das an der alphabetischen stelle des griechischen *v* steht) wird gewöhnlich durch *hv* (*hw*) umschrieben, da die übrigen germanischen sprachen sämmtlich (wenigstens im anlaute) in den entsprechenden worten *hw* (*hu*, *hv*) zeigen. Z. b. got. *hveits* = ahd. *huîz*, as. ags. *hwît*, altn. *hvítr* weiss. Es liegen jedoch gründe vor. die dafür sprechen, dass das got. *hv* ein einfacher consonant war. Seiner phonetischen geltung nach kann man es etwa als labialisiertes *h* (oder stimmloses *w* = nengl. *wh*? Grundr. 1, 411) ansehen. Es empfiehlt sich deshalb auch, das einfache got. zeichen durch die einheitliche ligatur *hv* wiederzugeben. Vgl. Zs. fdph. 12, 481 f.; Beitr. 12, 218 ff.

Anm. 1. Dass *hv* und *hw* im gotischen nicht identisch sind, wird dadurch bewiesen, dass in der composition beim zusammenstoss eines *h* und *w* nicht *hv*, sondern *hw* geschrieben wird: *pairhwakandans* durchwachende Luc. 2, 8, *ubuhwôpida* (zu *uf-wôpjan*) und er rief aus Luc. 18, 38. — Die einheitlichkeit des lautes geht auch daraus hervor, dass das verbum *saihvan* wie die auf einfachen consonanten ausgehenden verbalstämme flectiert wird (§ 34 a. 1) und dass bei der reduplicierung *hv* als einfacher consonant gilt (*hvaihvôp* § 178). Vgl. Holtzmann, altd. gr. I, 25. Dazu oben § 41 a. 1.

§ 64. Beispiele des *hv*: **anlautend**: *hvas* wer, *hvairnei* f. schädel, *hvairban* wandeln, *hveila* zeit, *hvôpan* sich rühmen, *hveits* weiss, *hvaiteis* weizen; — **inlautend**: *ahva* wasser, *saihvan* sehen, *leihvan* leihen, *þeihvô* donner. *nêhva* nahe, *aihva-tundi* f. dornstrauch; — auch **auslautend**: *sahv*, *sahvt* (praet. zu *saihvan*). *nêhv* nahe.

Anm. 1. *hv* übt die gleiche wirkung wie *h* hinsichtlich der brechung des *i*, *u*, vgl. § 62 a. 1.

Consonanten.

g

§ 65. *g* entspricht dem griech. γ, auch in der geltung als gutturaler nasal, z. b. *synagôgê* συναγωγή, *aggilus* ἄγγελος. — Die aussprache des got. *g* war im anlaut wol sicher die eines weichen (stimmhaften) verschlusslauts; für in- und auslaut ist die möglichkeit spirantischer aussprache vorhanden.

Anm. 1. Lateinische schriftsteller geben *g* in gotischen namen durch *g*, aber auch durch *c* wider, z. b. *Caina* neben *Gaina* (Jornandes), *Commundus* (= *Gummundus*); im inlaut ist es, besonders vor *i*, oft geschwunden, z. b. *Eila* neben *Agila*, *Egila*, *Aiulf* (= *Aigulf*), *Athanaildus* = *Athanagildus*), vgl. Dietrich s. 73 f.

Anm. 2. Für die aussprache des inlautenden *g* als spiranten kann man die lateinischen umschreibungen anführen (vgl. besonders Wrede, Ostgot. 173 f.); dagegen spricht, dass auslautendes *g* nicht zu *h* wird (vgl. *b—f, d—þ*). Jellinek (Beitr. 15, 276 ff., zs. fda. 36, 85) schliesst auf aussprache des in- und auslautenden *g* als media affricata: wahrscheinlicher scheint dann die geltung als verschlusslaut (vgl. Wilmanns, d. gramm. I, 16.)

§ 66. *g* steht in got. wörtern häufig, sowol im anlaut als im inlaut. Beispiele: a) *gasts* gast, *guma* mann, *gulþ* gold, *gôþs* gut, *giutan* giessen, *greipan* greifen, *graban* graben. b) *agis* schrecken, *wigs* weg, *gawigan* bewegen, *steigan* steigen, *ligan* liegen, *þragjan* laufen; — *augô* auge, *tagr* träne, *tigus* der zehner, *aigan* haben; im suffix: *mahteigs* mächtig, *môdags* zornig.

Auch im auslaut bleibt *g* unverändert: *ôg* ich fürchte mich, *mag* ich kann, *wig* (acc. zu *wigs*) etc.

Anm. 1. *g* wird zu *h* vor angefügtem suffixalen *t* (§ 61), z. b. *mahts*, *mahta* (zu *mag*), *ôhta* (zu *ôg*), *bauhta* (zu *bugjan* kaufen), *brâhta* (zu *briggan*), jedoch die 2. pers. praet. auf *t* scheint keine änderung der consonanten herbeizuführen. Belegt ist allein *magt* zu *mag* (§ 201). — Auch sonst ist in der wortbildung bei angehörigen derselben wurzel ein wechsel zwischen *h* und *g* vorhanden: *taihun* 10 und *tigus* zehner, *filhan* verbergen und *fulgins* adj. verborgen, *faginôn* sich freuen und *faheþs* f. freude, *huggrjan* hungern und *hûhrus* hunger, *juggs* jung, comp. *jûhiza*; über den wechsel von *áig* und *áih* s. § 203 a. 1. Vgl. § 79 a. 2.

§ 67. *g* dient auch zur bezeichnung des gutturalen nasals (s. § 50), z. b. (*n + g*): *laggs* lang, *briggan* bringen, *tuggô* zunge, *figgrs* finger, *gaggan* gehen; — (*n + k, q*): *drigkan* trinken, *þagkjan* denken, *þugkjan* dünken, *iggis* euch beiden, *sigqan* sinken, *stigqan* stossen.

Anm. 1. Die regelmässige schreibung des gutturalen nasals ist ein *g*; vor *k, q* jedoch wird zuweilen das *g* verdoppelt, in cod. B ist dies regel: *siggqan*, *driggkan*, *iggqis*; vor *g* findet sich die doppelschreibung nicht, der einzige fall *atyagggand* Matth. 9, 15 wird von den herausgebern beseitigt. Der entgegengesetzte fehler findet sich dreimal: *faúragagja* Luc. 8, 3. 16, 1 (st. *faúragaggja* haushalter), *hugridai* 1. Cor. 4, 11 (st. *huggridai*). Vgl. Vulfila ed. Bernhardt s. l.l.

Anm. 2. Die lateinische schreibung des gutturalen nasals durch *n* ist allein im ev. Lucae einigemal vorhanden, z. b. *þank* 17, 9, *bringiþ* 15, 22.

§ 68. Besonders zu beachten ist die verbindung *ggw*. Dieselbe ist 1) gutturaler nasal + *gw*, wie durch die *ng* der übrigen germ. sprachen (auch des altnord.) bewiesen wird. *aggwus* enge (ahd. *engi*, altn. *ǫngr*), *siggwan* singen (ahd. *singan*, altn. *syngva*), *saggws* gesang. Hierher wol auch *unmanariggws* ungezähmt. wild (zu ahd. *ringi*? Dtsch. Litteraturzeitg. 1888 s. 770).

2) Ein zweites *ggw* hat im westgerm. *uw* (ahd. *uu* od. *uuu*, vgl. ahd. gr. § 112. 113), im altnord. *gg(v)* gegenüber; dieses *gg* bezeichnet sicher einen verschlusslaut: *triggws* treu (ahd. *triuwi*, altn. *tryggr*), *bliggwan* schlagen (ahd. *bliuwan*), **glaggwus* genau (ahd. *glauwêr*, altn. *glǫggr*), *skuggwa* spiegel (altn. *skyggja*, zu got. *skawjan*).

Anm. 1. Ueber die unter 2) angeführten *ggw* und die analogen *ddj* (§ 73 a. 1) vgl. Beitr. 9, 545; Göttinger nachrichten 1885 nr. 6; Brugmann I. 158; Scherer, kl. schriften I, s. XII f. — Ueber die ostgot. namen *Triggua*, *Trigguilla* s. Wrede, Ostgot. 78 ff.

3. Dentale.

t

§ 69. Gotisches *t*, welches griechischem τ entspricht, steht sowol anlautend als inlautend häufig. Beispiele: a) anlautend: *tunþus* zahn, *triu* baum, *tuggô* zunge, *tagr* träne, *taihun* zehn. *twai* zwei, *tamjan* zähmen, *trauan* trauen. *st: steigan* steigen. b) inlautend: *watô* wasser, *haírtô* herz, *baitrs* bitter, *itan* essen. *giutan* giessen, *sitan* sitzen, *witan* wissen.

Im auslaut bleibt *t* unverändert, z. b. *wait* ich weiss, *at* zu, *wit* wir zwei.

Anm. 1. Verdoppeltes *t* steht in *atta* vater, *skatts* geld.

Anm. 2. Vor einem *t* der wortbildung oder der flexion geht *t* in *s* über (§ 81), z. b. 2. sing. praet. *waist* (zu *wait*), *hathaist* (zu *haitan* heissen), sw. praet. *gamôsta* (zu *gamôt*), *kaupasta* (zu *kaupatjan* ohrfeigen); *wissa* (aus *wista* zu *wait*); *ushaista* bedürftig (zu *haitan*), *blôstreis* anbeter (zu *blôtan* verehren).

þ

§ 70. Got. *þ* entspricht dem griech. ϑ (z. b. *Þômas* Θωμᾶς, *Naþan* Ναϑάν); seine lautliche geltung war die eines stimmlosen dentalen spiranten, entsprechend dem heutigen englischen harten *th*. Auch das griech. ϑ bezeichnete schon damals, wie noch heute im neugriechischen, einen ähnlichen laut.

Anm. 1. Bei griechischen schriftstellern wird das got. *þ* durch ϑ gegeben, z. b. Θευδέριχος. Bei lateinischen schriftstellern ist got. *þ* meist *th*, z. b. *Theodoricus*, *Theodomirus*, doch steht auch öfter einfaches *t* dafür. Vgl. Wrede, Wand. 104, Ostg. 170 ff. — Auch einige neuere drucke geben das *þ* durch *th* wider (§ 1 a. 3).

Anm. 2. Für inlautendes *þ* steht in eigennamen bei lat. schriftstellern oft *d* neben *th*, was auf spätere erweichung schliessen lässt. Vgl. Wrede, Ostg. 171.

Anm. 3. Ueber den lautwert des germ.-got. *þ* vgl. IF. 4, 341 ff.; über das verhältnis von got. *þ* zu griech. ϑ s. Wimmer, die runenschrift 268.

§ 71. *þ* ist in gotischen wörtern sehr zahlreich. Beispiele: a) im anlaut: *þulan* dulden, *þanjan* dehnen, *gaþairsan* verdorren, *þaúrsus* dürr, *þaúrstei* durst, *þata* (pron.) das, *þu* du, *þreis* drei, *þliuhan* fliehen, *gaþláihan* liebkosen, trösten, *þwahan* waschen. b) im Inlaut: *bróþar* bruder, *tunþus* zahn, *wiþrus* lamm, *fraþi* n. verstand, *fraþjan* verstehen, *anþar* anderer, *haþar* welcher von beiden, *wairþan* werden, *qiþan* sagen. c) Auch auslautend bleibt *þ* unverändert, z. b. *þiuþ* das gute (gen. *þiuþis*), *qaþ* (zu *qiþan*), *aiþs* eid, acc. *aiþ*.

Anm. 1. *þþ* in *aiþþau* oder (§ 20), ferner durch assimilation aus *h-þ*: *niþþan* etc. s. § 62 a. 3.

Anm. 2. *þ* im auslaut und vor dem nominativ-*s* ist sehr häufig vertreter eines *d*, und ist von den unter c) aufgeführten zu trennen, welchen auch inlautend *þ* entspricht, s. § 74.

Anm. 3. Vor *t* wird *þ* zu *s* (§ 81), z. b. 2. sing. praet. *qast* (zu *qiþan*), *warst* (zu *wairþan*), *snaist* (zu *sneiþan* schneiden).

Anm. 4. *d* für inl. *þ* in *weitwódida* zeugnis Joh. 3, 32.

d

§ 72. Das *d* entspricht griechischem δ. Die neugriech. aussprache des letzteren ist die eines weichen (stimmhaften) dentalen spiranten (δ = engl. weiches *th*).

Diese spirantische aussprache kommt auch dem got. *d* zu, wenigstens im inlaute nach vocalen. Im anlaute dagegen und inlautend nach *n*, *r*, *l*, *z* hat *d* die geltung eines weichen (stimmhaften) verschlusslautes.

§ 73. Beispiele des *d*: a) anlautend: *daúr* n. tor, tür, *daúhtar* tochter, *dal* tal, *dauns* dunst, *daddjan* säugen, *ga-daúrsan* wagen, *driusan* fallen, *dwals* töricht. b) Inlautend: *sidus* sitte, *wadi* n. wette, *midjis* medius, *widuwô* wittwe, *biudan* bieten, *bindan* binden, *hairda* herde. *waldan* herschen, *mizdô* lohn. — *fadar* vater, *frôdei* verstand (dazu adj. *frôþs, frôdis* klug), *fidwôr* vier, *þridja* tertius, *þiuda* volk, *-ida* z. b. in *auþida* wüste; *gahugds* verstand, *gards* haus, *hardus* hart, *hund* hundert, *and* an, auf, *alds* alter (zu *alþeis* alt), *kalds* kalt, *gazds* stachel.

Anm. 1. *dd* steht in gotischen wörtern nur in *waddjus* wand (altn. *reggr*), *daddjan* säugen, *twaddjê* (gen. zu *twai* 2, altn. *tveggja*), *iddja* ich ging, also stets in der verbindung *ddj*. — Vgl. § 68 a. 1 und Brugmann I, 128.

§ 74. Im auslaute und vor dem nominativ-*s* bleibt *d* nur nach consonanten, z. b. *hund, nimand* (3. p. plur. praes.), *gards, alds, gazds, gahugds*. Wenn dagegen ein *d* nach vocal in den auslaut tritt, so wird es in *þ* gewandelt, da *þ* den dem *d* entsprechenden harten laut bezeichnet. Die grösste masse der im got. auslautenden *þ* sind solche euphonisch aus inlautendem *d* entstandene, die geringere zahl sind echte, auch inlautende *þ* (§ 71 a. 2).

Beispiele: *staþs, stadis* ort (aber **staþs, staþis* gestade); *hauþiþ, hauþidis* kopf; *liuhaþ, liuhadis* licht; *frôþs, frôdis* weise, *gôþs, gôdis* gut; *báuþ* praet. zu *biudan*; *bidjan* bitten, pt. *baþ*; — alle part. pt. sw. v., z. b. *nasiþs, nasidis*; *salbôþs, salbôdis*; ferner alle *þ* im verbalauslaut (3. p. sing., 2 pl.), z. b. *nimiþ, nêmuþ, nêmeiþ*, — aber mit enklitischem *-uh*: *nimiduh, nêmuduh, nêmeiduh*; — adverbia wie *hvaþ* wohin (vgl. § 213); praepos. *miþ* mit.

Anm. 1. Die wandlung des auslautenden *d* in *þ* ist in unserer überlieferung bisweilen unterlassen. Dass diese erscheinung nicht dem ursprünglichen texte des Ulfilas angehörte, sondern nur eine abweichung der schreibung von der normalstufe ist, bezeugt der umstand, dass das auslautende *d* ungemein häufig nur im ev. Lucae steht, besonders in den zehn ersten capiteln, nicht ganz selten auch im ev. Johannis, seltener in den andern büchern. Beispielsweise aus dem 6. cap. Lucae sind anzuführen: *samalaud* 34, *gôds* 35. 43, *gôd* 43, *mitads* 38, particip. *gamanwids* 40, *gasulid* und besonders häufig verbalformen *taujid* 2, *usnuggwud* 3, *fayinôd, laikid* 23, *habaid* 24, *usbairid* 45 u. a. — Da das ev. Luc. überhaupt jüngere sprachformen zeigt (§ 221, 1), so könnte man hierin eine spätere entwicklung der got. sprache sehen, die durch einzelne schreiber in unsere texte hineingebracht worden wäre (ähnliches in ostgot. namen s. Wrede, Ostg. 171). Nach anderer auffassung haben die mit *-d* auslautenden formen ursprünglich vor vocalisch anlautenden worten gegolten (*nimiþ* und *nimid* wären also 'satzdoubletten', Litbl. 1885 s. 276). — Vgl. auch Kock, zs. fda. 26, 226 ff., welcher beobachtet, dass diese *d* für *þ* am häufigsten sind nach unbetonten vocalen (z. b. *mitads*), nach dem betonten vocal aber nur, wenn dieser lang oder ein diphthong ist, selten dagegen nach kurzem betonten vocal (z. b. *mid* Luc. 7, 11).

Anm. 2. Da das auslautende *þ* durchaus als das regelmässige zu gelten hat, so muss man es auch in worten ansetzen, bei denen nur formen mit inlautendem *d* belegt sind: *biuþs, biudis* tisch, *rauþs* rot, *usdauþs* eifrig, *gamaiþs* verkrüppelt, *môþs* zorn, *knôþs* stamm. Man wird daher auch *garaiþs* bereit, *unlêþs* arm ansetzen, welche ausser formen mit inlautendem *d* nur je eine auslautende form als *garaid* und *unlêds* aufweisen. Beide formen aber stehen im Lucas.

Nur mit auslautendem *d* ist mehrfach belegt: *weitwôds* zeuge, acc. *weitwôd*; zweimal *gariuds (gariud)* ehrbar; nur éine auslautende form mit *d* (aber keine mit *þ*) ist belegt bei *braids* breit, *dêds* tat, *wôds* wütend, *grids* schritt, *skatskaid*, (pt. zu *skaidan*). Auch hier würde man consequent als normalformen *dêþs, wôþs* etc. anzusetzen haben, denn die formen mit *þ* entgehen uns doch gewiss nur durch die ungunst der überlieferung.

Anm. 3. Nicht mit diesem auslautenden *þ* für stammhaftes *d* ist es zu verwechseln, wenn neben worten mit *d* andere von gleicher wurzel mit *þ* stehen, z. b. *frôd-* (n. *frôþs*) klug, *frôdei* klugheit, aber *fraþi* verstand, *fraþjan* verstehen; *sad-* (n. *saþs*) satt, aber *ga-sôþjan* sättigen; *sinþs* weg, aber *sandjan* senden; *alds* alter, aber *alþeis* alt. Vgl. § 79 a. 2.

Anm. 4. Nur selten steht *þ*, wo inlautendes *d* erwartet wird. So *guþa* Gal. 4, 8 st. *guda, unfrôþans* Gal. 3, 3.

§ 75. Das *d* des schwachen praeteritums, welches meist nach vocal steht (*nasida, habaida*), bleibt nach *l* und *n* (*skulda, munda*). Nach *s, h, f* dagegen erscheint es als *t*: *kaupasta, môsta, daúrsta, þâhta, bráhta, púhta, brúhta, waúrhta, baúhta, ôhta, mahta, áihta, paúrfta*; zu *þ* wird es in *kunþa*, zu *ss* assimiliert aus *st* in *wissa*.

Dazu stimmen die betr. participia *nasiþs, habaiþs, skulds, munds*; aber *waúrhts, baúhts, mahts, binaúhts, paúrfts, kunþs*, Vgl. § 187 a. 1, § 197 ff., 208. 209.

Anm. 1. Vor dem *t* der 2. pers. praet. wird *d* zu *s* (§ 81): *baust* (zu *biudan, bauþ*). Ebenso erscheint in der wortbildung vor consonanten *s* statt *d*, z. b. *gilstr* steuer (zu *gildan*), *usbeisns* erwartung (zu *beidan*).

§ 76. *s* ist harter (stimmloser) dentaler spirant und entspricht griech. σ. In gotischen wörtern ist *s* ungemein häufig, besonders im anlaut.

Beispiele: a) anlautend: *sunus* sohn, *sitan* sitzen, *skadus* schatten, *speiwan* speien, *standan* stehen, *straujan* streuen, *slêpan* schlafen, *smals* klein, *snutrs* weise, *swaíhra* schwiegervater.

b) **Inlautend**: *kiusan* wählen, *wisan* sein, *wasjan* kleiden, *þúsundi* tausend, *gasts* gast, *fisks* fisch, *asneis* lohnarbeiter, *hansa* schaar, *aúhsa* ochse, *þaúrsus* dürr.

c) Auch auslautend bleibt *s* unverändert, z. b. *gras* gras, *mês* tisch, *was* (pt. zu *wisan*), *hals* hals.

Anm. 1. *ss* ist nicht selten, z. b. *hrassei* strenge, *qiss* rede, *wissa* (pt. zu *witan*), endung *-assus* (*þiudinassus* königreich etc.).

Anm. 2. Auslautendes *s* steht in der mehrzahl der fälle für inlautendes *z*, besonders in der flexion ist auslautendes *s* vertreter von *z*. Vgl. § 78, ausfall des nominativ-*s* § 78 a. 2.

Anm. 3. *s* aus *t*, *þ*, *d*, vor consonanten (*t*) s. § 69 a. 2, § 71 a. 3, § 75 a. 1.

Anm. 4. Ueber den lautlichen unterschied zwischen den spiranten *s* und *þ* vgl. IF. 4, 342.

§ 77. *z* entspricht in griech. wörtern dem ζ, z. b. *Zaibaidaius* Ζεβεδαῖος, *azymus* ἄζυμος. Der laut des *z* ist der dem *s* entsprechende weiche laut, also stimmhafter dentaler spirant (franz. *z*). Diesen laut bezeichnete damals auch schon (wie im neugriech.) das griech. ς.

§ 78. a) *z* steht in gotischen wörtern niemals im anlaut.

b) Häufig ist *z* im inlaut. Das auslautende *z* wird dagegen zu *s*, dem entsprechenden harten laute, gewandelt (vgl. § 79). Beispiele: *azêts* leicht, *hazjan* loben, *hazeins* lob, *dius*, g. *diuzis* tier, *hatis*, g. *hatizis* hass, *hatizôn* zürnen, *huzd* schatz, *gazds* stachel, *mizdô* lohn, *azgô* asche, *marzjan* ärgern, *talzjan* belehren; — comparative: *maiza* major, *frôdôza*, *alþiza* etc.; pronominalformen, z. b. *izwara*, *þizôs*, *þizê*, *blindaizôs*; 2. sing. medii, z. b. *haitaza*.

c) Die meisten der auslautenden gotischen *s* sind vertreter eines *z*, insbesondere die flexions-*s*; diese erscheinen wider als *z*, wenn sie durch eine enklitische anfügung in den inlaut treten, z. b. das *s* des nominativs *hras* wer?, aber *hrazuh*; *is* er, aber *izei* welcher; *us* aus, aber *uzuh*, *uzu*; *dis-* zer- (*dizuhþansat* Mc. 16, 8); *þôs* fem. n. pl., *þôzuh*; *weis* wir, *weizuh*; *wileis* 2. pers. s., *wileizu*; adv. *mais* mehr (zu *maiza*), *áiris* früher (zu *áiriza*) etc.

Anm. 1. Nur selten ist im auslaut *z* statt *s* geschrieben: *minz* weniger 2. Cor. 12, 15 (Cod. B) statt des sonstigen *mins*; *riqiz* (4 mal) finsternis neben *riqis*, gen. *riqizis*; *aiz* erz, nur Mc. 6, 8; *minz* fleisch 1. Cor. 8, 13. — Eine andere auffassung der auslautenden *s* für *z* hält Wilmanns (Dtsche gramm. I, s. 86) für möglich.

Anm. 2. Das *s* (*z*) des nom. sing. fällt weg 1) nach *s* (*ss*, *z*): *drus* m., g. *drusis* fall, *sucs*, g. *swêsis* adj. eigen, *laus*, *lausis* los, *us-stass* f., g. *usstassais* auferstehung; 2) ferner nach *r*, wenn ein kurzer vocal unmittelbar vorher geht: *wair*, *wairis* mann, *baúr* sohn, *kaisar* kaiser, *anþar* zweite, *unsar* unser; dagegen nach langer silbe bleibt *s*: *akrs* acker, *hôrs* hurer, *skeirs* klar, *swêrs* geehrt, *gáurs* betrübt. Abweichend ist nur der einmal (s. § 91 a. 4) belegte nom. *stiur* stier. Vgl. Brugmann I, 519; II, 531; Wrede, Ostgot. 177 ff. — In der späteren entwickelung ist, bes. ostg., das nominativ-*s* in weiterem umfange geschwunden. So schon in den urkunden (z. b. Neapel: *Gudilub*, *Ufîtahari*); vgl. Wrede a. a. o.

Anm. 3. Schwanken zwischen *z* und *s* findet sich im pt. von *slêpan* schlafen; *saislêp* Mt. 8, 24, Lc. 8, 23, 1. Th. 4, 14, *saizlêp* Joh. 11, 11, 1. Cor. 15, 6; — ferner bei den neutr. auf -*is* (g. *agisis* u. *hatizis*) s. 94 a. 5.

Anm. 4. Das *z* der praep. *us* wird in zusammensetzungen an folgendes *r* assimiliert (vgl. § 24 a. 2), z. b. *urruns* ausgang, *urreisan* aufstehn, *urrûmnan*, sich erweitern (daneben *usrûninan* Cod. B 2. Cor. 6, 11); einmal auch in praepositioneller stellung: *ur riqiza* 2. Cor. 4, 6. — Sonst behält *us* in der composition stets seine auslautende form, z. b. *usagjan* erschrecken, *usbeidan* erwarten (vgl. § 56 a. 2). Nur in *uzôn* (pt. zu **usanan* aushauchen) Mc. 15, 37. 39 und *uzêtin* (dat. zu **usêta* krippe) Luc. 2, 7. 12. 16 ist *z* statt *s* vor dem vocal hervorgetreten.

Anm. 5. Wenn *us* vor ein mit *st* beginnendes wort tritt, so wird bisweilen nur ein *s* geschrieben: *ustaig* (zu *us-steigan*) Mc. 3, 13, *ustôþ* Luc. 8, 55. 10, 25, *ustandiþ* Mc. 10, 34 (zu *us-standan*) *ustassai* (zu *usstass*) Luc. 14, 14. — Vgl. *twistandans* B (= *twis-standans* A) 2. Cor. 2, 13, *diskritnan* (st. *dis-skritnan*) Mt. 27, 51; für *sp* fehlt ein analogon.

Anhang.
Allgemeines über die consonanten.

§ 79. Das gotische verwandelt die weichen spiranten *b*, *d*, *z*, in die entsprechenden harten laute *f*, *þ*, *s*, wenn sie in den auslaut treten und vor dem *s* des nominativs (vgl. § 56. 74. 78). Dagegen bleibt der vierte weiche spirant, inl. *g*, im auslaute unverändert (vgl. § 66, § 65 a. 2).

Anm. 1. Auch die *b*, *d*, *z* sind im auslaut zuweilen geblieben, und zwar sehr selten *z* (§ 78 a. 1), dagegen *b* und *d* besonders häufig in gewissen partien, die auch sonst jüngere sprachformen zeigen. Vgl. § 56 a. 1, 74 a. 1 und Zs. fda. 25, 226 ff.

Anm. 2. Ein wechsel zwischen *f* und *b*, *þ* und *d*, *h* und *g*, *s* und *z*, welcher im urgerm. gesetzmässig eingetreten war und in anderen germ. sprachen besser erhalten ist ('grammatischer wechsel', s. ahd. gr. § 100 ff.), tritt im got. nur noch in der wortbildung auf; vgl. *g—h* § 66 a. 1, *d—þ* § 74 a. 3, (*z—s* § 78 a. 3); in der verbalflexion spurenweise bei *þarf* (§ 56 a. 3), *aih* (§ 203 a. 1).

3*

§ 80. Verdoppelt kommen im gotischen vor besonders die liquidae und nasale *l, m, n, r*, sodann *ss*, von anderen consonanten nur vereinzelte fälle: *kk* (§ 58 a. 1), *tt* (§ 69 a. 1), *þþ* (§ 71 a. 1), *dd* (§ 73 a. 1); — die häufigeren *gg* (§ 67. 68) sind zum teil anderer art.

Die doppelconsonanten bleiben im auslaut und vor dem nominativ-*s: skatts, full, kann, rann, wamm, gawiss*. Ebenso bleiben sie vor *j* (z. b. *fulljan, skattja, kannjan*), vor andern consonanten werden sie jedoch in der regel vereinfacht: *kant, kunþa* (zu *kann*), *rant* 2. sing. pt., *ur-runs* m. ausgang (zu *rinnan*), *swumfsl* teich (zu **swimman*); — dagegen gewöhnlich *fullnan*, nur einige male *fulnan*.

Anm. 1. Zuweilen finden sich in den hss. durch schreibfehler verdoppelungen wie *allh* Lc. 2, 46, oder einfache schreibungen doppelter laute wie *wisêdun* Lc. 2, 43, *inbranjada* (für *inbrannjada*) Joh. 15, 6, *swam* für *swamm* Mc. 15, 36. — Solche fehler werden von den herausgebern meist beseitigt. Vgl. Bernhardt, Vulfila s. LVII.

§ 81. Die veränderungen der consonanten vor dentalen kann man vom gotischen standpunkte aus in folgender regel vereinigen:

Vor den dentalen *d, þ, t* gehen alle labialen verschlusslaute und spiranten in *f* über, alle gutturalen in *h*, alle dentalen in *s*; die an zweiter stelle stehende dentalis geht aus dieser verbindung stets als *t* hervor.

Beispiele: *skapjan, gaskafts* (§ 51 a. 2); *þaúrban*, (*þaúrbda) *þaúrfta; giban, gifts* (§ 56 a. 4); — *siuks, saúhts; þagkjan, þáhta* (§ 58 a. 2); *magan, mahta* (§ 66 a. 1); — *wait, waist* (§ 69 a. 2) *wairþan, warst* (§ 71 a. 3); *biudan, baust* (§ 75 a. 1).

Anm. 1. Ausgenommen ist *magt* (2. pers. zu *mag* § 201), und *gahugds* verstand.

Anm. 2. *st* ist teilweise zu *ss* assimiliert, z. b. *wissa* zu *witan* (§ 76 a. 1). Vgl. Beitr. 7, 171 ff.; 9, 150 ff.; IF. 4, 341 ff.

Anm. 3. Die im texte vom standpunkte der praktisch-gotischen grammatik aus gegebene regel bedarf vom vergleichend-historischen standpunkte aus einer anderen formulierung, da es sich hier eigentlich nicht um lautübergänge handelt, welche innerhalb des gotischen eintreten, sondern um reflexe urgermanischer und indogerm. lautverhältnisse. S. Brugmann I, 383 ff., 404 f.

§ 82. Assimilationserscheinungen nur bei *h* (s. § 62 a. 3) und bei *us* (§ 78 a. 4).

Flexionslehre.

Cap. I. Declination der substantiva.

Allgemeine vorbemerkungen

a) zur declination überhaupt.

§ 83. Die gotische declination umfasst, wie die der übrigen altgermanischen dialekte, drei genera: masculinum, neutrum und femininum.

Anm. 1. Das neutrum steht in allen declinationsklassen formell dem masculinum sehr nahe und unterscheidet sich von ihm nur im nom. acc. beider numeri.

Anm. 2. Die genusunterscheidung fehlt nur bei dem persönlichen pronomen der 1. und 2. person nebst reflexivum (§ 150), sowie bei den adjectivischen zahlwörtern 4—19 (§ 141).

§ 84. Zwei numeri, singular und plural, sind in der gotischen declination vorhanden.

Anm. 1. Der dual, welcher ursprünglich in allen indogerm. sprachen in gebrauch war, ist in der got. decl. nur noch beim persönlichen pron. der 1. und 2. person erhalten (§ 150).

§ 85. Die gotische declination hat vier volle casus: nominativ, genetiv, dativ, accusativ. Der vocativ ist meist mit dem nominativ zusammen gefallen, nur im singular einiger declinationsclassen ist ein vom nominativ verschiedener vocativ vorhanden, der aber dann immer dem accusativ gleich lautet.

Anm. 1. Der got. dativ ist der vertreter mehrerer indogermanischer casus (dativ, locativ, ablativ, instrumental). Vom instrumental des neutrums sind in der pronominaldeclination noch einige reste vorhanden: *þê* (§ 153), *hvê* (§ 159).

b) zur declination der substantiva.

§ 86. Die substantivdeclination im gotischen teilt man ein in vocalische und consonantische declination, je nachdem die stämme der betr. wörter auf einen vocal oder einen consonanten ausgehen.

Anm. 1. Die ursprüngliche form des stammes ist im vorliegenden sprachstande durch verschmelzen des stammes mit den endungen, vocalverluste am ende und dgl. teilweise unkenntlich gemacht, so dass die einteilung in vocalische und consonantische declination erst durch die vergleichende indogermanische grammatik ihr rechtes licht erhält und nur in rücksicht auf diese beibehalten werden muss. Vom speciell gotisch-germanischen standpunkte aus würde man nicht auf diese einteilung gekommen sein.

§ 87. Von den consonantischen stämmen ist im gotischen die klasse der *n*-stämme (stämme auf -*an*, -*ôn*, -*ein*) sehr reich entwickelt, während von sonstigen consonantischen declinationsweisen nur noch einige reste erhalten sind (§ 114 ff.). Die *n*-declination wird seit Jac. Grimm auch schwache declination genannt.

§ 88. Vocalische declinationsweisen haben wir vier: stämme auf *a, ô, i, u*. Darnach unterscheiden wir *a-, ô-, i-, u-*declination. Die stammesmerkmale zeigen sich in allen klassen noch deutlich im dat. und acc. plur., z. b. *dagam, dagans;* — *gibôm, gibôs;* — *gastim, gastins;* — *sunum, sununs*. Die vocalische declination wird seit Jac. Grimm auch starke declination genannt.

Anm. 1. Von den vier vocalischen declinationen stehen die -*a* und *ô*-declination in engerer verbindung: die *a*-declination enthält nur masculina und neutra (*dags, waúrd*), die *ô*-declination die zugehörigen feminina. Man fasst deshalb gewöhnlich beide in eine klasse zusammen und nennt diese dann *a*-declination.

Anm. 2. Die got. *a*-declination entspricht der griechisch-lateinischen zweiten oder *o*-declination (griech.-lat. masc. -*ος*, neutr. -*ον*; lat. -*us*, -*um*), die got. *ô*-declination entspricht der griech.-lat. ersten oder *â*-declination. Da nun die vergleichende grammatik lehrt, dass die griech.-lat. vocale die ursprünglicheren sind und dass einst auch im germanischen die stämme der betreffenden masculina und neutra auf *o*, die der feminina auf *á* ausgegangen sein müssen, so wird neuerdings in der germanischen grammatik häufig auch der name *o*-declination für die masc. und neutra, der name *â*-declination für die feminina angewendet.

c) zur nominalen composition.

§ 88a. Als erste glieder von compositis gehen die substantiva (und adjectiva) in der regel auf einen vocal aus, den vocal der compositionsfuge, welcher bei den vocalischen stämmen meist mit dem stammvocal identisch ist. Beispiele: *a*-decl.: *figgra-gulþ, hunsla-staþs, himina-kunds, fulla-tôjis;* — *i*-decl.: *gasti-gôþs, naudi-bandi;* — *u*-decl.: *fôtu-baúrd, hardu-hairtei, filu-waúrdei.*

Die *ô*-stämme haben dagegen stets *-a* als compositionsvocal, z. b. *aírþa-kunds, hleiþra-stakeins*; bei den *ja*-stämmen haben nur die kurzsilbigen den ausgang *-ja*, die langsilbigen aber *-i* (vgl. § 44): z. b. *wadja-bôkôs, alja-kuns; arbi-numja, aglaiti-waúrdei;* ebenso *þúsundi-faþs* zu dem *jô*-stamme *þúsundi* (§ 145).

Die *n*-stämme haben statt des ausgangs *-an, ôn* einfaches *a*: z. b. *guma-kunds, fruma-baúr, wilja-halþei, qina-kunds, augadaúrô;* dagegen *mari-saiws* (vgl. Beitr. 8, 410).

Anm. 1. Der compositionsvocal ist im gotischen bisweilen geschwunden. Am häufigsten bei *a*-stämmen: z. b. *wein-drugkja* (gegen *weina-triu, weinabasi* etc.), *gud-hûs, guþ-blôstreis* (gegen *guda-faúrhts, guda-laus, guþaskaunei), laus-qiþrs, laus-handus* (gegen *lausa-waúrds), þiudan-gardi, háuhþúhts, ain-falþs, þiu-magus* (st. *þiwa-* § 91 a. 3). — Bei *ja*-stämmen: *niuklahs* (gegen *niuja-satiþs), frei-hals, aglait-gastalds* (gegen *aglaiti-waúrdei*). — Bei *i*-stämmen: *brûþ-faþs, þut-haúrn* (Beitr. 8, 411), *twalib-wintrus* (§ 141).

Anm. 2. Bei einigen wörtern finden sich ausweichungen des compositionsvocals: *þiuþi-qiss* (stamm *þiuþa-*) 1. Cor. 10, 16 Cod. A; *anda-laus* (st. *andja-*) 1. Tim. 1, 4 Cod. A (gegen *andi-laus* Cod. B); *hrainja-haírts* (st. *hraini-*) Mt. 5, 8; zu stamm *gardi-* (s. § 101) scheint in compos. *garda-* normalform zu sein: *garda-waldands* Mt. 10, 25. Luc. 14, 21; *miþgarda-waddjus* Eph. 2, 14 Cod. B (aber *midgardi-w.* Cod. A), Beitr. 8, 432. Vgl. auch *brôþra-lubô* R. 12, 10 Cod. A (gegen *brôþru-lubô* 1. Thess. 4, 9 Cod. B). — Die meist dem cod. A angehörigen ausweichungen scheinen jüngere ostgot. formen zu sein, vgl. die namen der urkunden (z. b. *Gudi-lub* Arezzo, *Sunjai-friþas* Neap.) und Wrede, Ostgot. 184.

Anm. 3. Zu den sonstigen consonantischen stämmen sind belegt: *brôþru-lubô* (§ 114), vgl. vor. anm.; *baúrgs-waddjus* genetivcompos., § 116); *nahta-mats* (§ 116); zu *mann-* (§ 117): *mana-sêþs, mana-maúrþrja, unmanariggws* und (wol nach anm. 1.) *man-leika.* — Die zu alten *s*-stämmen (s. § 94 a. 5) gehörigen *sigis-laun, þruts-fill* (Leo Meyer, got. spr. s. 174) können auch auf *a*-stämme (mit verlust das *a* nach anm. 1) bezogen werden.

Anm. 4. Weiteres über die composita im gotischen s. Beitr. 8, 371— 460; Brugmann II, 66 ff.; Wrede, Ostg. 183 ff.

A) Vocalische (starke) declination.

1. a) *A*-declination.

§ 89. Die gotische *a*-declination enthält nur masculina und neutra. Man unterscheidet reine *a*-stämme und *ja*-stämme.

Anm. 1. Die *wa*-stämme zeigen im gotischen sehr unbedeutende abweichungen von den reinen *a*-stämmen und sind nur in wenigen worten vertreten (§ 91 a 3, § 93, § 94 a. 1).

Masculina.

§ 90. Paradigmata der masculina. a) Reine *a*-stämme: *dags* tag (aus älterem **dagaz*, urgerm. **dago-z* § 88 a. 2), *hlaifs* brot (urgerm. **hlaibo-z*). b) *ja*-stämme; *hairdeis* hirt (urgerm. **herdio-z*), *harjis* heer (urgerm. **hario-z*).

Sing.	N. dags	hlaifs	hairdeis	harjis
	G. dagis	hlaibis	hairdeis	harjis
	D. daga	hlaiba	hairdja	harja
	A. dag	hlaif	hairdi	hari
	V. dag	hlaif	hairdi	hari
Plur.	N. dagôs	hlaibôs	hairdjôs	harjôs
	G. dagê	hlaibê	hairdjê	harjê
	D. dagam	hlaibam	hairdjam	harjam
	A. dagans	hlaibans	hairdjans	harjans

§ 91. Wie *dags* gehen sehr viele masculina, z. b. *stains* stein, *skalks* knecht, *tains* zweig, *himins* himmel, *fisks* fisch, *wigs* weg, *wulfs* wolf, *fugls* vogel, *aips* (gen. *aipis*) eid.

hlaifs zeigt die auslautsverhärtung des inlautenden weichen spiranten (vgl. § 56, § 79). Ebenso *laufs* (n. pl. *laubôs*) blatt.

Anm. 1. Die declination dieser masc. ist mit denen der i-decl. (§ 100) identisch im ganzen sing. und im gen. pl. Nur der n. a. d. pl. entscheidet über die zugehörigkeit. Es sind daher eine anzahl masculina, von welchen diese pluralcasus nicht belegt sind, nicht sicher einzuordnen. Jedoch wird das zeugnis der andern germ. sprachen in vielen fällen entscheiden können. Danach gehören zur *a*-decl. z. b. *akrs* acker, *mêgs* eidam, *maúrgins* morgen, *snaiws* schnee, *maipms* geschenk.

Anm. 2. Worte, welche nicht im n. sing., oder im n. acc. plur. belegt sind, können auch neutra sein. So wäre zu dem allein belegten g. *akeitis* (essig) sowol n. *akeits* als *akeit*, zu d. *stapa* (gestade) sowol n. *staps* als *stap* möglich. Doch geben bei einigen solcher worte die damit verbundenen adjective, bei anderen die verwanten dialekte sicherheit für das masc. So z. b. *slêps* schlaf, *wôkrs* wucher, *aúhns* ofen, *tweifls* zweifel, *môps* zorn (g. *modis* vgl. § 74).

Declination der substantiva.

Anm. 3. Nach den regeln über *w* im auslaut (§ 42) wird zu den allein belegten n. g. pl. *þiwôs, þiwé* (diener) der n. sing. als *þius*, a. v. sing. als *þiu* angesetzt. Vgl. *þiu-magus* knecht § 88 a. 1.

Anm. 4. Nach § 78 a. 2 fällt das *s* des n. sing. ab in *ans (dat. anza) balken, *hals, halsis hals, freihals freiheit, *ams (a. pl. amsans) schulter, *wair mann, *gabaúr (n. pl. gabaúrôs) festmahl, kaisar kaiser, stiur stier (Nehem. 5, 18; vgl. Zs. fda. 37, 319).

Anm. 5. Schwanken nach der *i*-decl. zeigt sich bei *wêgs* welle (n. pl. *wêgôs*, aber d. pl. *wêgim*), *aiws* zeit (d. pl. *aiwam*, a. pl. *aiwins*).

§ 92. Bei den *ja*-stämmen bedingen die regeln über die contraction des *ji* zu *ei* (s. § 44 c und a. 1) einen unterschied zwischen den worten mit langer und mit kurzer stammsilbe. Weitere beispiele: a) langsilbige und mehrsilbige: *asneis* lohnarbeiter, *andeis* ende, *h-aiteis* weizen, *sipôneis* schüler, die wörter auf -*areis* (Kluge, Stammbild. § 8. 9. abd. gr. § 200): *laisareis* lehrer, *bôkareis* schriftgelehrter u. a. b) kurzsilbige: *niþjis* vetter, *andastaþjis* widersacher.

Anm. 1. *andeis* ende hat Röm. 10, 18 den acc. pl. nach der *i*-decl. *andins*.

Anm. 2. Nur im plur. wird gebraucht: *bêrusjôs* die eltern (§ 33).

Anm. 3. Nach a. pl. *hlijans* (Mc. 9, 5) ist der n. sg. *hleis* hütte (wie *freis* § 126 a. 2) anzusetzen. Vgl. Zimmer, QF 13, 308.

Anm. 4. Ein substantivischer n. pl. *silbawiljôs* ist belegt 2. Cor. 8, 3, adj. zu *silba-wiljis* freiwillig (vgl. *gawiljis* § 126).

Neutra.

§ 93. Paradigmata. a) reine *a*-stämme: *waúrd* wort, *haubiþ* kopf. b) *wa*-stämme: *triu* baum. c) *ja*-stämme: *kuni* geschlecht.

Sing.	waúrd	haubiþ	triu	kuni
G.	waúrdis	haubidis	triwis	kunjis
D.	waúrda	haubida	triwa	kunja
A.	waúrd	haubiþ	triu	kuni
Plur. N.	waúrda	haubida	triwa	kunja
G.	waúrdê	haubidê	triwê	kunjê
D.	waúrdam	haubidam	triwam	kunjam
A.	waúrda	haubida	triwa	kunja

§ 94. Die zahl der nach *waúrd* gehenden neutra ist eine ungemein grosse, z. b. *blôþ, bliþis* blut, *gulþ* gold, *juk* joch, *jêr* jahr, *haúrn* horn, *sauil* sonne, *silubr* silber, *agis* furcht, *saír* schmerz, *maúrþr* mord, *gras, grasis* gras.

Verhärtung des inlautenden weichen spiranten (§ 79) haben

wie *haubiþ* z. b. *dius, diuzis* tier, *hatis* hass, *riqis* finsternis (§ 78 a. 1); *liuhaþ, liuhadis* licht, *witôþ* gesetz.

Anm. 1. Nach § 42 wird in den *wa*-stämmen das *w* auslautend nach kurzem vocal zu *u*. Ausser dem paradigma *triu* (*weinatriu* weinstock) so nur noch **kniu, kniwis* knie. Bei langem vocal dagegen keine abweichung, z. b. *lêw* gelegenheit, *fraiw* same.

Anm. 2. Nach § 91 a 2 ist bei ungenügend belegten worten zweifel möglich, ob sie masculina oder neutra sind. Als neutra sind nach den dort angegebenen gründen sicher anzunehmen z. b. *þaúrp* feld, *maþl* markt; zweifelhaft bleibt die ansetzung von *dal* tal (vgl. altn. *dalr*), *lun* lösegeld (oder *lûns*, vgl. § 15 a. 1).

Anm. 3. Das wort *guþ*, welches der form nach neutrum ist, wird für den christengott als masculinum gebraucht. Dagegen für die heidnischen götter ist der neutrale pl. *guda* (vgl. § 74 a. 4) noch im gebrauch. Die flexion des sing. ist unsicher, da stets die abkürzung (§ 1 a. 4) gebraucht wird *yþ, gþs, gþa*. Dies wird aufgelöst in n. a. *guþ*, g. *guþs*, d. *guþa*: man sollte erwarten g. *gudis*, d. *guda*. Ist die auflösung des g. *guþs* richtig, so würde dadurch das wort unter die consonantischen stämme (§ 114 ff.) gewiesen. — Im comp. *guda-* u. *gupa-* s. § 88ᵃ a. 1.

Anm. 4. *fadrein* 'vaterschaft' kann in der bedeutung 'eltern' als indeclin. plur. mit dem masc. artikel gebraucht werden: *þai fadrein, þans fadrein*. Es kommt aber auch der regelmässige neutrale plur. *fadreina*, in der bedeutung 'eltern', vor. Zu trennen ist fem. *fadreins* geschlecht (§ 103). — Vgl. J. Schmidt, indog. neutra 14.

Anm. 5. Von *hatis* hass ist einmal (cod. B) der (consonantisch flectierte) g. sing. als *hatis* belegt, Eph. 2, 3 (*hatize* A). Anders Wrede, Ostg. 77. — Ueber die neutra auf *-is* s. v. Bahder, Verbalabstracta 52 ff.; Kluge, Stammbild. § 84. 145.; Brugmann II, 394. Vgl. auch § 78 a. 3.

§ 95. Wie *kuni* gehen sowohl kurzsilbige als langsilbige *ja*-stämme, z. b. *badi* bett, *nati* netz, *faírguni* berg, *gawi, gaujis* gau (§ 42,2), *taui, tôjis* tat (§ 26), *reiki, reikjis* reich, *arbi, arbjis* erbe, *galigri* beilager, *gawaúrki* geschäft, *garûni* beratung, *andwaírþi* gegenwart.

Anm. 1. Neben *-jis* ist ein contrahierter gen. auf *-eis* (vgl. § 44 c, § 92) nur bei einigen lang- und mehrsilbigen belegt. So z. b. *trausteis* (zu *trausti* bündnis) Eph. 2, 12; von *andbahti* amt neben *andbahtjis* (3 mal) ein *andbahteis* (Luc. 1, 23); von *gawaírþi* friede *gawaírþjis* (6 mal), *gawaírþeis* (3 mal); von *waldufni* gewalt *waldufneis* Skeir. 49 neben 2 *waldufnjis*.

1. b) *ô*-declination.

§ 96. Die gotische *ô*-declination enthält nur feminina, welche der *a*-decl. zur ergänzung dienen (§ 88 a. 1). Man unterscheidet auch hier reine *ô*-stämme und *jô*-stämme.

Declination der substantiva.

Paradigmata: a) *giba* gabe (stamm *gibô*-). b) langsilbige *jô*-stämme: *bandi* fessel (st. *bandjô*-), *mawi* mädchen (st. *maujô*-).

	Sing.		
N.	giba	bandi	mawi
G.	gibôs	bandjôs	maujôs
D.	gibai	bandjai	maujai
A.	giba	bandja	mauja
	Plur.		
N.	gibôs	bandjôs	maujôs
G.	gibô	bandjô	maujô
D.	gibôm	bandjôm	maujôm
A.	gibôs	bandjôs	maujôs.

§ 97. Nach *giba* gehen sehr viele wörter, z. b. *bida* hitte, *þiuda* volk, *hansa* schaar, *saiwala* seele, *stibna* stimme, *airþa* erde, *hveila* stunde, *wamba* bauch, *mildiþa* milde, *ahva* wasser.

Anm. 1. Die *wô*- und die kurzsilbigen *jô*-stämme gehen ganz nach *giba*, z. b. *triggwa* bündnis, *bandwa* zeichen; — *sunja* wahrheit, *halja* hölle, *sibja* verwantschaft, *wrakja* verfolgung, *plapja* strasse.

Anm. 2. Von *hveila* ist vor dem enklit. -*hun* der a. sing. *hveilô*- belegt in *hveilôhun*, s. § 163 a. 1 (zur form vgl. *ainôhun* § 163 c, *hvarjôh* § 165).

§ 98. Nach *bandi* gehen die *jô*-stämme, welche lange stammsilbe haben oder mehrsilbig sind. Sie haben nur im nom. (voc.) sing. *i* statt *ja*, im übrigen gehen sie nach *giba*. — Weitere beispiele: *þiudangardi* das reich, *hvôftuli* ruhm, **haiþi* feld, heide, **wasti* kleid, **frijôndi* freundin, **fraistubni* versuchung.

Anm. 1. Nach *mawi*, welches (unter beachtung von § 42) völlig zu *bandi* stimmt, geht noch *þiwi*, *þiujôs* dienerin.

2) *I*-declination.

§ 99. Die *i*-declination enthält nur masculina und feminina, kein neutrum. Beide geschlechter sollten eigentlich in ihrer flexion völlig übereinstimmen. Dies ist aber nur im plural der fall, im sing. hat das masc. den gen. dat. nach der analogie der *a*-declination formiert.

Masculina.

§ 100. Paradigma: *balgs* schlauch (urgerm. *balgi-z*).

Sing.	N. balgs	Plur.	N. balgeis
	G. balgis		G. balgê
	D. balga		D. balgim
	A. balg		A. balgins.
	V. balg		

§ 101. Nach *balgs* gehen nicht sehr viele masculina, z. b.

gasts gast, *gards* haus, *muns* gedanke, *mats* speise, *saggws* gesang, *saups, saudis* opfer, *brúp-faps* (*d*) bräutigam, *staps* (*d*) ort.

Anm. 1. Die worte, welche nicht im n. d. a. plur. belegt sind, können nicht mit sicherheit hierhergesetzt werden (vgl. § 91 a. 1). Doch wird in vielen fällen das zeugnis der übrigen germ. sprachen entscheiden können. Danach gehört hierher z. b. *saiws* der see (ahd. gr. § 216 a. 5); besonders aber eine anzahl von verbalabstracten, wie *qums* ankunft, *drus* fall, *wlits* gesicht, *runs* (g. *runis*) lauf, *gréts* weinen, *krusts* knirschen.

Anm. 2. Das nom.-*s* fällt ab nach § 78 a. 2, z. b. *ur-runs, ur-runsis*; *drus, drusis*; *baúr, baúris* der geborene, sohn.

Anm. 3. Nach den regeln über *w* (§ 42) erklärt sich *naus* der tote, n. pl. *naweis*, a. pl. *nawins*. Danach ist auch der a. v. sing. als *nau* anzusetzen.

Anm. 4. *wégs* und *aiws* s. § 91 a. 5; a. plur. *andins* s. § 92 a. 1.

Feminina.

§ 102. Paradigma: *ansts* gunst (urgerm. *ansti-z*).

Sing.	Plur.
N. ansts	N. ansteis
G. anstais	G. ansté
D. anstai	D. anstim
A. anst	A. anstins.
V. anst	

§ 103. Die anzahl der hierher gehörigen fem. ist eine grosse. Beispiele: *qêns* frau, *dails* teil, *wéns* hoffnung, *naups naupais* not, *siuns* gesicht, *sôkns* untersuchung, *taikns* zeichen, *fahéps, fahédais* freude, *magaps* (*p*) jungfrau, *fadreins* geschlecht, familie, *arbaips* (*d*) arbeit, *asans* ernte, *ahaks* taube; die auf -*dups, -dupais* (bez. -*dúps*, vgl. § 15 a. 1): *mikildups* grösse, *managdups* menge, *ajukdups* ewigkeit, *gamaindups* gemeinschaft.

Ungemein häufig sind die verbalabstracta, welche mit dentalem suffix *t* (*p, d*) von jedem starken verbum bildbar sind, z. b. *gaskafts* schöpfung, *paúrfts* bedürfnis, *ganists* heil, *fralusts* verlust, *gakusts* prüfung, *gabaúrps* geburt, *gataúrps* zerstörung, *manaséps* (*d*) welt, *déps* (*d*) tat, *gahugds* gedanke.

Anm. 1. Hierher gehören auch die von den schwachen verben gebildeten abstracta, auf -*eins* zur I., -*ôns* zur II., -*ains* zur III. schw. conjugation; z. b. *naseins* (zu *nasjan*) rettung, *laiseins* lehre, *haúheins* erhöhung, *galaubeins* glaube, *naiteins* lästerung; *lapôns* (zu *lapôn*) einladung, *salbôns* salbe, *mitôns* das ermessen; *pulains* (zu *pulan*) geduld, *libains* leben. — Jedoch bilden die auf -*eins* ihren n. g. pl. nach der *ô*-declination, also z. b.:

Sing. N. *naiteins* G. *naiteinais* D. *naiteinai* A. V. *naitein*
Plur. N. *naiteinôs* G. *naiteinô* D. *naiteinim* A. *naiteinins*.
Nur in éinem beispiele ist auch der d. pl. so gebildet: *unkaureinôm* 2. Cor. 11, 4. — Die auf *-ôns*, *-ains* bilden ihren plural regelmässig: *mitôneis*, *mitônê* u. s. w.

Anm. 2. Bei ungenügend belegten worten kann es zweifelhaft sein, ob sie fem. oder masc. sind. So z. b. *lists* list, *fulleips* (oder neutr. *fulleiþ?*) fülle.

Anm. 3. Das nom.-s fällt ab nach § 78 a. 2, z. b. *us-stass*, *usstassais* auferstehung, *garuns*, *-runsais* strasse.

Anm. 4. *haims* dorf bildet den plural nach der ô-declination: *haimôs* etc.

3) *U*-declination.
Masculina und feminina.

§ 104. Die masculina und feminina der *u*-declination sind formell nicht getrennt. Paradigma: *sunus* sohn.

Sing. N. sunus   Plur. N. sunjus
G. sunaus   G. suniwê
D. sunáu   D. sunum
A. sunu   A. sununs.
V. sunu

§ 105. Weitere beispiele: a) masculina, z. b. *airus* bote, *asilus* esel, *dauþus* tod, *wulþus* herrlichkeit, *hûhrus* hunger, *þaúrnus* dorn, *hairus* schwert, *liþus* glied, *lustus* lust, *magus* knabe, *fairhvus* welt, *fôtus* fuss, *stubjus* staub, *wrêþus* herde (§ 7 a. 3); auf *-assus* (Kluge, Stammbild. § 137 f.): *draúhtinassus* kriegsdienst, *ibnassus* gleichheit, *þiudinassus* königreich; auf *-ôdus*, *-ôþus* (Kluge, Stammb. § 134), z. b. *auhjôdus* lärm, *gabaúrjôþus* lust.

b) Feminina sind sicher nur *handus* hand, *kinnus* wange, *waddjus* mauer (vgl. Beitr. 16, 318 [1]), und vielleicht *asilus* (wenn ὄνον L. 19, 30, Joh. 12, 15 'eselin' ist).

Bei einigen ist das geschlecht nicht zweifellos, z. b. *qaírnus* mühle, *flôdus* flut, *luftus* luft.

Anm. 1. Fremdwörter wie *aggilus* engel, *sabbatus* sabbat, schwanken im plur. nach der i-decl., s. § 120 a. 1.

Anm. 2. In den singularendungen dieser declination findet sich ein merkwürdiges schwanken zwischen u und au (aú? vgl. § 24 a. 4). Vollständige zusammenstellung der fälle bei Leo Meyer, got. spr. s. 574. Es findet sich in den u-casus *au*, z. b. nom. *sunaus* Luc. 4, 3, *fairhvaus* Gal. 6, 14 cod. B (= *fairhvus* cod. A), *Bartimaiaus* M. 10, 46; — acc. *handau* Mc. 7, 32, *þiudinassau* L. 9, 27, *hairau* R. 13, 4 cod. A (= *hairu* cod. Car.); — voc. *sunau* öfter, *magau* L. 2, 48.

46 Flexionslehre. Cap. I.

Umgekehrt kommt auch *u* in den *au*-casus vor: gen. *daupus* Luc. 1, 79, *wulþus* R. 9, 23, *apaustaulus* 2. Cor. 12, 12 cod. A (= *apaustaulaus* cod. B); dat. *wulþu* Luc. 9, 26, *Paitru* Gal. 2, 7 cod. A (= *Paitrau* cod. B). Durch die masse der belege wird jedoch das obige paradigma durchaus als das regelmässige erwiesen, die eben genannten abweichungen beruhen lediglich auf verwirrung durch die spätern schreiber: bei doppelter überlieferung hat in der regel die eine hs. die correcte form. Cod. Amb. A und das ev. Luc. zeigen besonders die neigung, die *u*-decl. auf diese weise zu verwirren. Vgl. Beitr. 18, 280¹.

Neutra.

§ 106. Von neutris ist nur *faihu* geld (urspr. 'vieh' = ahd. *fihu*) in mehreren casus belegt, und zwar nur im singular.

N. faihu
G. [faíháus]
D. faíháu
A. faihu.

Anm. 1. Ausserdem ist mit sicherheit als neutr. nur der n. sing. *gairu* stachel 2. Cor. 12, 7 (Cod. A als glosse zu *hnúþó*) belegt. — Wahrscheinlich ist ferner neutr. *leiþu* obstwein (belegt nur a. sg. *leiþu* Luc. 1, 15), vgl. Gallée (§ 223 a. 1) I s. 38. — Der a. sing. *sihu* als glosse zu dem neutr. *sigis* sieg, in Cod. B 1. Cor. 15, 57 stehend, wegen der mangelnden brechung (§ 20 a. 1) wahrscheinlich verschrieben für *sigu*, könnte auch zu einem masc. (n. sg. *sigus* = ahd. *sigu*) gehören. Doch vgl. J. Schmidt, idg. neutra 153.

Anm. 2. Der g. *faiháus* ist nach dem masc. (fem.) angesetzt, sowie nach dem adv. gen. *filaus* (§ 131 a. 3).

B) *N*-declination (schwache declination).

1) Masculina.

§ 107. Paradigma: *guma* mann.

Sing.	Plur.
N. guma	N. gumans
G. gumins	G. gumanê
D. gumin	D. gumam
A. guman	A. gumans

§ 108. Nach *guma* gehen sehr viele masculina, z. b. *staua* richter, *hana* hahn, *skula* schuldner, *mêna* mond, *atta* vater, *ahma* geist, *blôma* blume, *milhma* wolke, *hliuma* gehör, *weiha* priester, *swaíhra* schwiegervater, *magula* knäblein, pl. *brôþrahans* brüder (J. Schmidt, idg. neutra 16); — *handja* der gefangene, *haúrnja* trompeter, *fiskja* fischer, *timrja* zimmermann, *arbja* der erbe, *wilja* wille, *manamaúrþrja* mörder, *waúrstwja* arbeiter.

Anm. 1. Abweichend ist von *aba* mann der gen. pl. *abnê*, d. plur. *abnam*; von *aúhsa* ochs ist der gen. plur. *aúhsnê* belegt. Vgl. die neutra

§ 110 a. 1. Von *aúhsa* findet sich ausserdem der a. pl. *aúhsunns* (1. Cor. 9, 9), der entweder nach § 80 a. 1 als *aúhsuns* zu fassen (vgl. Anz. fda. 6, 120), oder in *aúhsnuns* zu ändern ist (Beitr. 8, 115; 12, 543; Brugmann II, 679).

Anm. 2. Bei den langsilbigen auf *-ja* wird im g. d. sg. *ji* nicht zu *ei* contrahiert (s. § 44 a. 1), also zu *bandja* g. *bandjins*, d. *bandjin*.

2) Neutra.

§ 109. Paradigma: *haírtô* herz.

Sing.	N. haírtô	Plur.	N. haírtôna
	G. haírtins		G. haírtanê
	D. haírtin		D. haírtam
	A. haírtô		A. haírtôna.

§ 110. Wie *haírtô* gehen nur wenige substantiva: *augô* auge, *ausô* ohr, *barnilô* kindlein, *auga-daúrô* fenster, *paírkô* loch, nadelöhr. *kaúrnô* korn, *sigljô* siegel. Vgl. J. Schmidt, indog. neutra 106 ff.

Ausserdem noch die schwachen adjectiva (§ 132).

Anm. 1. Abweichende formen im plur. zeigen die neutra *namô* name und *watô* wasser. Der singular stimmt zu *haírtô*. Paradigma:
Sing. N. *namô* G. *namins* D. *namin* A. *namô*
Plur. N. *namna* G. *namnê* D. *namnam* A. *namna*.
Von *watô* ist aus dem pl. nur d. *watnam* belegt. Vgl. § 108 a. 1.

Anm. 2. Zu dem neben dem fem. *sunnô* sonne (§ 112) zweimal belegten d. sg. *sunnin* (in der formel *at sunnin urrinandin* Mc. 4, 6; 16, 2) ist vielleicht ein neutr. *sunnô* (nicht masc. *sunna*) anzusetzen. — Vgl. Mahlow, die langen voc. *a, e, o,* s. 156 und dazu Sievers im Nachtrag s. 135 der 3. aufl. dieses buches.

Anm. 3. Das früher als neutr. betrachtete *gajukô* ist fem. 'genossin'. Vgl. Bernhardt, Vulfila zu Phil. 4, 3.

3) Feminina.

§ 111. Die feminina der *n*-declination zerfallen in zwei klassen, stämme auf *-ôn-* und auf *-ein-*. In der flexion sind sie nicht verschieden. Paradigmata: *tuggô* zunge, *managei* menge.

Sing.	N. tuggô	managei
	G. tuggôns	manageins
	D. tuggôn	managein
	A. tuggôn	managein
Plur.	N. tuggôns	manageins
	G. tuggônô	manageinô
	D. tuggôm	manageim
	A. tuggôns	manageins

§ 112. Nach *tuggô* gehen viele substantiva, z. b. *qinô* weib, *ûhtwô* morgendämmerung, *swaíhrô* schwiegermutter, *azgô* asche, *gatwô* gasse, *staírnô* stern, *wikô* woche, *sunnô* sonne (vgl. § 110 a. 2); — *arbjô* erbin, *brunjô* panzer, *tainjô* korb. *niþjô* base, *raþjô* rechnung.

Anm. 1. Die feminina des schwachen adjectivs werden ebenfalls nach *tuggô* flectiert (§ 132).

§ 113. Die nach *managei* gehenden substantiva sind fast sämmtlich von adjectiven gebildet. Von jedem adjectivum ist ein solches abstractum auf *-ei* bildbar und die anzahl dieser worte ist daher sehr gross; z b. *diupei* tiefe, *laggei* länge, *bleiþei* milde, *mikilei* grösse, *braidei* breite, *frôdei* klugheit, *harduhaírtei* hartherzigkeit, *drugkanei* trunkenheit. Einige haben kein adjectiv neben sich, bezeichnen aber ebenfalls einen zustand, so z. b. *þaúrstei* durst, *magaþei* jungfrauschaft. Nur sehr wenige dagegen haben eine concrete bedeutung, nämlich: *aiþei* mutter, *þramstei* heuschrecke, *kilþei* mutterleib, *marei* meer, *hwairnei* hirnschädel.

Anm. 1. Die adjectivabstracta auf *-ei* berühren sich mit den verbalabstracten auf *-eins* (vgl. § 103 a. 1), z. b. *haúhei* höhe (zu *haúhs*), aber *haúheins* erhöhung zu *haúhjan*. Der acc. sing. lautet von beiden *haúhein*.

In éinem falle ist verwechslung eingetreten. Zu *wajamêreins* lästerung ist Joh. 10, 33 der g. sing. *wajamêreins* gebildet, so dass man für diese stelle einen nom. *wajamêrei* anzusetzen pflegt, welcher aber der bedeutung nach unmöglich ist.

Anm. 2. Im cod. B sind drei nomin. sing. auf *-ein* überliefert: *liuhadein* erleuchtung 2. Cor. 4, 4 (*liuhadeins* A, vgl. Bernhardt zur stelle), *wiljahalþein* gunst Col. 3, 25 (A fehlt), *gagudein* frömmigkeit 1. Tim. 4, 5 (*gagudei* A).

Anm. 3. Nach *managei* bilden ihr femininum die comparative, die superlativbildungen auf *-ma* und die participia praesentis (vgl. § 132 a. 4).

C) Kleinere declinationsklassen.
(Reste consonantischer declination.)

§ 114. Verwantschaftsnamen auf *-r*. Die worte *brôþar* bruder, *daúhtar* tochter, *swistar* schwester, *fadar* vater haben ihre alte consonantische flexion im n. a. d. plur. durch die formen der *u*-declination (§ 104) ersetzt. Paradigma:

Sing. N. brôþar   Plur. brôþrjus
G. brôþrs   brôþrê
D. brôþr   brôþrum
A. brôþar   brôþruns.

Anm. 1. Vgl. compos. *bróþru-lubô* bruderliebe (§ 55ᵃ a. 3; § 210 a. 1).

§ 115. Die participia praesentis werden im gotischen als schwache adjectiva flectiert (§ 133). Eine ältere (substantivische) flexionsweise hat sich jedoch in einigen substantivierten participien erhalten. Paradigma: *nasjands* retter, heiland.

Sing. N. nasjands   Plur. nasjands
       G. nasjandis   nasjandē
       D. nasjand   nasjandam
       A. nasjand   nasjands
       V. nasjand   —

So kommen ausserdem vor: *fijands* feind, *frijônds* freund (dazu **frijôndi* § 98), *daupjands* der täufer, *mêrjands* verkündiger, *bisitands* nachbar, *talzjands* lehrer, *-waldands* (*all-w.* der allmächtige, *garda-w.* hausherr), *fraweitands* rächer, *fraujinônds* herscher, *midumônds* mittler, *gibands* geber. Vgl. Zs. fdph. 5, 315.

§ 116. Eine anzahl feminina, welche nach einigen casus zur *i*-decl. (*ansts* § 102) stimmen, haben in andern kurze formen, welche reste alter consonantischer flexion sind. Paradigma: *baúrgs* burg.

Sing. N. baúrgs   Plur. N. baúrgs
       G. baúrgs   G. baúrgē
       D. baúrg   D. baúrgim
       A. baúrg   A. baúrgs.

So gehen noch *alhs* tempel, *spaúrds* rennbahn, *brusts* brust, *dulþs* fest, *waihts* sache, *miluks* milch, *mitaþs* (d) mass.

Das wort *nahts* (die nacht) geht im sg. wie *baúrgs*, vom plur. ist nur d. *nahtam* belegt. Vgl. *nahta-mats* § 88ᵃ a. 3.

Anm. 1. *waihts* und *dulþs* werden meist nach der i-declination flectiert, also g. sing. *waihtais, dulþais.* Nach der cons. decl. kommt nur je einmal vor d. sg. *dulþ* und a. pl. *waihts.* Neben *waihts* gibt es einen neutralen n. sg. *waiht* in der verbindung *ni-waiht* (nichts).

§ 117. Masculina mit kurzen (consonantischen) casus sind *manna* mensch, *mênôþs* monat, *reiks* (herscher), *weitwôds* zeuge (vgl. § 74 a. 2). Sie stimmen aber in ihrer flexion nicht völlig zusammen.

1) *manna* geht in einigen casus nach der *n*-decl. (*guma* § 107). Diese casus sind im folgenden cursiv gesetzt:

Sing. N. *manna*   Plur. N. mans, *mannans*
G. mans   G. mannê
D. mann   D. *mannam*
A. *mannan*   A. mans, *mannans*.

Anm. 1. Zu *manna* gehört das compos. *alamans (alle menschen), nur belegt im d. plur. *alamannam* Skeir.; ferner das neutrum *gaman* (genosse, genossenschaft), welches aber in den belegten casus (n. a. sg. *gaman*, d. sg. *gamana*, d. pl. *gamanam*) ganz wie *waúrd* (§ 93) geht.

Anm. 2. In der composition erscheint der stamm *mana-* (*man-*), s. § 88ᵃ a. 3.

2) *menôþs* und *reiks* haben im g. sg. die form der *a*-decl.: *menôþis, reikis*, im d. sg. dagegen die kurzen formen *menôþ* und *reik* (Eph. 2, 2). Im n. a. plur. gelten die kurzen formen *menôþs, reiks*; g. plur. *reikê*. Im d. plur. *menôþum*, aber *reikam*. — Von *weitwôds* ist ausser dem n. sg. nur belegt: a. sg. *weitwôd*, g. plur. *weitwôdê*.

Anm. 3. Der g. sing. *menôþis* Neh. 6, 15 ist nicht völlig sicher; Lübe las *menôþs*.

Anm. 4. Hierher gehört auch n. *bajôþs*, d. *bajôþum* beide (s. § 140 a. 1).

§ 118. Das neutrum *fôn* (das feuer) hat diese form im n. a. sing., dagegen den gen. dat. *funins, funin*. — Plur. kommt nicht vor. Vgl. § 12 a. 3.

Anm. 1. Ueber die neutralen genetive sing. *guþs* s. § 94 a. 3; *hatis* s. § 94 a. 5.

Anhang.
Declination der fremdwörter.

§ 119. Eine anzahl von fremdwörtern aus dem lateinischen und griechischen sind durch den völkerverkehr in die gotische sprache schon völlig aufgenommen worden, so dass sie sich von der flexion der echt gotischen wörter nicht mehr unterscheiden; z. b. *pund* n. pfund, *marikreitus* m. perle, *Krêks* m. Grieche, *karkara* f. kerker, *ulêw* n. öl, *kaisar* m. kaiser.

§ 120. Eine zweite schicht von fremdwörtern wurde erst durch das christentum und speciell durch die bibelübersetzung der gotischen sprache aufgedrängt. Diese, zumeist eigennamen, sind noch als fremdes gut gefühlt und haben sich dem gotischen flexionssysteme nur unvollkommen angepasst. Es lassen sich über ihre behandlung im gotischen keine festen regeln geben. Sie behalten bald die griechische flexion bei, bald treten sie in nahe liegende gotische oder auch willkürlich gebildete casusformen über. — Vgl. Vulfila ed. Bernhardt p. XXVIII und besonders M. H. Jellinek, Beitr. zur erklärung der germ. flexion (Berlin 1891) s. 76—84.

Anm. 1. Am meisten consequent ist noch die behandlung der griechischen masculina auf -ος, lat. -us. Diese gehen im gotischen nach der u-declination (§ 104. 105), z. b. *Paítrus, Barpaúlaúmaius, Teitus, aípiskaúpus ἐπίσκοπος, apaústaúlus ἀπόστολος, aggilus ἄγγελος, sabbatus* sabbat. Aber nur im sing. Wo plurale vorkommen, werden dieselben meist nach der i-declination gebildet, z. b. *apaústaúleis, sabbatins, aggileis, aggilê* neben *aggiljus.*

Anm. 2. Griechische casusformen sind beibehalten z. b. bei den neutris *alabalstraún* ἀλάβαστρον, *praitôriaún* πραιτώριον; zu *Israêleitês* der nom. pl. *Israêleitai* = Ἰσραηλῖται R. 9, 4 oder (mit gotischer flexion) *Israêleiteis* 2. Cor. 11, 22.

Anm. 3. Das oft willkürliche verfahren zeige ein beispiel. Das griechische ἐπιστολή ist im n. s. got. *aipistaúlê*. Dazu ist belegt d. a. *aipistaúlein*, d. plur. *aipistaúlêm*, a. plur. *aipistaúlans*.

Cap. II. Declination der adjectiva.

§ 121. Das adjectivum hat im gotischen, wie in allen übrigen germanischen sprachen, eine zweifache declination, die starke und die schwache. Die starke flexion ist die ursprüngliche, zu den verwanten sprachen stimmende: die schwache ist erst auf dem boden des germanischen neu gebildet. Ein jedes normale adjectivum kann sowol nach der starken als nach der schwachen declination flectiert werden. Der unterschied ist ein syntaktischer: es steht die schwache form nach dem artikel (nur selten in anderen gebrauchsweisen), die starke form dagegen ist in allen anderen fällen herschend, besonders bei praedicativem gebrauch und in attributiver stellung ohne artikel. Vgl. Zs. fda. 18, 17—43.

A) Starkes adjectivum.

§ 122. Die starke flexion des adjectivs schliesst sich an die vocalische (oder starke) flexion des substantivs an, mit welcher sie ursprünglich identisch war. Es haben sich jedoch im germanischen die adjectiva in einer anzahl von casus an die pronominale flexion angelehnt, so dass die übereinstimmung mit der substantivflexion nur noch eine teilweise ist. Der

n. a. sing. des neutrums hat zwei formen, eine substantivische, und eine pronominale (auf *-ata*), die gleichwertig sind, abgesehen davon, dass die pronominale nicht praedicativ gebraucht wird.

Wie das substantiv, so hat auch das adjectivum im gotischen drei vocalische declinationen: 1) Adjectiva der *a*-declination. Diese entsprechen der substantivischen *a*-declination für masc. und neutr. (§ 89 ff.), für das fem. der *ô*-declination (§ 96 ff.). — Eine unterabteilung wird durch die *ja*-stämme gebildet, ganz analog den entsprechenden substantiven. 2) Adjectiva der *i*-declination, welche den substantiven § 99—103 entsprechen. 3) Adjectiva der *u*-declination, zu den substantiven § 104—106 gehörig.

Die klassen 2) und 3) aber sind im gotischen nur in ganz spärlichen resten erhalten. Die geringe zahl der hierher gehörigen adjectiva ist in den meisten casus in die 1. klasse übergetreten, so dass als die normale starke declination der adjectiva im gotischen nur die *a*-declination nebst ihrer unterabteilung der *ja*-stämme zu gelten hat.

Anm. 1. Nur stark flectiert werden alle pronomina (ausser *sama* und *silba* (§ 132 a. 3), die cardinalzahlen, soweit sie adjectivisch flectiert werden, sowie *anþar* der zweite, und die adjectiva von allgemeinerer bedeutung *alls* all, *ganôhs* genug, *halbs* halb, *midjis* medius, *fulls* voll.

§ 123. Paradigma der starken adjectivdeclination: *blinds* blind. Die von der flexion der entsprechenden substantiva abweichenden pronominalen formen sind in diesem paradigma durch cursiven druck hervorgehoben:

Sing.	Masc.	Neutr.	Fem.
N.	blinds	blind, *blindata*	blinda
G.	blindis		*blindaizôs*
D.	*blindamma*		blindai
A.	*blindana*	blind, *blindata*	blinda
Plur.			
N.	*blindai*	blinda	blindôs
G.		*blindaizê*	*blindaizô*
D.		*blindaim*	*b'indaim*
A.	blindans	blinda	blindôs.

§ 124. Hierher gehören die allermeisten der vorkommenden adjectiva, z. b. *hails* gesund, *siuks* krank, *juggs* jung, *triggws* treu, *swinþs* stark, *ubils* böse, *aiweins* ewig, *haiþiwisks* wild, *mahteigs* mächtig, *ansteigs* gnädig, *manags* viel, *môdags* zornig, *handugs* weise. — Ausserdem adjectivische pronomina, z. b. *meins* mein, *þeins* dein, *seins* sein, *jains* jener, die superlative (§ 137), die participia pt. pass., z. b. *numans* genommen, *nasiþs* gerettet (vgl. § 134).

Anm. 1. Nach § 78 a. 2 fällt das *s* des nom. sing. aus 1) nach *s*, z. b. *swês, swêsis* eigen, *gaqiss, gaqissis* übereinstimmend. 2) nach *r* mit vorhergehendem kurzen vocal: *anþar* der zweite, andere, *unsar* unser, *izwar* euer, *hvaþar* welcher von beiden. Zu dem belegten n. pl. *warai* ist also wol als n. sing. anzusetzen *war* behutsam.

Anm. 2. Die regeln über die verhärtung weicher spiranten im auslaut (§ 79) sind zu beachten, z. b. *frôþs, frôdis* weise, *gôþs, gôdis* gut (§ 74), *liufs, liubis* lieb, *daufs, daubis* taub (§ 56 a. 1).

Anm. 3. Die stämme, welche ein *w* vor den casusendungen haben, müssen im n. sing. m. n. die regeln des auslautenden *w* (§ 42) zeigen. Die drei hierher gehörigen worte sind nur in andern casus belegt. Zu den n. pl. *fawai, qiwai, usskawai* sind daher anzusetzen n. sing. m. n. *faus, fau* wenig, *qius, qiu* lebendig, *usskaus, usskau* vorsichtig. Für das letztere könnte man nach *usskawjan* (zur besinnung bringen, § 42 a. 2), auch *usskaws* vermuten. Ueber *lasiws* s. § 42 a. 1.

Anm. 4. Die pronominaladjectiva auf *-ar*: *unsar, izwar, anþar, hvaþar* haben im neutrum sing. nur die kürzere form *unsar* u. s. w.

§ 125. Die adjectivstämme, welche ein *j* vor den endungen haben (*ja*-stämme), stimmen in den meisten formen völlig zu dem paradigma *blinds*. Nur wenige formen werden durch die einwirkung des *j* geändert. Wie beim substantivum unterscheiden wir die kurzsilbigen und langsilbigen *ja*-stämme.

Paradigma eines kurzsilbigen *ja*-stammes: *midjis* der mittlere:

Sing.

	Masc.	Neutr.	Fem.
N.	midjis	midi, midjata	midja
G.	midjis		midjaizôs
D.	midjamma		midjai
A.	midjana	midi, midjata	midja

Plur.

N.	midjai	midja	midjôs
G.	midjaizê		midjaizô
D.	midjaim		midjaim
A.	midjans	midja	midjôs

§ 126. Die flexion des m. *midjis* schliesst sich dem substantiv *harjis* (§ 90. 92) an, das n. *midi* dem subst. *kuni* (§ 93. 95). Das fem. *midja* hat keinerlei abweichung.

Die anzahl der hierher gehörigen adj. ist gering. Wie

midjis gehen *aljis* ein anderer, *sunjis* wahr, *ga-wiljis* einmütig, *unsibjis* verbrecherisch, *-fraþjis* gesinnt (nur *grinda-, sama-fr.*), *hvarjis* (§ 160); ferner diejenigen, deren stamm auf einen vocal endet (§ 44c): *niujis* neu, *-tôjis* tuend (z. h. *ubiltôjis* übeltäterisch).

Anm. 1. Bei der geringen anzahl dieser adj. sind einzelne formen obigen paradigmas nicht belegt. So ist die kurze form des neutr. *midi* nur nach den langsilbigen (§ 127) angesetzt. Von *niujis* müste diese form *niwi* lauten: es kommt nur *niujata* vor. Von *-tôjis* wäre *-taui* (§ 26ª) zu erwarten.

Anm. 2. Der adjectivstamm *frija-* frei, von welchem das fem. s. *frija, frijaizôs, frijai, frija,* sowie die masculinen formen a. s. *frijana,* n. pl. *frijai,* a. *frijans* belegt sind, bildet den n. s. masc. mit contraction als *freis* (statt *frijis*). Auch der g. s. würde, wenn belegt, *freis* lauten müssen.

Anm. 3. Zu bemerken ist zu *niujis* das fem. n. sg. *niuja* (gegen *þiwi* § 98 a. 1).

§ 127. Die langsilbigen *ja*-stämme zeigen im plural gar keine abweichung von *midjis*. Der sing. lautet vom parad. *wilþeis* (stamm *wilþja-*) wild:

Sing.
	Masc.	Neutr.	Fem.
N.	wilþeis	wilþi, wilþjata	wilþi
G.	[wilþeis *od.* wilþjis?]		[wilþjaizôs]
D.	wilþjamma		wilþjai
A.	wilþjana	wilþi, wilþjata	wilþja

§ 128. Das masc. schliesst sich an das subst. *hairdeis* (§ 90. 92), das fem. an *bandi* (§ 96. ! 8) an (belegt nur *wôþi* 2. Cor. 2, 15). Der gen. s. ist von keinem der wenigen hierher gehörigen adj. belegt; *wilþjis* (R. 11, 24) steht wol für *wilþjins*, s. § 132 a. 1.

Weitere beispiele: *alþeis* alt, *fairneis* alt, *airzeis* irre, *wôþeis* süss.

§ 129. Nach § 122 sind die ursprünglich vorhandenen adj. der *i-* und *u*-declination im gotischen nur noch in resten vorhanden, nämlich nur noch im nom. sing. aller drei genera, im acc. s. neutr., sowie im g. sing. masc. neutr. Alle übrigen casus, soweit belegt, sind in die flexion der *ja*-stämme (§ 125 — 127) übergetreten. Auch die schwachen formen (§ 132 a. 1) werden so gebildet.

Declination der adjectiva. 55

Anm. 1. Im g. sing. [masc.] neutr. ist die alte form bezeugt durch *skeiris* (Skeir. 45) für die *i*-decl., durch den adv. gen. *filaus* (§ 131 a. 3) für die *u*-decl.; letzteres zeugnis allerdings nur von halber beweiskraft fürs adj.

§ 130. Die adjectivischen *i*-stämme schliessen sich an die substantiva *balgs*, *ansts* (§ 99—103) an. Solche sind: *hrains* rein, *gamains* gemein, *brūks* nützlich, *analaugns* verborgen, *anasiuns* sichtbar, *andanēms* angenehm, *andasēts* abscheulich, *sēls* gütig (*unsēls* böse), *suts* süss, *skeirs* klar, *gafaúrs* gesittet (*unfaúrs* schwatzhaft), *aljakuns* andersgeschlechtig. Das paradigma *hrains* wird also flectiert:

Sing.
      Masc.   Neutr.   Fem.
N. hrains hrain [hrainjata] hrains
G.   hrainis   [hrainjaizōs]
D.   hrainjamma   hrainjai
A. hrainjana hrain [hrainjata] hrainja
Plur.
N. hrainjai hrainja   hrainjōs
u. s. w.

Anm. 1. Der gen. sing. fem. ist zufällig von keinem dieser adj. belegt; ebenso fehlt ein beispiel für die längere neutralform *hrainjata*.

Anm. 2. Mit sicherheit wird ein wort hierher gesetzt 1) wenn es im n. s. des fem. (*hrains*) belegt ist, 2) wenn ausser dem n. s. masc. neutr. noch casus mit *j* vorkommen. Sind dagegen nur die nominative des masc. neutr. (*hrains*, *hrain*) belegt, so kann das wort nach *blinds* (§ 123) gehen; — finden sich nur *j*-casus (z. b. *hrainjamma*), so kann es nach *wilþeis*, *midjis* (§ 127. 125) gehen. — Jedoch setzt man auch ohne genügenden beleg nach anderen erwägungen einige adjectiva hierher, z. b. *skauns* schön, *auþs* öde, *hauns* niedrig, *bleiþs* gütig, *gadōfs* passend, **mērs* berühmt (in *wailamēr* n. sg. neutr.). — Vgl. Kluge, Stammbild. § 175. 197. 229—31; Beitr. 14, 167; 15, 459; Brugmann II, 731.

Anm. 3. Durch adverbia auf *-iba* (§ 210) können adjectivische *i*-stämme erschlossen werden, z. b. *arniba*, *gatēmiba*.

§ 131. Die adjectivischen *u*-stämme schliessen sich an die subst. *sunus* (fem. *handus*), *faíhu* an (§ 104—106). Solche sind: *hardus* hart, *qaírrus* sanftmütig, *þaúrsus* dürr, *tulgus* fest, *manwus* bereit, *aggwus* enge, *aglus* schwer, *seiþus* spät, *plaqus* zart, *twalibwintrus* zwölfjährig. Vom paradigma *hardus* also:

Sing.
     Masc.   Neutr.   Fem.
N. hardus hardu, hardjata hardus
G. [hardaus?]   [hardjaizōs]
D. [hardjamma]   [hardjai]
A. hardjana hardu, hardjata hardja

Plur.
N. hardjái [hardja] hardjôs
u. s. w.

Anm. 1. Die zugehörigkeit zu dieser klasse wird durch formen des n. sing. erwiesen, welcher bei den oben aufgezählten worten belegt ist (für das fem. nur bei *paúrsus* und *tulgus*, Beitr. 15, 570; 16, 318). Bloss nach *j*-casus setzt man auch noch an: *lauhandus* leere hand habend, *hnasqus* weich, *kaúrus* schwer.

Anm. 2. Aus dem adverbium *glaggwuba* (§ 210) kann ein adj. *glaggwus* (§ 68) erschlossen werden.

Anm. 3. Das ursprüngliche adj. *filus (viel) ist im got. nur als substantivisch und adverbial gebrauchter n. a. sg. neutr. *filu* erhalten, wozu ein adverbialer gen. *filaus* um vieles.

B) Schwaches adjectivum.

§ 132. Die schwache declination des adjectivs ist mit der schwachen oder *n*-declination des subst. (§ 107—112) völlig identisch. Nur ist zu beachten, dass das femininum des schw. adj. nach dem paradigma *tuggô* (vgl. § 112 a. 1) flectiert wird. — Beispiel eines durchflectierten sw. adj. (*blinds* § 123):

Sing.	Masc.	Neutr.	Fem.
N.	blinda	blindô	blindô
G.	blindins		blindôns
D.	blindin		blindôn
A.	blindan	blindô	blindôn
Plur.			
N.	blindans	blindôna	blindôns
G.	blindanê		blindônô
D.	blindam		blindôm
A.	blindans	blindôna	blindôns

Anm. 1. Nach *blinda* gehen alle schwachen adjectiva. Von den *ja*-stämmen: n. s. *niuja, niujô, niujô* (vgl. § 126), *wilpja* (§ 127); — i-stämme: *hrainja, hrainjô*; — u-stämme: *hardja, hardjô* (vgl. § 129 ff.). — Bei den langsilbigen *ja*- (i-, u-) stämmen erscheinen in den casus mit *i* (g. d. sing. m n.) die formen mit *-ji-* als die regelmässigen (wie beim subst. § 108 a. 2; gegen § 44 c): vgl. *wilpji(n)s* R. 11, 24, *unhrainjin* Mc. 9, 25; Luc. 8, 29; *unsêljin* Mt. 5, 39; Joh. 17, 15. Jedoch neben *unsêljins* Eph. 6, 16 A in B *unsêleins*, neben *fairnjin* Mc. 2, 21; Luc. 5, 36 auch *fairnin* 2. Cor. 8, 10; 9, 2.

Anm. 2. Einige adjectiva kommen nur in den schwachen formen vor, z. b. *usgrudja* träge, verzagt, *alaparba* arm, *usfaírina* tadellos, *inkilþô* schwanger und einige andere, die zum teil wol als substantiva zu fassen sind (vgl. Zs. fda. 18, 41 anm.). — Von dem nur in schwacher form vorkommenden *ainaha* (einzig) findet sich Luc. 8, 42 der u. sing. fem. *ainôhô* (vgl. Beitr. 12, 203): es ist sicher fehlerhaft für *ainahô*.

Anm. 3. Nur als schwache adj. werden flectiert alle ordinalzahlen von 3 ab (vgl. § 146), und die pronomina *sama* und *silba* (§ 156).

Anm. 4. Nur als schwache adjectiva werden endlich flectiert die participia praesentis (§ 133), die comparative (§ 186) und die superlativen bildungen auf *-ma* (§ 139). Jedoch haben alle diese das femininum nach dem paradigma *managei* (§ 113 a. 3).

C) Declination der participia.

§ 133. Das participium praesentis hat die starke flexion aufgegeben und flectiert wie ein schw. adj., aber mit dem femininum auf *-ei* (§ 132 a. 4). Nur im nom. sing. des masc. ist die starke form neben der schw. in häufigem gebrauch. Paradigma *gibands* gebend.

Sing.	Masc.	Neutr.	Fem.
N.	gibands / gibanda	gibandô	gibandei
G.	gibandins		gibandeins
D.	gibandin		gibandein
A.	gibandan	gibandô	gibandein
Plur.			
N.	gibandans	gibandôna	gibandeins
G.	gibandanê		gibandeinô
D.	gibandam		gibandeim
A.	gibandans	gibandôna	gibandeins

Anm. 1. Ueber die kürzere flexion einiger substantivisch gebrauchten participia s. § 115.

§ 134. Das participium praet. pass. wird wie ein gewöhnliches adjectivum, stark und schwach, decliniert, z. b. vom starken verbum *giban*:

Part. pt. stark: m. *gibans* n. *giban, gibanata* f. *gibana*
    schwach: *gibana* *gibanô* *gibanô*
vom schw. verbum *nasjan*:
Part. pt. stark: m. *nasiþs* n. *nasiþ, nasidata* f. *nasida*
    schwach: *nasida* *nasidô* *nasidô*

Anm. 1. Ueber den wechsel zwischen *þ* und *d* im p. pt. der schw. verba s. § 74.

D) Steigerungsformen des adjectivs.

1) Comparativ.

§ 135. Das gotische adjectiv bildet seinen comparativ durch zwei suffixe; *-iz-* und *-ôz-*, welche dann mit den endungen des schwachen adjectivs versehen werden.

Die bildung mit *-iz-* ist die allgemeinere. Sie wird von adjectiven aller art gebildet, z. b. *managiza* (zu *manags*, *a*-stamm), *alþiza* (zu *alþeis* § 127. 28), *hardiza* (zu *hardus* § 131). — Das suffix *-ôz-* findet sich dagegen nur bei *a*-stämmen: *frôdôza* (zu *frôþs*), *swinþôza* (zu *swinþs*).

<small>Anm. 1. Das adj. *juggs* (jung) bildet den comp. *jûhiza* nach § 50 a. 1. Ein superlativ dazu ist nicht belegt.</small>

§ 136. Die flexion der comparative bedarf keines ausgeführten paradigmas. Sie gehen wie schwache adjectiva, aber mit dem fem. auf *-ei* (§ 132 a. 4).

Sing. N. masc. *frôdôza*   neutr. *frôdôzô*   fem. *frôdôzei*
G.   *frôdôzins*   *frôdôzeins*
u. s. w., ganz wie das part. pr. (§ 133).

2) Superlativ.

§ 137. Die superlative werden ebenfalls auf zweifache weise gebildet, auf *-ist-* oder auf *-ôst-*, z. b. *managists* (zu *manags*), *armôsts* (zu *arms* arm). Die superlative werden ganz wie gewöhnliche adjectiva, stark und schwach, flectiert.

<small>Anm. 1. Eine regel über das eintreten der *ô-* oder der *i-*form ist nicht zu geben, ausser dass die *ô-*form sich nur bei *a-*stämmen findet. Es ist anzunehmen, dass ein wort, welches den comp. mit *i* bildet, auch einen solchen superlativ hat, und dass ebenso die *ô-*formen sich entsprechen. Bei der unzulänglichkeit der belege lässt sich dies aber nur von wenigen worten nachweisen.

Anm. 2. Beim starken superlativ scheint eine neutralform auf *-ata* nicht gebräuchlich gewesen zu sein.</small>

3) Unregelmässige steigerung.

§ 138. Einige adjectiva formieren keine steigerungsgrade. Man stellt zu ihnen der bedeutung nach entsprechende comparative und superlative, welche keinen positiv zur seite haben:

gôþs (d) gut	Comp.	*batiza*	Superl.	*batists*
ubils böse	„	*wairsiza*	„	—
mikils gross	„	*maiza*	„	*maists*
leitils klein	„	*minniza*	„	*minnists*
sineigs alt	„	—	„	*sinista*.

§ 139. Eine superlativbildung mit einem *m*-suffix findet sich in sechs worten, welche von adverbialstämmen abgeleitet sind und keinen positiv zur seite haben. Sie haben entweder ein einfaches *m*-suffix: *fru-ma*, *innu-ma*, *aúhu-ma* — oder ein zusammengesetztes: *af-tuma*, *if-tuma*, *hlei-duma*.

Zwei von ihnen haben comparativische bedeutung angenommen: *aúhuma* höher, *hleiduma* links (ἀριστερός); die übrigen haben superlativische oder intensive bedeutung: *aftuma* der letzte, *iftuma* der nächste, *innuma* der innerste, *fruma* der erste. Die flexion dieser worte ist schwach, aber mit dem fem. auf -*ei*, also ganz wie die der comparative.

Anm. 1. Einige dieser worte bilden von neuem superlative nach der gewöhnlichen art: *aftumists* der letzte, *aúhumists*, seltener *aúhmists* (vgl. ags. *ýmest*, ags. gr. § 314 a. 3) der höchste, *frumists* der erste. — Die formen *hindumists* der äusserste, *spêdumists* der letzte (zu *spêps neben *spêdiza*, *spêdists*) lassen auf nicht belegte *hinduma* und *spêduma* schliessen. Auch *miduma* mitte, *midumônds* mittler weisen auf ein *miduma der mittlere (vgl. ags. *meodume*, *midmest*) hin.

Cap. III. Die zahlwörter.
1) Cardinalzahlen.

§ 140. Die drei ersten zahlen sind in allen casus und geschlechtern declinierbar.

1. *ains*, n. *ain* u. *ainata*, f. *aina* wird vollständig wie ein starkes adj. nach *blinds* (§ 123) flectiert. In der bedeutung 'einzig, allein' kommen auch pluralformen vor. Schwache flexion findet sich nicht (§ 122 a. 1).

2.

	Masc.	Neutr.	Fem.
N.	twai	twa	twôs
G.	twaddjê		—
D.	twaim		twaim
A.	twans	twa	twôs

3.

	Masc.	Neutr.	Fem.
N.	—	þrija	—
G.	þrijê		—
D.	þrim		—
A.	þrins	þrija	þrins.

Der nicht belegte nom. masc. und fem. kann mit sicherheit als *þreis* angesetzt werden.

Anm. 1. Die bestimmte zweizahl: alle zwei, beide, ἀμφότεροι wird ausgedrückt durch *bai*, welches wie *twai* flectiert. Belegt ist masc. n. *bai*, d. *baim*, acc. *bans*, neutr. n. a. *ba*. — In gleicher bedeutung kommt eine erweiterte form vor mit der flexion eines consonantischen substantivs (§ 117 a. 4): n. *bajôþs*, d. *bajôþum*.

§ 141. Die zahlen 4—19 sind eingeschlechtig. Belegt sind von ihnen: 4 *fidwôr*, 5 *fimf*, 6 *saíhs*, 7 *sibun*, 8 *ahtau*, 9 *niun*,

10 *taíhun*, 11 *ainlif* (§ 56 a. 1), 12 *twalif*, 14 *fidwôrtaihun*, 15 *fimftaihun*. Diese zahlen werden unflectiert gebraucht, im genetiv und dativ können sie jedoch flectierte formen nach art der *i*-declination (§ 99 ff.) bilden. So von 4 dat. *fidwôrim*, von 9 gen. *niunê*, von 10 dat. *taihunim*, von 11 dat. *ainlibim*, von 12 gen. *twalibê*, dat. *twalibim*.

Anm. 1. Statt *fidwôr* erscheint in compositis *fidur*- (s. § 24 a. 2): *fidurfalþs* vierfältig, *fidurdôgs* viertägig, *fidurragineis* vierfürst. Vgl. Beitr. 6, 394; Brugmann II, 472.

§ 142. Die zehner werden von 20—60 gebildet durch den plural *tigjus* (von *tigus decade) mit vorsetzung der betreffenden einer. *tigjus* wird regelmässig nach *sunus* (§ 104) flectiert. Der gezählte gegenstand steht stets im genetiv. 20 *twai tigjus*, 30 *þreis tigjus (belegt gen. *þrijê tigiwê*, acc. *þrins tiguns*), 40 *fidwôr tigjus*, 50 *fimf tigjus*, 60 *saihs tigjus*.

§ 143. Von 70 an wird -*têhund* statt *tigjus* angefügt: 70 *sibuntêhund*, 80 *ahtautêhund*, 90 *niuntêhund*, 100 *taihuntêhund* und *taihuntaihund*. Die zahlen auf -*têhund* sind substantiva, welche in der regel indeclinabel gebraucht werden. Einmal (Luc. 15. 7) begegnet jedoch ein flectierter gen. sing.: *in niuntêhundis jah niunê garaihtaizê*. — Vgl. Brugmann II, 697[1].

§ 144. Die hunderte werden mit dem plural eines neutrums *hund* (das hundert) gebildet. Belegt sind *twa hunda* 200, *þrija hunda* 300, *fimf hunda* 500, *niun hunda* 900.

§ 145. Die zahl 1000 *þûsundi* ist ein subst. fem. (nach *bandi* § 96) und hat den genetiv nach sich; zur bezeichnung mehrerer tausende kommt der plur. *þûsundjôs* zur anwendung. — Einmal (Esdr. 2, 14) ist jedoch ein neutraler plur. *twa þûsundja* belegt. Vgl. hierzu ahd. gr. § 275, ags. gr. § 327 und Mahlow, die langen vocale s. 98.

Die vorkommenden tausende sind: 2000 *twôs þûsundjôs*, 3000 .*g. þûsundjôs*, 4000 *fidwôr þûsundjôs*, 5000 *fimf þûsundjôs*, 10000 *taihun þ.*, 20000 dat. *miþ twaim tigum þûsundjô*.

Anm. (zu § 141—145). Als zahlzeichen werden sehr häufig die buchstaben gebraucht (vgl. § 1 a. 2). Deshalb entgehen uns für so viele zahlwörter die belege.

2) Ordinalzahlen.

§ 146. Die ersten beiden ordinalia sind dem stamme nach verschieden von den betr. cardinalzahlen. 1. *fruma*, n.

frumô, f. *frumei* (s. § 139) und die superlativbildung *frumists* der erste (§ 139 a. 1). 2. *anþar* der zweite, andere, wird als starkes adjectiv flectiert (§ 122 a. 1, § 124 a. 1. 4). — Alle folgenden ordinalzahlen lehnen sich an die grundzahlen an und werden als schwache adjectiva flectiert (§ 132 a. 3). Belegt sind von ihnen: 3. *þridja*, 5. **fimfta* (nur in 15.), 6. *saihsta*, 8. *ahtuda*, 9. *niunda*, 10. *taihunda*, 15. *fimftataihunda*. Nur der zweite teil wird flectiert: dat. sing. *in jêra fimftataihundin* Luc. 3, 1.

3) Andere zahlarten.

§ 147. Eine distributivzahl ist *tweihnai* je zwei, nur belegt im dat. acc. fem. *tweihnaim, tweihnôs*.
Anm. 1. Die distributivzahlen werden durch *hvazuh, hvarjizuh* (§ 164. 165), oder durch die praepos. *bi* umschrieben, z. b. *insandida ins twans hvanzuh* 'je zwei' Luc. 10, 1, *bi twans* 1. Cor. 14, 27.

§ 148. Multiplicativa werden mit dem adj. *falþ-* gebildet: *ainfalþs* einfach, *fidurfalþs* vierfältig, *taihuntaihundfalþs* hundertfältig, *managfalþs* vielfältig.

§ 149. Zahladverbia auf die frage: wie viel mal? werden ausgedrückt durch den dat. *sinþa, sinþam* (zu nom. *sinþs* gang) mit vorgesetzter cardinalzahl: *ainamma sinþa* einmal, *twaim sinþam* zweimal, *þrim sinþam* dreimal, *fimf s.* fünfmal, *sibun s.* siebenmal. — Mit der ordinalzahl: *anþaramma sinþa* zum zweiten male.
Anm. 1. Adverbial findet sich auch das neutr. *þridjô* zum dritten male 2. Cor. 12, 14.

Cap. IV. **Pronomina.**

1) Persönliche ungeschlechtige pronomina (reflexivum).
§ 150.

	1. person.	2. person.	Reflexivum.
Sing. N.	ik	þu	—
G.	meina	þeina	seina
D.	mis	þus	sis
A.	mik	þuk	sik
Dual. N.	wit	—	—
G.	ugkara	igqara	seina
D.	ugkis	igqis	sis
A.	ugkis, ugk	igqis	sik

Flexionslehre. Cap. IV.

Plur. N. weis   jus   —
G. unsara   izwara   seina
D. uns, unsis   izwis   sis
A. uns, unsis   izwis   sik

Anm. 1. Statt *ugkis, igqis* etc. findet sich auch *uggkis, iggqis* geschrieben, vgl. § 67 a. 1.

Anm. 2. Der nicht belegte n. du. 2. p. ist mit sicherheit als *jut* zu erschliessen. Zu *jus (jūs?)* s. § 15 a. 1.

§ 151. Von den stämmen dieser pronomina werden adjectiva abgeleitet, die sog. possessivpronomina. 1. p.: m. *meins*, n. *mein, meinata*, f. *meina* mein; 2. p. *peins* dein; refl. *seins* sein. Zu den pluralen gehören: 1. p. *unsar* unser; 2. p. *izwar* euer. Von den dualischen possessivpron. ist nur *igqar* belegt, das zur 1. p. gehörige würde *ugkar* lauten müssen.

Anm. 1. Die flexion dieser pronominaladjectiva ist der des starken adj. völlig gleich; über *unsar, izwar* vgl. § 124 a. 1 u. 4. — Schwache flexion kommt nicht vor.

Anm. 2. Das reflexive **seins* kommt nur im g. d. a. vor; statt der nominative aller genera und numeri werden die genetive des pron. der 3 pers. *is, izōs; izē, izō* (§ 152) gebraucht.

2) Pronomen der dritten person.

§ 152.

	Masc.	Neutr.	Fem.
Sing. N.	is *er*	ita *es*	si *sie*
G.	is		izôs
D.	imma		izai
A.	ina	ita	ija
Plur. N.	eis	ija	[ijôs]
G.	izê		izô
D.	im		im
A.	ins	[ija]	ijôs.

Anm. 1. Vom neutr. ist der a. und g. plur., vom fem. der n. plur. zufällig nicht belegt, die erschlossenen formen sind aber völlig sicher.

3) Demonstrativpronomina.

§ 153. Das einfache demonstrativpron. *sa, sô, pata* wird sowol als demonstrativpronomen 'dieser, der' (zur übersetzung des griech. οὗτος oder αὐτός) gebraucht, als auch in der abgeschwächten bedeutung als artikel (der, die, das). Letztere verwendung ist die überwiegende. — Das neutrum hat (ebenso wie das interrog. § 150) im sing. den instrumentalis bewahrt.

	Masc.	Neutr.	Fem.
Sing.			
N.	sa	þata	sô
G.	þis		þizôs
D.	þamma		þizai
A.	þana	þata	þô
Instr.		þê	
Plur.			
N.	þai	þô	þôs
G.	þizê		þizô
D.	þaim		þaim
A.	þans	þô	þôs.

Anm. 1. Die auslautenden *a* der zweisilbigen formen werden vor enklitisch angefügten worten mit vocalischem anlaut ausgestossen, vgl. § 4 a. 1. — Ueber *þei* aus *þa-ei* s. § 157 a. 2.

Anm. 2. Der instr. n. *þê* wird nur noch in den verbindungen *bi-þê*, *du-þê*, (*duþþê*), *jaþ-þê* (§ 62 a. 3), sowie vor compar. ('desto') gebraucht. In letzterer anwendung auch *þana* in *þanamais, þanaseiþs*.

§ 154. Ein zusammengesetztes demonstrativpronomen wird aus dem einfachen gebildet durch anfügung der enklitischen partikel *uh*. Vgl. § 24 a. 2. Es wird wie das einfache *sa* gebraucht in der bedeutung 'dieser, der' (= griech. οὗτος oder αὐτός), aber stets demonstrativ, nicht als artikel. — Die formen desselben sind:

	Masc.	Neutr.	Fem.
Sing.			
N.	sah	þatuh	sôh
G.	þizuh		[þizôzuh]
D.	þammuh		[þizaih]
A.	þanuh	þatuh	[þôh]
Plur.			
N.	þaih	[þòh]	[þòzuh]
G.	[þizêh]		[þizôh]
D.	[þaimuh]		[þaimuh]
A.	[þanzuh]	þôh	[þôzuh].

Anm. 1. Die eingeklammerten formen sind nicht belegt.

Anm. 2. Instr. n. *þêh* nur im adv. *bi-þêh*.

§ 155. Ein defectives pronomen mit der bedeutung 'dieser' *hi-* (nom. *his* = *is* § 152) ist nur bei zeitbestimmungen in den formen des dativs masc. neutr. *himma* und des acc. m. n. *hina, hita* vorhanden, z. b. *himma daga, und hina dag* heute, bis heute, *und hita* bis jetzt.

§ 156. *jains*, n. *jainata*, f. *jaina* 'jener' (über den vocal vgl. § 20 a. 4) wird als starkes adj. flectiert wie *blinds* (§ 124).

Als schwache adjectiva flectieren *silba* 'selbst' und *sama*, oder mit artikel *sa sama* 'derselbe' (vgl. § 132 a. 3).

4) Relativpronomina.

§ 157. Die gotische sprache hat keine einfachen relativpronomina, sondern bildet ein relativpron. der 3. person aus dem einfachen demonstrativpronomen durch anfügung der partikel *ei*, welche im einzelgebrauch als conjunction ('dass, damit') fungiert. Die flexion dieses relativpronomens ist demnach:

	Masc.	Neutr.	Fem.
Sing.			
N.	saei	þatei	sôei
G.	þizei		þizôzei
D.	þammei		þizaiei
A.	þanei	þatei	þôei
Instr.	—	þêei	—
Plur.			
N.	þaiei	þôei	þôzei
G.	þizêei		[þizôei]
D.	þaimei		þaimei
A.	þanzei	þôei	þôzei

Anm. 1. Der instr. n. *þeei* ist nur als conjunction gebräuchlich.

Anm. 2. Eine nebenform von *þatei* ist *þei*, welche aber nur in verbindung mit *krah* (§ 164 a. 1) und (wie *þatei*) als conjunction (dass) gebraucht wird. Vgl. Beitr. 4, 467; 6, 402; Zs. fda. 29, 366 f.

Anm. 3. Statt des n. s. masc. *saei* wird auch eine mit dem pron. der 3. person (§ 152) gebildete form *izei* gebraucht, statt des n. fem. *sôei* auch *sei* (d. i. *si-ei* § 10 a. 2). Die form *sei* wird sogar weit häufiger gebraucht als *sôei*. Einige male steht *izei* als n. plur. masc. (statt des nicht vorkommenden *eizei*), z. b. *þai izei bimaitanai sind* Gal. 6, 13. — Für *izei* findet sich öfter die schreibung *izê*, vgl. § 17 a. 1.

Anm. 4. Ueber die wandlung des auslautenden *s* zu *z* vor *ei* siehe § 78 c.

§ 158. Bezieht sich der relativsatz auf eine erste oder zweite person, so wird die relativpartikel an das betreffende personalpronomen angeknüpft, also: *ikei* welcher (1. pers. sing.); — *þuei* welcher, *þuzei* welchem (z. b. Mc. 1, 11), *þukei* welchen (2. pers. sing.); — *juzei* welche, *izweizei* welchen (2. pers. plur.).

5) Interrogativa.

§ 159. Der einfache interrogativstamm *hva-* bildet das fragepronomen *hvas* wer? (= lat. quis?). Ein substantivum steht nach *hʋas* stets im genetiv, z. b. *hʋô mizdônô tína misthón* M. 5, 46.

	Sing. Masc.	Neutr.	Fem.
N.	hʋas	hʋa	hʋô
G.	hʋis		[hʋizôs]
D.	hʋamma		hʋizai
A.	hʋana	hʋa	hʋô
Instr.	—	hʋê	—

Anm. 1. Der gen. fem. ist nicht belegt. Der instr. ist nur im neutr. vorhanden, wie bei *sa* (§ 153).

Anm. 2. Ein plural zu *hʋas* kommt nicht vor. Vgl. jedoch *hʋanzuh* § 164 a.

Anm. 3. *hʋas* fungiert auch als pron. indefinitum, vgl. § 162 a. 2.

§ 160. Vom stamm *hʋa* ist abgeleitet *hʋapar* wer von zweien? und *hʋarjis* welcher? Ein substantivum steht neben ihnen stets im genetiv. Beide worte haben die form von starken adjectiven, *hʋapar* wie *anpar* (vgl. § 124 a. 1); *hʋarjis* (nach *midjis* § 125). f. *hʋarja*, das neutr. *hʋarjata (nach *hʋarjatôh* § 165).

§ 161. Zusammengesetzte interrogative adjectiva sind: *hʋileiks* wie beschaffen? qualis? (dazu correl. *swaleiks* talis) und *hʋêlaups*, f. *hʋêlauda* wie gross? quantus? (dazu *swalaups* tantus). Die flexion dieser worte ist die des starken adjectivs.

Anm. 1. Für *hʋileiks* findet sich einmal (Luc. 1, 29) *hʋeleiks*, wahrscheinlich nur schreibfehler (nach § 10 a. 5).

6) Indefinita.

§ 162. Das unbestimmte pronomen 'irgend einer' (griech. τις, τι) ist im got. *sums*, f. *suma*, n. *sum*, *sumata*. Es wird als starkes adjectiv flectiert und adjectivisch gebraucht; jedoch steht es auch substantivisch in der bedeutung 'jemand'.

Anm. 1. Bei aufzählungen dem griech. ὁ μέν — ὁ δέ entsprechend wird *sums — sums* gebraucht. Meist wird dem zweiten *uh* (§ 24 a. 2) angehängt, zuweilen auch dem ersten, z. b. *sumai — sumáih* oder *sumáih — sumáih* die einen — die anderen.

Anm. 2. Als indefinitum 'irgend ein' wird auch sehr häufig das interrogativum *hʋas* (§ 159) gebraucht.

§ 163. Die enklitische partikel *-hun* bildet indefinita, welche sämmtlich nur mit der negation *ni* vorkommen und den begriff 'niemand, keiner' bezeichnen.

a) Der singular von *manna* mensch (§ 117) mit *-hun* verbunden in der bedeutung 'niemand'. — Die vorkommenden formen sind:
n. *ni mannahun*, g. *ni manshun*,
d. *ni mannhun*, a. *ni mannanhun*.

b) Ebenfalls alleinstehend wird gebraucht *ni kashun* niemand (zu *kas* § 159). Es kommt aber nur im nom. sing. masc. vor. — Analog das adv. *ni kanhun* niemals (zu *kan* § 214 a. 1).

c) Bei weitem das häufigste ist *ni ainshun*, sowol alleinstehend 'niemand', als mit einem subst. in der bedeutung 'kein'. Das subst. steht aber dabei stets im genetiv. partit., z. b. *ni ainshun piwê* kein diener Luc. 16, 3. — Die formen von *ainshun* weichen von denen des einfachen *ains* (§ 140) mehrfach ab.

	Sing. Masc.	Neutr.	Fem.
N.	ainshun	ainhun	ainôhun
G.	ainishun	—	
D.	ainummêhun		ainaihun
A.	ainnôhun / ainôhun	ainhun	ainôhun

Anm. 1. Auch mit dem acc. sing. des subst. *kveila* (§ 97) erscheint *-hun* verbunden in *kveilôhun* irgend eine stunde lang, Gal. 2, 5 (*ni kveilôhun oὐδὲ πρὸς ὥραν*).

§ 164. Der begriff 'jeder' wird gebildet durch anfügung von *uh* an die interrogativpronomina.

a) *kvazuh* jeder. Ein hinzutretendes substantiv oder pron. steht im gen. Die von der flexion des einfachen *kvas* (§ 159) zum teil abweichenden formen sind:

	Sing. Masc.	Neutr.	Fem.
N.	kvazuh	kvah	kvôh
G.	kvizuh	—	—
D.	kvammêh		
A.	kvanôh	kvah	—
Plur.			
A.	kvanzuh	—	—

Vom plural ist ausser acc. *kvanzuh* nichts belegt.

Anm. 1. Um den begriff 'jeder welcher, wer nur immer, quicunque' herzustellen, wird gebraucht: 1) *kvazuh saei* oder (mit vorn angefügtem sa) auch *sakvazuh saei*. Statt *saei* wird auch *izei* gesetzt (§ 157 a. 3). — Diese formen gelten nur für den n. s. masc. Doch kommt auch zweimal (Joh. 15,

7. 16) der u. neutr. *þatah·ah þei* (*þei* = *þatei* § 157 a. 2) vor. — 2) Das mit unveränderlichem *þis* zusammengesetzte *þish·azuh* nebst folgendem *saei* oder *ei*, welches in allen casus gebraucht wird: masc. n. *þish·azuh saei*, d. *þish·ammêh saei*, a. *þish·anôh saei*; — neutrum n a. *þish·ah þei* (oder *þatei*), g. *þish·izuh þei*, d. *þish·ammêh þei*.

Anm. 2. Hierzu bemerke man die adverbia: *h·êh* jedenfalls, nur (instr. zu *h·azuh*), und *þish·aduh þei* wohin nur immer, *þish·aruh þei* wo nur immer (zu *h·aþ*, *h·ar* § 213 a. 1).

§ 165. b) *h·arjizuh* jeder.

Sing.	Masc.	Neutr.	Fem.
N.	h·arjizuh	h·arjatôh	—
G.	h·arjizuh		—
D.	h·arjammêh		—
A.	h·arjanôh	[h·arjatôh]	h·arjôh

Anm. 1. Zusammensetzung mit (unflectiertem) *ain* ergiebt *ainh·arjizuh* 'ein jeder', neutr. *ainh·arjatôh*, d. *ainh·arjammêh* u. s. w.

§ 166. 'Jeder von zweien' ist *h·aþaruh*, nur im dativ *h·aþarammêh* Skeir. 46 (nach evidenter besserung des hsl. *h·aþaramma*, vgl. Bernhardt zur stelle). — Auch hiervon wird mit *ain-* (vgl. § 165 a. 1) *ainh·aþaruh* 'ein jeder von zweien' gebildet (nur *ainh·aþarammêh* Skeir. 41 belegt).

Cap. V. Conjugation.

Allgemeines.

§ 167. Das gotische verbum hat folgende formen:

1) Zwei genera, activum und medium. Das activum allein zeigt noch eine reiche formenentwicklung. Das medium ist nur noch in einigen formen des indicativ und optat. praes. vorhanden, welche aber sehr häufig gebraucht werden. Die bedeutung der medialen formen ist die passivische. Man nennt daher das genus auch geradezu passivum oder mediopassivum.

Anm. 1. Die fehlenden formen des passivs werden umschrieben durch das part. praet. nebst den entsprechenden formen von *wairþan* oder *wisan*, z. b. *daupjada* er wird getauft, aber *daupiþs was* oder *warþ* er wurde getauft. Vgl. Zs. fdph. 5, 409 ff.

Anm. 2. Mediale bedeutung haben häufig die ursprünglich inchoativen verba auf -*nan* (§ 194).

2) Zwei tempora, praesens und praeteritum (perfectum).

5*

Das praeteritum ist das allgemeine tempus der vergangenheit. Ein futurum ist nicht vorhanden, es wird meist durch das praesens vertreten, in selteneren fällen durch umschreibungen mit hülfsverben (*skulan* sollen, *haban* haben, *duginnan* beginnen) ausgedrückt.

3) Zwei volle modi, **indicativ** und **optativ** (auch **conjunctiv** genannt). Ein **imperativ** wird nur vom praesens gebildet. Der imperativ formiert die zweiten personen aller drei numeri, sowie eine 1. p. plur. — Eine 3. p. des imperativs sing. u. pl. ist ebenfalls vorhanden, jedoch nur in wenigen beispielen belegt. Gewöhnlich wird die 3. p. imperat. durch die 3. p. optat. ausgedrückt. Aber auch für die 2. und 1. p. imperat. wird häufig der optat. angewendet.

4) Drei numeri, **singular, dual, plural**. Dem dual fehlt die 3. person.

5) Drei verbalnomina: **infinitiv** des praesens; **participium praesentis** mit activer, **participium praeteriti** mit passiver bedeutung.

§ 168. Vom germanisch-gotischen standpunkte aus sind die verba einzuteilen nach der art der bildung ihres praeteritums im verhältnis zum praesens. Wir erhalten danach zwei hauptklassen:

I. Starke verba.

Die starken verba bilden ihr praeteritum nicht durch zusatz am ende, sondern durch wechsel des wurzelvocals, bez. durch reduplication. Nach der anwendung dieser mittel erhalten wir die unterabteilungen:

1) **Ablautende verba.** Diese bilden ihr praeteritum ohne reduplication, sie unterscheiden es vom praesens nur durch einen regelmässigen vocalwechsel, den sog. **ablaut** (vgl. § 29), z. b. *binda* ich binde, *band* ich band.

2) **Reduplicierende verba.** Das praet. hat reduplication, aber keinen vocalwechsel, z. b. *halda* ich halte, *haihald* ich hielt.

3) **Reduplicierend-ablautende verba.** Eine geringere anzahl von verben vereinigt beide mittel der bildung des praet., z. b. *lêta* ich lasse, *lailôt* ich liess.

II. Schwache verba.

Die schwachen verba bilden ihr praeteritum durch einen zusatz am ende, welcher mit dentalem consonanten beginnt, z. b *nasja* ich rette, *nasida* ich rettete. In diesem angefügten element *-da* vermutete man früher eine form des verbums 'tun' (germ. *dôn*) und nannte daher das schw. praet. auch wol 'zusammengesetztes praeteritum'.

Die schwachen verba sind (mit wenigen ausnahmen) abgeleitete verba. Nach den ableitungssuffixen, welche am reinsten in den praeteritalformen zur erscheinung kommen, zerfallen sie in vier klassen: 1) Suffix *i* (im praesens *j*): *nasja*, *nasi-da*. 2) Suffix *ô*: *salbô*, *salbô-da*. 3) Suffix *ai* (im praesens zum teil verwischt): *haba*, *habai-da*. 4) Suffix *nô* (praesens *n*): *fullna*, *fullnô-da*.

Anm. 1. Die kleine anzahl von verben, welche in die beiden hauptklassen nicht passt, muss nach diesem einteilungsprincip als 'unregelmässig' betrachtet werden.

I. Starke verba.

A) Flexion der starken verba.

§ 169. Die abwandlung der starken verba durch personalendungen ist in allen drei klassen (§ 168) dieselbe. Wir stellen daher die flexionsparadigmata voran und erörtern dann erst die (in den einzelnen klassen verschiedene) bildung der tempusstämme. Als paradigmata mögen dienen ein reduplicierendes verbum *haitan* heissen, und zwei ablautende: *niman* nehmen, *biudan* bieten.

§ 170.   a) Praesens (activi).

Indicativus.

Sing.	1.	nima	biuda	haita
	2.	nimis	biudis	haitis
	3.	nimiþ	biudiþ	haitiþ
Dual	1.	nimôs	biudôs	haitôs
	2.	nimats	biudats	haitats
Plur.	1.	nimam	biudam	haitam
	2.	nimiþ	biudiþ	haitiþ
	3.	nimand	biudand	haitand

Optativus.

Sing.
1. niman   biudau   haitau
2. nimais   biudais   haitais
3. nimai   biudai   haitai

Dual
1. nimaiwa   biudaiwa   haitaiwa
2. nimaits   biudaits   haitaits

Plur.
1. nimaima   biudaima   haitaima
2. nimaiþ   biudaiþ   haitaiþ
3. nimaina   biudaina   haitaina

Imperativus.

Sing.
2. nim   biuþ   hait
3. nimadau   biudadau   haitadau

Dual 2. nimats   biudats   haitats

Plur.
1. nimam   biudam   haitam
2. nimiþ   biudiþ   haitiþ
3. nimandau   biudandau   haitandau

Infinitivus.

niman   biudan   haitan

Participium.

nimands   biudands   haitands

b) Praeteritum.

Indicativus.

Sing.
1. nam   bauþ   haihait
2. namt   baust   haihaist
3. nam   banþ   haihait

Dual
1. nemu   budu   haihaitu
2. nemuts   buduts   haihaituts

Plur.
1. nemum   budum   haihaitum
2. nemuþ   buduþ   haihaituþ
3. nemun   budun   haihaitun

Optativus.

Sing.
1. nemjau   budjau   haihaitjau
2. nemeis   budeis   haihaiteis
3. nemi   budi   haihaiti

Dual
1. nemeiwa   budeiwa   haihaiteiwa
2. nemeits   budeits   haihaiteits

Plur.
1. nemeima   budeima   haihaiteima
2. nemeiþ   budeiþ   haihaiteiþ
3. nemeina   budeina   haihaiteina

c) Participium praeteriti passivi.

numans   budans   haitans

d) Mediopassivum: praesens.

Indicativus.
Sing. 1. nimada   biudada   haitada
      2. nimaza   biudaza   haitaza
      3. nimada   biudada   haitada
Plur. 1. 2. 3. nimanda   biudanda   haitanda

Optativus.
Sing 1. nimaidau   biudaidau   haitaidau
      2. nimaizau   biudaizau   haitaizau
      3. nimaidau   biudaidau   haitaidau
Plur. 1. 2. 3. nimaindau   biudaindau   haitaindau

Anm. 1. Bei *biudan* kommen die regeln über auslautenden weichen spiranten (§ 79) zur anwendung: imp. s. *biuþ*, praet. *bauþ* (vgl. § 74). Von *giban* ebenso *gif*, *gaf* (vgl. § 56).

Anm. 2. Die endung der 2. s. pract. -*t* gibt anlass zur anwendung der regel über consonanten vor dentalis (§ 81). Ein *b* des stammauslauts wird zu *f*: *gaft* (zu *giban*); für *pt* fehlen belege: *sköpt* oder *sköft?* (von *skapjan*); — *g* bleibt in *magt* (§ 66 a. 1), andere belege fehlen; *kt* ist ebenfalls ohne beleg (*wôkt* oder *wôht?* vgl. § 58 a. 2); — die dentalen gehen in *s* über: *warst* von *wairþan*, *qast* von *qiþan* (§ 71 a. 3), *gastôst* von *standan*, *baust* von *biudan* (§ 75 a. 1), *bigast* von *-gitan*, *haihaist* von *haitan* (§ 69 a. 2). — Zu *saian*, *saisô* ist die zweite person *saisôst* belegt. Ob alle vocalisch auslautenden stämme die endung *-st* annahmen, ist wegen mangel an belegen nicht sicher. — Zu *rinnan* lautet die 2. pt. *rant* (§ 80).

Anm. 3. Die dritte person sing. des imperativs ist nur von éinem starken verbum (2 mal) belegt: *atsteigadau* καταβάτω Mc. 27, 42, Mc. 15, 32 (vgl. § 186 a. 1). Die 3. plur. kann nach dem schwachen verb. (§ 192 a. 1) mit sicherheit angesetzt werden.

Anm. 4. Die dualformen des verbums begegnen sehr selten; gar nicht belegt ist die 1. du. opt. pract. *nêmeiwa* etc., welche nur nach der entsprechenden form des praesens *nimaiwa* angesetzt wird. Auch die 2. du. opt. pract. ist nur nach der form des anomalen *wileits* § 205 erschlossen.

Anm. 5. Ueber die abweichende praesensbildung einiger starken verba mit *j* s. § 206 a.

B) Tempusbildung der starken verba.

1) Ablautende verba.

§ 171. Die ablautenden verba bilden ihre tempusstämme durch einen regelmässigen wechsel des wurzelvocals, den sogenannten ablaut.' Die einzelnen ablautsreihen und die bedingungen ihres eintretens sind schon in § 30—35 vorgeführt worden. In jede dieser reihen gehören nun ablautende verba, so dass wir also sechs klassen derselben unterscheiden müssen. In jedem ablautenden verbum unterscheiden wir vier ablautsvocale. Diese verteilen sich auf die formation des verbums folgendermassen: 1) Der erste vocal gehört dem praesens mit all seinem zubehör (part. praes., infinitiv, auch mediopassiv). 2) Der zweite vocal ist der des singularis indic. praeteriti. 3) Der dritte vocal erscheint im dualis und pluralis indic. praeteriti und im ganzen optativus praet. 4) Der vierte vocal gehört dem partic. praeteriti.

Um die flexion eines starken verbums genau zu bestimmen, pflegt man folgende vier formen anzugeben: 1) 1. sing. ind. praes. oder auch infin. praes.; 2) 1. sing. ind. praet.; 3) 1. plur. ind. praet.; 4) part. praet.

Wir führen nun die ablautenden verba in die einzelnen klassen geordnet vor:

§ 172. Klasse I. Verba nach der ersten ablautsreihe: *ei ái i(ai) i(ai)* (vgl. § 30), z. b. *greipa, graip, gripum, gripans* greifen, vor *h (h·)* mit brechung des *i* zu *ai* (§ 20): *leiha, láih, laihum, laihans* leihen.

Anm. 1. So gehen noch: *deigan* kneten, *steigan* steigen, *gateihan* zeigen, *þeihan* gedeihen, *þreihan* drängen, *weihan* kämpfen; — *beitan* beissen, *dis-skreitan* zerreissen, *ga-smeitan* schmieren, *-weitan (inweitan* anbeten, *fraweitan* strafen), *beidan* warten, *leiþan* gehen, *sneiþan* schneiden; — *weipan* bekränzen, *dreiban* treiben, *bi-leiban* bleiben, *sweiban* aufhören; — *reisan* aufstehen, *skeinan* scheinen, *hneiwan* neigen, *speiwan* speien.

Anm. 2. *keinan* keimen (ahd. *kinan*) hat das *n* nur im praesensstamme (vgl. § 206 b); dazu part. pt. *kijans* (nur in *uskijanata* Luc. 8, 6). Nicht belegt ist das praet. **kai, *kijum,* statt dessen ist ein sw. praet. nach der IV. sw. conj. eingetreten (*keinóda* § 195 a. 2). Vgl. Kluge, germ. conj. 143.

Anm. 3. Das verbum *neiwan* (nachstellen, feindlich sein) ist nur durch einen nicht ganz sicheren beleg bezeugt: *naiw* Mc. 6, 19. Vgl. Bernhardt z. stelle und Zs. fdph. 7, 112. 454.

§ 173. Klasse II. Verba nach der 2. ablautsreihe: *iu au u(aú) u(aú)* (vgl. § 31), z. b. *biuda, baup, budum, budans* bieten, mit brechung (§ 24): *tiuha, táuh, taúhum, taúhans* ziehen.

Anm. 1. So gehen noch: *siukan* krank sein, *biugan* biegen, *driugan*

Conjugation. I. Starke verba.

kriegsdienst tun, *liugan* lügen, *þliuhan* fliehen; — *giutan* giessen, *us-þriutan* verdriessen, *niutan* geniessen, *liudan* wachsen; — *dis-hniupan* zerreissen, *sliupan* schliefen, *af-skiuban* wegschieben, *hiufan* weinen; — *driusan* fallen, *kiusan* wählen, *fra-liusan* verlieren, *kriustan* knirschen.

Anm. 2. Abweichend im praesensvocal ist *lûka, lauk, lukum, lukans* schliessen.

§ 174. Klasse III. Verba nach der dritten ablautsreihe: *i(ai) a u(aú) u(aú)* (vgl. § 32), z. b. *binda, band, bundum, bundans* binden, oder mit brechung (§ 20. 24): *waírpa, warp, waúrpum, waúrpans* werfen.

Anm. 1. Ausserdem gehören hierher: *brinnan* brennen, *du-ginnan* beginnen, *aflinnan* weichen, *rinnan* laufen, *spinnan* spinnen, *winnan* leiden; — *trimpan* treten; — *fra-slindan* verschlingen, *windan* winden, *hinþan* fangen, *finþan* finden, *þinsan* ziehen; — *stiggan* stechen (nur Mt. 5, 29 durch conjectur), *bliggwan* schlagen (§ 68, 2), *siggwan* singen, *sigqan* sinken, *stigqan* stossen, *drigkan* trinken; — *gildan* gelten, *swiltan* sterben, *hilpan* helfen, *filhan* verbergen, *wilwan* rauben; — *baírgan* bergen, *gaírdan* gürten, *waírþan* werden, *ga-þaírsan* dorren, *swaírban* wischen, *hwaírban* wandeln; — *þriskan* dreschen, *ga-wrisqan* frucht bringen (diese beiden nur 1. Tim. 5, 18; Luc. 8, 14 im praesens belegt).

Anm. 2. Dem praes. nach würde *briggan* hierher gehören; s. § 208.

§ 175. Klasse IV. Verba nach der vierten ablautsreihe: *i(ai) a ê u(aú)* (vgl. § 33), z. b. *nima, nam, nêmum, numans* nehmen, oder mit brechung (§ 20. 24): *baíra, bar, bêrum, baúrans* tragen.

Anm. 1. So gehen noch: *qiman* kommen, *ga-timan* geziemen, *stilan* stehlen, *ga-taíran* zerreissen; — *brikan* brechen (§ 33 a. 1).

Anm. 2. Mit *u* statt *i* im praesens gehört hierher *trudan*, [*traþ*], [*trêdum*], *trudans* treten (altn. *troða, trað, trâðum, troðinn*; ahd. nach V: *trëtan, trat, trâtum, trëtan*). Nach *trudan* ist wol auch *wulan* sieden (nur part. praes. *wulandans* R. 12, 11) anzusetzen.

§ 176. Klasse V. Verba nach der fünften ablautsreihe: *i(ai) a ê i(ai)* (vgl. § 34), z. b. *mita, mat, mêtum, mitans* messen, *giba, gaf, gêbum, gibans* geben.

Anm. 1. So gehen ausserdem: *wrikan* verfolgen, *rikan* anhäufen (nur im praes. belegt), *ligan* liegen, *ga-wigan* bewegen, *saíhwan* sehen (vgl. § 34 a. 1); — *hlifan* stehlen; — *bigitan* erlangen, *sitan* sitzen, *fitan* gebären (?), *widan* binden, *qiþan* sagen, *niþan* helfen (?); — *lisan* sammeln, *ga-nisan* genesen, *wisan* bleiben.

Anm. 2. *sniwan* eilen formiert *sniwa, snau* (§ 42), *snêwum, sniwans*. Einmal steht das pract. *snauh* mit zugesetztem *h* (vgl. § 62 a. 4), einmal *sniwun* st. *snêwun* § 7 a. 3. — Wie *sniwan* geht wol *diwan* sterben, von dem nur das part. pt. *þata diwanô* belegt ist.

Anm. 3. *itan* essen hat abweichend im sing. praet. nicht *at*, sondern *ēt*; belegt nur im compositum *frēt* (von *fra-itan* aufzehren § 4 a. 1; § 7 b). Also *itan, ēt, ētum, itans.* Vgl. ahd. praet. *âz, frâz* (ahd. gr. § 343 a. 5), altn. *āt.* Möller, Engl. studien 3, 154.

Anm. 4. *fraihnan* fragen hat das *n* nur im praesensstamme: *fraihna, frah, frēhum, fraihans* (s. § 206 h).

Anm. 5. *bidjan* bitten hat das *j* nur im praesensstamme: *bidja, baþ, bēdum, bidans* (vgl. § 206 a). Einmal findet sich das praesens ohne *j*: *usbida* Röm. 9, 3.

§ 177. **Klasse VI.** Verba nach der sechsten ablantsreihe: *a ô ô a* (vgl. § 35), z. b.: *slaha, slôh, slôhum, slahans* schlagen.

Anm. 1. Wie *slahan* gehen noch: *sakan* streiten, *wakan* wachen, *dragan* anfladen, *þwahan* waschen; *hlaþan* laden; *ga-daban* geziemen, *ga-draban* hauen, *graban* graben, *skaban* schaben; *alan* wachsen, *malan* mahlen, *swaran* schwören, *faran* fahren, *us-anan* aushauchen. Nur in praesensformen sind von diesen belegt: *wakan, dragan, alan, malan, faran.*

Anm. 2. Einige verba dieser klasse haben im praesensstamme ein *j*, welches im praet. und part. pt. fehlt; z. b. *hafjan* heben bildet: *hafja, hôf, hôfum, hafans.* Gerade so gehen: *fraþjan* verstehen, *hlahjan* lachen, *skapjan* schaffen, *skaþjan* schaden, *wahsjan* wachsen. Zweifelhaft ist das nur nach dem part. pt. *garapana* (M. 10, 30) gewöhnlich angesetzte praes. **garaþjan* zählen. — Vgl. § 206 a.

Anm. 3. *standan* stehen hat das *n* nur im praesensstamme (vgl. § 206 b), also *standa, stôþ, stôþum.* Das part. pt. **staþans* (altn. *staþinn*) kommt nicht vor; vgl. Anz. fda. 14, 286.

2) Reduplicierende verba.

§ 178. Die reduplicierenden verba bilden ihr praeteritum ohne veränderung des wurzelvocals, nur durch anfügung der reduplication. Die reduplication besteht aus dem anfangsconsonanten verbunden mit dem constanten reduplicationsvocal *ai* (kurz *e*, s. § 20), z. b. *haita* ich heisse, pt. *haihait*; *hrôpa* ich rühme mich, *haihrôp.* Beginnt das wort mit zwei consonanten, so wird nur der erste widerholt, z. b. *fraisa* ich versuche, *faifrais.* Die anlautenden verbindungen *st, sk.* [*sp*] werden jedoch ungetrennt widerholt, z. b. (*ga-*)*stalda* ich besitze, *staistald*; *skaida* ich scheide, *skaiskaip.* Beginnt das wort mit einem vocale, so wird nur der reduplicationsvocal vorgeschlagen, z. b. *auka* ich vermehre, *aiauk.*

Das part. pract. wird ohne reduplication gebildet: *haitans, fraisans* u. s. w.

§ 179. Man kann die reduplicierenden verba nach ihrem wurzelvocale in fünf klassen teilen. Es finden sich die vocale

1) *a (á).* 2) *é.* 3) *ai.* 4) *ô.* 5) *au.* Da jedoch der vocal im ganzen verbum unverändert bleibt, so wird dadurch keinerlei verschiedenheit der flexion bedingt. In dieser hinsicht genügt für alle das § 170 gegebene paradigma *haitan.*

Diejenigen red. verba, deren praet. wirklich belegt ist, sind:

1) *haldan* halten, *falpan* falten, *staldan* besitzen; — *fâhan* fangen (pt. *faifâh*, plur. *faifâhun*, part. pt. *fâhans*), ebenso *hâhan* hängen (§ 62 a. 2).

2) *slêpan* schlafen (über das pt. vgl. § 78 a. 3).

3) *af-aikan* leugnen, *fraisan* versuchen, *haitan* heissen, *laikan* springen, *maitan* abschneiden, *skaidan* scheiden.

4) *hôpan* sich rühmen, *flôkan* klagen. — Zu dem praet. *lailôun* (Joh. 9, 28) ist wol nach § 26 a das praes. als **lauan* (schmähen) anzusetzen. Vgl. § 22 a. 2.

5) *aukan* vermehren.

Anm. 1. Eine anzahl verben, deren praet. nicht belegt ist, werden mit ziemlicher sicherheit hierher gesetzt: 1) *us-alpan* alt werden, *blandan* mischen, *saltan* salzen, *waldan* walten, *ana-praggan* bedrängen. 2) *blêsan* blasen. 3) *ga-pláihan* liebkosen. 4) *blôtan* verehren. 5) *stautan* stossen, *hlaupan* laufen.

Anm. 2. *bauan* wohnen, welches nach ausweis anderer germanischer dialekte früher hierher gehörte, hat das sw. pt. *bauaida* und wird auch durch das fem. *bauains* (§ 103 a. 1) in die dritte schw. conj. (§ 193) gewiesen. Die 3. s. ind. praes. lautet jedoch stets *bauiþ*, also noch der starken conj. angehörig. Nicht festzustellen ist die got. flexion des nur einmal belegten *bnauan* zerreiben (*bnauandans* Luc. 6, 1), dessen altn. entsprechung **bnúa*, (g)núa (altisl. gr. § 433, vgl. Zs. fdph. 17, 250) wie auch das ahd. *núan*, *niuwan* (ahd. gr. § 334 a. 5) der starken flexion angehört. Völlig schwach wird dagegen *trauan* flectiert. — Vgl. § 26 b.

Anm. ỹ. *gaggan* gehen, part. pt. *gaggans* hat sein praet. **gaigagg* verloren und ersetzt es durch andere bildungen. Vgl. § 207.

Anm. 4. Statt *flôkan* wurde früher zu dem allein belegten praet. *faiflôkun* das praesens als *flêkan* (nach § 181) angesetzt. Dass dies falsch ist, zeigte Bezzenberger, Ueber die *a*-reihe der got. spr. s. 56⁴. Vgl. auch Gallée, Noord en Zuid 4, 54 f.

Anm. 5. Nach *arjandan* Luc. 17,7 ist wol ein red. v. *arjan* (ackern) mit *j*-praesens (§ 206 ᵃ) anzusetzen; vgl. ahd. *erien, iar, giaran* (ahd. gr. § 350 a. 5).

3) Reduplicierend-ablautende verba.

§ 180. Eine anzahl verba, welche im praesens den stammvocal *ê* (oder im wurzelauslaut *ai*) haben, sind ablautend nach der *ê—ô*-reihe (s. § 36). Das praeteritum hat den vocal *ô*, aber ausserdem noch die reduplication. Das part. pt. zeigt den gleichen vocal wie das praesens. Nach dem praesensvocal zerfallen diese verba in zwei klassen:

§ 181. I. Die consonantisch ausgehenden stämme haben ē im praesens, z. b. *lētan* lassen. Dieses bildet *lēta, lailôt, lailôtum, lētans*. So gehen noch: *grētan (gaigrôt)* weinen, *tēkan (taitôk)* berühren, *rēdan (rairôþ)* raten.

§ 182. II. Bei vocalischem wurzelausgang wird das ē zu *ai* (§ 22). So gehen die verba: *saian* säen: *saia, saisô, saisôum, saians* (über weitere formen vgl. § 22 a. 1, § 170 a. 2) und *waian (waiwô)* wehen.

Anm. 1. Unbelegt ist das praet. von *faian* tadeln, vgl. § 22 a. 2.

II. Schwache verba.

§ 183. Die vier klassen der schwachen verba (§ 168) stimmen in der bildung ihres praeteriti überein, dessen flexion in allen dieselbe ist; ebenso bilden sie übereinstimmend das part. pt. durch ein suffix *-da-* (nom. m. *-þs*), welches in allen klassen gleichmässig an den auslaut des verbalstamms gefügt wird. Der letztere ist je nach dem ableitungssuffix verschieden und verursacht in den praesensformen erhebliche flexionsverschiedenheit der vier klassen. Wir führen zunächst die für alle klassen gleichmässige flexion des praet. vor.

1) Flexion des schwachen praeteritums.

§ 184. Paradigmen: *nasida, salbôda, habaida, fullnôda*. Es ist nur nötig an einem beispiele die flexion zu zeigen.

	Indicativ.	Optativ.
Sing.	1. nasi-da	nasi-dēdjau
	2. nasi-dēs	nasi-dēdeis
	3. nasi-da	nasi-dēdi
Dual	1. nasi-dēdu	nasi-dēdeiwa
	2. nasi-dēduts	nasi-dēdeits
Plur.	1. nasi-dēdum	nasi-dēdeima
	2. nasi-dēduþ	nasi-dēdeiþ
	3. nasi-dēdun	nasi-dēdeina

Anm. 1. Von der 1. 2. du. optativ gilt das § 170 a. 4 gesagte ebenfalls.

2) Erste schwache conjugation *(-jan)*.

§ 185. Die verba dieser klasse haben das ableitungssuffix *i*, welches im praesens als *j* erscheint (infinit. *-jan*). Dieses *j*

Conjugation. II. Schwache verba.

wird (nach § 44c und a. 1) mit folgendem *i* entweder zu *ei* contrahiert, oder bleibt *ji*. Danach erhalten wir zwei unterabteilungen: a) Verba mit kurzer stammsilbe, z. b. *nasjan* retten, oder verba auf langen vocal, z. b. *stôjan* richten. b) Verba mit langer auf consonant ausgehender stammsilbe, z. b. *sôkjan* suchen, sowie mehrsilbige, z. b. *mikiljan* preisen.

§ 186.

a) Praesens (activum).
Indicativus.

Sing.	1. nasja	stôja	sôkja
	2. nasjis	stôjis	sôkeis
	3. nasjiþ	stôjiþ	sôkeiþ
Dual	1. nasjôs	stôjôs	sôkjôs
	2. nasjats	stôjats	sôkjats
Plnr.	1. nasjam	stôjam	sôkjam
	2. nasjiþ	stôjiþ	sôkeiþ
	3. nasjand	stôjand	sôkjand

Optativus.

Sing.	1. nasjau	stôjau	sôkjau
	2. nasjais	u. s. w.	u. s. w.
	3. nasjai		
Dual	1. nasjaiwa		
	2. nasjaits		
Plur.	1. nasjaima		
	2. nasjaiþ		
	3. nasjaina		

Imperativus.

Sing.	2. nasei	(stauei)	sôkei
	3. nasjadau	stôjadau	sôkjadau
Dual	2. nasjats	stôjats	sôkjats
Plur.	1. nasjam	stôjam	sôkjam
	2. nasjiþ	stôjiþ	sôkeiþ
	3. nasjandau	stôjandau	sôkjandau

Infinitivus.

nasjan   stôjan | sôkjan

Participium.

nasjands   stôjands | sôkjands

b) Praeteritum.

nasida   stanida   sôkida
(*Flexion s. § 184.*)

Flexionslehre. Cap. V.

c) Participium praeteriti (pass.).
nasiþs   stauiþs   sôkiþs

d) Mediopassivum: praesens.
Indicativus.

Sing. 1. 3. nasjada   stôjada   sôkjada
       2. nasjaza   stôjaza   sôkjaza
Plur. 1. 2. 3. nasjanda   stôjanda   sôkjanda

Optativus.
Sing. 1. 3. nasjaidau   stôjaidau   sôkjaidau
       2. nasjaizau   stôjaizau   sôkjaizau
Plur. 1. 2. 3. nasjaindau   stôjaindau   sôkjaindau

Anm. 1. Die 3. sing. imperat. ist belegt durch *lausjadau* ὁράασθω M. 27, 43 (vgl. § 170 a. 3). Die 3. plur. würde *lausjandau* lauten nach § 192 a. 1.

Anm. 2. Die 2. sing. imperat. von *stôjan* muss in übereinstimmung mit dem praet. *stauida* als *stauei* angesetzt werden nach § 26.

§ 187. Weitere beispiele dieser sehr zahlreichen klasse sind: a) 1) kurzsilbige: *waljan* wählen, *ga-tamjan* zähmen. *uf-panjan* ausdehnen, *warjan* wehren, *lagjan* legen, *us-wakjan* aufwecken, *satjan* setzen, *wasjan* kleiden, *hazjan* loben, *huljan* verhüllen. 2) vocalisch auslautende: *taujan* (imperat. s. *tawei*, pt. *tawida*, p. pt. *tawiþs*) tun, *straujan* (belegt nur pt. *strawida*, part. pt. *strawiþs*) streuen, *qiujan* (*qiwida*) lebendig machen, *ana-niujan* (-*niwida*) erneuern, *siujan* nähen; — über **môjan* mühen und **dôjan* abmatten s. § 26 a.

b) langsilbige und mehrsilbige: *môljan* schreiben, *mêrjan* verkündigen, *sipônjan* schüler sein, *hnaiwjan* erniedrigen, *hrainjan* reinigen, *hausjan* hören, *þiuþjan* segnen; — *brannjan* verbrennen, *sandjan* senden, *namnjan* nennen, *andbahtjan* dienen, *glitmunjan* glänzen, *haúrnjan* das horn blasen.

Anm. 1. *kaupatjan* ohrfeigen hat im praet. (ohne i) *kaupasta* (vgl. § 75), dagegen part. pt. *kaupatiþs* (vgl. § 209 a. 1). Die verba *lauhatjan* leuchten, *swôgatjan* seufzen, sind nur im praes. belegt.

Anm. 2. Einige primäre verba, welche im praesensstamme j haben, flectieren im praesens ganz wie die schwachen verba erster klasse. Ihr praet. bilden sie entweder stark, oder schwach ohne ableitungssuffix i. Vgl. § 206 a. (§ 209).

Anm. 3. Selten findet sich ein schwanken nach der 2. sw. conjugation. Neben *hausjan* hören mehrmals *hausjôn*; neben *gabeistjan* säuern, part. pt. *un-beistjôþs* ungesäuert.

Anm. 4. Wie die 2. p. du. plur. des imperativ von *nasjan* gehen die

Conjugation. II. Schwache verba. 79

interjectionell gebrauchten *hirjats, hirjip*. Abweichend ist der sing *hiri*. Vgl. § 219.

§ 188. Die in diese klasse gehörigen verba sind von verben, adjectiven und substantiven abgeleitet. Es herscht bei ihnen die causative bedeutung vor. Die causativa von starken ablautenden verben nehmen denjenigen vocal an, welcher im sing. praet. erscheint, z. b. *wandjan* wenden (von *windan*), *dragkjan* tränken (von *drigkan*), *ur-raisjan* aufstehen machen (von *ur-reisan* auferstehen), *ga-drausjan* fallen machen (zu *driusan*). — Auch die von adjectiven und substantiven abgeleiteten lassen mit wenigen ausnahmen causative bedeutung erkennen, z. b. *háuhjan* hoch machen (zu *háuhs*), *hailjan* heilen (zu *hails*), *warmjan* wärmen (zu *warms*); — *dailjan* teilen (zu *dails*), *taiknjan* ein zeichen machen, zeigen (zu *taikns*) u. s. w. — Intransitive bedeutung haben nur wenige, z. b. *siponjan* schüler sein, *faúrhtjan* sich fürchten.

3) Zweite schwache conjugation (-òn).

§ 189. Das ableitungssuffix ô tritt in dieser klasse nicht nur im praet., sondern auch im praesens durchgehend auf und verdrängt die vocale, welche im starken verbum die endung beginnen. Paradigma: *salbôn* salben.

a) Praesens.

	Indicat.	Optat.	Imper.
Sing. 1.	salbô	salbô	—
2.	salbôs	salbôs	salbô
3.	salbôþ	salbô	salbôdau
Dual 1.	salbôs	salbôwa	—
2.	salbôts	salbôts	salbôts
Plur. 1.	salbôm	salbôma	salbôm
2.	salbôþ	salbôþ	salbôþ
3.	salbônd	salbôna	salbôndau

Infinitivus: salbôn
Participinm: salbônds

b) Praeteritum.

salbôda, -dês, -da etc. (s. § 184).

c) Participium praet. pass.

salbôþs

⁋ Flexionslehre. Cap. V.

d) Mediopassivum: praesens.

	Indicat.	Optat.
Sing. 1. 3.	salbôda	salbôdau
2.	salbôza	salbôzau
Plur. 1. 2. 3.	salbônda	salbôndau

Anm. 1. Die 3. s. und pl. imper. ist in dieser conjugation nicht belegt, kann jedoch mit eben der sicherheit erschlossen werden wie andere formen, z. b. die dualformen, oder die 2. s. medii *salbôza, salbôzau*, die auch nur nach den andern conjugationen angesetzt sind.

§ 190. Die anzahl der verba der 2. klasse ist grösser als die der 3., steht aber hinter denen auf *-jan* immer noch weit zurück. Beispiele: *mitôn* denken, *karbôn* wandeln, *fiskôn* fischen, *sidôn* üben, *idreigôn* bereuen, *awiliudôn* danken, *þiudanôn* könig sein, *faginôn* sich freuen, *fraujinôn* herschen, *reikinôn* herschen, *frijôn* lieben, *sunjôn* rechtfertigen, *hausjôn* (§ 187 a. 3).

4) Dritte schwache conjugation (*-an*).

§ 191. Die verba dieser klasse haben das ableitungssuffix *-ai*. Dieses erscheint aber nur im praeteritum (und im part. pt.) durchgehend, im praesens dagegen und allen zu diesem gehörigen bildungen kommt es nur in wenigen formen zum vorschein, während die meisten ganz wie praesensformen des starken verbums gestaltet sind. Das *ai* tritt im praesens nur auf, wo im starken verbum die endung mit *i* beginnt, indem es dieses *i* verdrängt (also 2. 3. sing., 2. pl. indic. und 2. pl. imperat.) und in der (endungslosen) 2. s. imperat. — Vor den mit *a* (*ô*) beginnenden endungen dagegen fehlt das *ai* durchaus.

§ 192. Paradigma *haban* haben.

a) Praesens.

	Indicat.	Optat.	Imper.
Sing. 1.	haba	habau	—
2.	habais	habais	habai
3.	habaiþ	habai	habadau
Dual 1.	habôs	habaiwa	—
2.	habats	habaits	habats
Plur. 1.	habam	habaima	habam
2.	habaiþ	habaiþ	habaiþ
3.	haband	habaina	habandau

Infinitivus: haban
Participium: habands

b) Praeteritum.
habaida, -dês, -da etc. (s. § 184).

c) Participium praet.
habaiþs

d) Mediopassivum: praesens.

	Indicat.	Optat.
Sing. 1. 3.	habada	habaidau
2.	habaza	habaizau
Plur. 1. 2. 3.	habanda	habaindau.

Anm. 1. Nur in dieser conjugation ist die 3. pl. imperativi belegt durch *liugandau* γαμησάτωσαν 1. Cor. 7, 9.

§ 193. Die hierher gehörigen verba sind meist intransitiva. Ihre zahl ist verhältnismässig gering. Beispiele: *þahan* schweigen, *þulan* dulden, *liban* leben, *ana-silan* still werden, *fijan* hassen, *trauan* trauen (vgl. § 26), *saúrgan* sorgen, *liugan* heiraten.

Anm. 1. *hatan* hassen schwankt nach der 1. schw. conj. (*hatjan*); — *bauan* wohnen hat die 3. s. ind. pr. stark: *bauiþ*, vgl. § 179 a. 2,

5) Vierte schwache conjugation (*-nan*).

§ 194. Durch das suffix *-no-* im praet., *n* (*-na-*) im praesens werden im gotischen verba gebildet, welche das eintreten in einen zustand bezeichnen, also inchoative bedeutung haben. Oft übersetzen sie auch griech. mediopassiva, aber nur wo die bedeutung eine mediale ist: stets sind die verba intransitiv und haben niemals rein passive bedeutung. Es heisst also z. b. *andbindada* es wird losgebunden (durch jemanden), aber *andbundniþ* es wird los, es löst sich. Die verba werden mit wenigen ausnahmen von adjectiven, oder von starken verben abgeleitet. Im letzteren falle schliessen sie sich an diejenige stammform an, welche im partic. pt. pass. vorliegt. Beispiele: a) von starken verben: *and-bundnan* (*bindan*) los werden, sich lösen, *us-bruknan* (*brikan*) ins brechen kommen, abbrechen, *dis-skritnan* (*disskreitan*) ins reissen kommen, zerreissen, *fra-lusnan* (*fra-liusan*) verloren gehen, *ga-waknan* (*wakan*) erwachen, *ga-skaidnan* (*skaidan*) sich scheiden; — b) von adjectiven: *gahailnan* (*hails*) gesund werden, *mikilnan* (*mikils*) gross werden, *weihnan* (*weihs*) heilig werden, *gadauþnan* tot werden, sterben.

Anm. 1. Zu substantiven gehören *gafrisahtnan* gebildet werden (*frisahts* bild), *ga-gawairþnan* sich versöhnen (*ga-wairþi* friede); abweichenden stammvocal haben *us-geisnan* sich entsetzen, *in-feinan* gerührt werden. Anm. 2. Dass die grundbedeutung dieser verba die inchoative ist, zeigt Egge, inchoative or *n*-verbs in Gothic (American journal of phil. 7, s. 38 ff.). Die entsprechenden nord. verba auf *-na* haben nur inchoative bedeutung.

§ 195. Die flexion dieser verba stimmt im praesens genau zur flexion der starken verba. Ein mediopassiv, sowie part. praet. pass. kann von ihnen nicht gebildet werden. Paradigma: *fullnan* (*fulls* voll, *fulljan* füllen), voll werden, sich füllen.

a) Praesens.

		Indicat.	Optat.	Imperat.
Sing.	1.	fullna	fullnau	
	2.	fullnis	fullnais	fulln
	3.	fullniþ	fullnai	fullnadau
Dual	1.	fullnôs	fullnaiwa	—
	2.	fullnats	fullnaits	fullnats
Plur.	1.	fullnam	fullnaima	fullnam
	2.	fullniþ	fullnaiþ	fullniþ
	3.	fullnand	fullnaina	fullnandau

Infin.: fullnan
Partic.: fullnands

b) Praeteritum.

fullnôda, -dês, -da (s. § 184).

Anm. 1. Vom imper. ist nur die 2. s. bei einem verbum dieser klasse belegt.

Anm. 2. Das praet. *keinôda* keimte ist eine neubildung zu dem starken praesens *keinan* (§ 172 a. 2), welches schon seiner bedeutung nach nicht hierher gehören könnte.

III. Unregelmässige verba.

1) Verba praeterito-praesentia.

§ 196. Die praeterito-praesentia sind starke verba, deren praeteritum praesensbedeutung angenommen hat. Das eigentliche praesens ist in folge dessen verloren gegangen. Diese verba bilden ihr praeteritum nach art der schwachen conjugation durch anfügung von *-da* (*-ta, -þa, -sa*: vgl. § 75 und § 81): die flexion desselben ist die von *nasida* (§ 184). Die praeterito-praesentia lassen sich nach dem baue ihres praesens unter die einzelnen klassen der starken verba verteilen. Dasselbe hat ganz die flexion eines starken praeteritums. Im gotischen finden sich 13 solche verba, welche wir nach den betreffenden klassen vorführen.

§ 197. Erste ablautsreihe.
1) Praes. *wait* ich weiss, 2. p. *waist*, pl. *witum*, opt. *witjau*, praet. *wissa*, opt. praet. *wissêdjau*, part. praes. *witands*, inf. [*witan*].
2) *lais* ich weiss (nur in dieser form belegt, causat. *laisjan* lehren).

Anm. 1. Zu *wait* ist das volle starke verbum *weitan, wait, witum, witans* erhalten in den compositis *fraweitan* jemand rächen, und *inweitan* jem. anbeten (§ 172 a. 1). — Auch ein sw. v. III. *witan, witaida* (auf etwas sehen, beobachten) gehört dazu.

§ 198. Zweite ablautsreihe.
3) *daug* impers.: es taugt (nur in dieser form belegt).

§ 199. Dritte ablautsreihe.
4) *kann* ich weiss, ich kenne, 2. p. *kant* (auch *kannt*, vgl. § 80), plur. *kunnum*, praet. ind. *kunþa*, opt. praet. *kunþêdjau*, part. pt. *kunþs* bekannt, infin. *kunnan*, part. praes. *kunnands*.
5) *þarf* ich bedarf, habe nötig, 2. p. *þarft*, plur. *þaúrbum*, opt. *þaúrbjau*, praet. *þaúrfta*, part. pt. *þaúrfts* nötig, part. praes. *þaúrbands* bedürfend, inf. [*þaúrban*]. — Vgl. § 56 a. 3.
6) *ga-dars* ich wage, plur. *ga-daúrsum*, opt. *gadaúrsjau*, praet. *gadaúrsta*, inf. *gadaúrsan*.

Anm. 1. Zu *kann* gehören die ebenso flectierten compos.: *frakann* ich verachte, *gakann* ich unterwerfe mich. — Nicht damit zu verwechseln ist das abgeleitete sw. v. III. *kunnan, kunnaida* erkennen, mit den compositis: *anakunnan* ἀναγιγνώσκειν lesen, *atkunnan* zuerkennen, *gakunnan* kennen lernen, erkennen. — *uf-kunnan* (erkennen) geht im praes. als sw. v. III., bildet aber das praet. *ufkunþa*, jedoch das part. pt. *ufkunnaiþs*.

§ 200. Vierte ablautsreihe.
7) *skal* ich soll, 2. p. [*skalt*], plur. *skulum*, opt. *skuljau*, praet. *skulda*, opt. praet. *skuldêdjau*, part. pt. *skulds* schuldig, inf. [*skulan*], part. praes. *skulands*.
8) *man* ich meine, 2. p. [*mant*], plur. *munum*, opt. *munjau*, praet. *munda*, part. pt. *munds* L. 3, 23, inf. *munan*, part. praes. *munands*.

Anm. 1. Ebenso wie *man* geht *gaman* ich erinnere mich. — Dazu noch ein abgeleitetes sw. v. III. *munan, munaida* gedenken.

§ 201. Fünfte ablautsreihe.

9) *mag* ich kann, 2. p. *magt*, 3. *mag*, dual *magu, maguts*, plur. *magum, magup, magun;* opt. *magjau;* praet. *mahta*, opt. praet. *mahtēdjau*, part. pt. *mahts*, inf. [*magan*], part. praes. *magands*.

10) *ga-nah* es genügt, *binah* es darf, muss.

Ausser der unpersönlich gebrauchten 3. p. ist nur noch das part. pt. *binaúhts* belegt. Zu erschliessen ist plur. *-naúhum*, praet. *-naúhta*, inf. *-naúhan*.

§ 202. Sechste ablautsreihe.

11) *ga-mót* ich habe raum, kann. 2. p. [*móst*], plur. [*mótum*], opt. *gamótjau*, praet. *gamósta*, inf. [*gamótan*].

12) *óg* ich fürchte, 2. [*óht*], plur. [*ógum*], opt. *ógjau*, praet. *óhta*, inf. [*ógan*], caus. *ógjan* jemand in furcht setzen.

Anm. 1. Zu *óg* gehört eine anomale 2. s. imperativi: *ógs* fürchte. Als entsprechende 2. plur. wird gebraucht der opt. *ógeiþ*.

Anm. 2. Von dem zu grunde liegenden vollen starken verbum **agan* ist noch das negierte part. praes. *unagands* (furchtlos) im gebrauch.

§ 203. Keiner ablautsreihe gehört an das verbum *áih* ich habe. Abgesehen von dem mangel der reduplication schliesst es sich seiner formation nach an ein red. praet. wie *háihait* (§ 179, 3) an. Belegt ist sing. 1. 3. *áih* (einmal *aig*), plur. 1. *aigum* u. *áihum*, 2. *áihuþ* (einmal), 3. *aigun*, opt. s. 3. *aigi*, pl. 2. *aigeiþ*, 3. *aigeina;* praet. *áihta*, part. praes. *aigands* (fünfmal) und *áihands* (einmal), inf. *áihan* (nur einmal in *fairáihan* teil haben).

Anm. 1. Eigentümlich ist das schwanken zwischen *g* und *h*, welches in den meisten formen stattfindet, doch so, dass im sing. (*áih*) *h* das vorherschende ist, in den andern formen *g*. Vgl. § 66 a. 1, § 79 a. 2.

2) Die verba *sein* und *wollen*.

§ 204. Das verbum substantivum formiert von der in allen indog. sprachen vorhandenen alten wurzel *es-* nur das praesens indic. und opt., für alle übrigen formen tritt zur ergänzung das st. v. *wisan* (§ 176 a. 1) ein. Ein part. praet. kommt nicht vor (vgl. Anz. fda. 14, 286).

Conjugation. III. Unregelmässige verba.

Praesens.

	Indic.	Optat.
Sing.	1. im	sijau
	2. is	sijais
	3. ist	sijai
Dual	1. siju	[sijaiwa]
	2. [sijuts]	[sijaits]
Plur.	1. sijum	sijaima
	2. sijuþ	sijaiþ
	3. sind	sijaina

Infinit.: wisan
Part. praes.: wisands

Praeteritum.

Indicat.: was, wast, was etc.
Optat.: wêsjau.

Anm. 1. Statt der formen mit *ij* (optat. und du. plur. ind. praes.) finden sich auch vereinzelt solche mit einfachem *i* (§ 10 a. 4), z. b. plur. ind. 1. *sium*, 2. *siuþ*, opt. *siau* etc. Die formen sind aber gegenüber den massenhaft vorkommenden vollen formen nur ganz verschwindend, sie sind auf die briefe beschränkt (besonders im cod. B), ausserdem nur in dem auch sonst vielfach abweichende formen bietenden evang. Lucae (5, 10; 8, 25; 9, 12. 41; 14, 31). Wo zwei codices vorhanden sind (2. Cor. 7, 13; Phil. 4, 5; Col. 4, 6; 1. Tim. 5, 22), hat stets der eine (in drei fällen A) die correcte form mit *j*.

Anm. 2. Statt des imperativs werden die optativformen sing. *sijais*, *sijai*, plur. *sijaiþ* gebraucht. Die einmal (2. Cor. 12, 16) handschriftlich überlieferte form *sai* (= gr. ἔστω) ist entweder fehlerhaft für *sijai*, *siai*, oder mit Osthoff (Beitr. 8, 311) als interj. *sai* ecce! aufzufassen.

Anm. 3. *nist* = *ni ist* ist nicht (§ 10 a. 2), *patist* = *pata ist* das ist, *karist* = *kara ist* es kümmert Joh. 10, 12 (§ 4 a. 1).

§ 205. Das verbum wollen hat im praesens nur einen optativ, welcher aber als indicativ fungiert. Dieser praesentische optativ hat die endungen, welche sonst nur im opt. praet. auftreten. Das praeteritum dazu wird schwach gebildet. Die vorkommenden formen sind:

Praesens: S. 1. wiljau 2. wileis 3 wili
D. 2. wileits
Pl. 1. wileima 2. wileiþ 3. wileina
Infinitiv: wiljan
Part. praes.: wiljands
Praet.: wilda. Opt.: wildêdjau
(*Flexion wie* nasida § 154.)

3) Verschiedene unregelmässigkeiten.

§. 206. **Praesensverstärkungen.** Bei den starken ablautenden verben beruht der unterschied zwischen praesensstamm und praeteritalstamm nur im wechsel des vocals. Das consonantische gerippe des worts bleibt immer dasselbe. Das war nicht immer so, sondern im urgermanischen, wie in andern indogermanischen sprachen, gab es praesensbildungen, welche durch zusatz consonantischer elemente formiert wurden. Davon sind im gotischen noch einige reste vorhanden, die vom gotischen standpunkte als unregelmässigkeiten zu gelten haben.

a) Praesensbildungen mit *j*. In den hierher gehörigen worten, welche im praesens ganz wie schwache verba I (nach *nasjan, sôkjan*) flectiert werden, ist das *j* kein ableitungssuffix und fällt im praet. und part. pt. weg. Die worte sind schon oben genannt: *bidjan* (§ 176 a. 5), *hafjan, frapjan, hlahjan, skapjan, skaþjan, wahsjan* (§ 177 a. 2), *arjan* (§ 179 a. 5). Vgl. dazu § 209.

b) Praesensbildungen mit nasal sind vorhanden in *keinan* (§ 172 a. 2) und *fraihnan* (§ 176 a. 4), mit dem nasal am schluss, — *standan* (§ 177 a. 3) mit dem nasal im innern des verbalstammes.

§ 207. Das verbum *gaggan*, welches nach der form seines praesens und seines part. pt., sowie nach dem zeugnisse der übrigen germ. sprachen zu den reduplicierenden verben gehört (§ 179 a. 3), hat ein schwaches praet. *gaggida*, welches aber nur éinmal (Luc. 19, 12) belegt ist. Gewöhnlich wird das praeteritum zu *gaggan* vertreten durch das defective *iddja*, welches wie ein schwaches praet. conjugiert wird. Also *iddja* ich gieng, *iddjês, iddja* etc.; opt. *iddjêdjau*.

§ [208. *briggan* bringen ist seinem praesens nach ein ablautendes verbum (III). Das praet. aber wird (mit ablaut) schwach gebildet: *brâhta* (aus *branhta § 5 b), part. pt. [*brâhts*].

§ 209. Einige verba, deren praesens nach der ersten schwachen conjugation flectiert wird (zum teil vielleicht zu § 206 a gehörend), bilden, das praet. zwar schwach, aber ohne das ableitungssuffix *i*. Es sind *bugjan* kaufen, *baúhta*; *brûkjan* brauchen, *brûhta*; *waúrkjan* wirken, *waúrhta*; *þagkjan* denken, *þâhta* (§ 5 b); *þugkjan* dünken, *þûhta* (§ 15 b). Von partic. pt.

sind belegt *baúhts* zu *bugjan*, *waúrhts* zu *waúrkjan*, zu den übrigen würden sie *brûhts*, *páhts*, *púhts* lauten (§ 75): die letzteren sind enthalten in den adj. *anda-páhts* bedächtig, *háuh-púhts*, *mikil-púhts* hochmütig.

Anm. 1. Vgl. auch *kaupatjan* § 187 a. 1, welches aber das *i* im part. pt. hat.

Cap. VI. Partikeln.

1) Adverbia.

§ 210. Adverbia der art und weise werden von adjectiven gebildet. a) Die häufigste bildungsweise ist die mittelst des suffixes *-ba*, welches an den stammauslautenden vocal des adjectivs angehängt wird.

Also von *a*-stämmen (§ 123. 124) z. b. *ubilaba* böse, *baírhtaba* glänzend, von *ja*-stämmen (§ 125 ff.) *sunjaba* wahr. — Auch die ursprünglichen *i*- und *u*-stämme (§ 129—131) zeigen hier noch ihren wahren stammausgang, z. b. *analaugniba* verborgen, *anasiuniba* sichtbar, *arniba* sicher, *gatémiba* geziemend; *harduba* hart, *manwuba* bereit, *glaggwuba* genau.

Anm. 1. Je einmal findet sich *a* statt *u* in *hardaba* 2. Cor. 13, 10 (cod. A, *harduba* B), *glaggwaba* Luc. 15, 8. — Vgl. *bróþra-lubô* A, § 88ª a. 2.

§ 211. Adjectivadverbien werden aber auch sehr oft gebildet b) durch das suffix *-ó*, welches den stammauslautenden vocal in sich schliesst, z. b. *galeikó* ähnlich, *úhteigó* zu rechter zeit, *þiubjó* heimlich, *glaggwó* genau (neben *glaggwuba*).

Anm. 1. Die gleiche adverbialendung auch in *auftô* etwa, *sprautô* schnell, *missô* wechselseitig, *sundrô* besonders, *unwêniggô* unverhofft, *ufarô* darüber, *undarô* unten, *aftarô* hinten, von hinten.

§ 212. Von den steigerungsgraden des adjectivs hat der comparativ eine adverbialform entwickelt, welche ohne weitere endung nur auf das comparativsuffix (-*iz*), -*is* ausgeht, z. b. *háuhis* höher, *áiris* früher, *mais* mehr, *haldis* mehr, *framis* weiter, *néhvis* näher.

Anm. 1. Ohne das *i* des suffixes sind gebildet: *mins* (§ 78 a. 1) weniger, *waírs* schlimmer, *þana-seiþs* weiter, mehr.

Anm. 2. Mit dem comparativsuffix *-ôs* erscheinen *sniumundôs* eiliger, *aljaleikôs* anders.

Anm. 3. Als adverbia zu superlat. kommen vor die neutralformen *frumist* zuerst, *maist* aufs meiste.

§ 213. Adverbia des orts werden gebildet auf die frage wohin? entweder ohne suffix oder mit den suffixen -*þ* (-*d*) und -*drê*, auf die frage wo? mit den suffixen -*r* und -*a*, auf die frage woher? mit den suffixen -*þrô* und -*ana*.

Anm. 1. Von pronominalstämmen sind auf diese weise gebildet die correlativa:

hvaþ, hvadrê wohin?	*hvar* wo	*hvaþrô* woher
[*þaþ*] (*þadei* dahin wo)	*þar* da	*þaþrô* daher
jaind, jaindrê dorthin	*jainar* dort	*jainþrô* dorther
aljaþ anderswohin	*aljar* anderswo	*aljaþrô* anderswoher
hidrê hierher	*hêr* hier	— —

Anm. 2. Andere beispiele sind: a) wohin? *dalaþ* abwärts, *samaþ* zusammen, *iup* aufwärts, *ût* hinaus, *inn* hinein. b) wo? *dalaþa* unten, *iupa* oben, *ûta* aussen, *inna* innen, *fairra* fern, *afta* hinten. c) woher? *dalaþrô* von unten, *iupaþrô* u. *iupana* von oben, *ûtaþrô* u. *ûtana* von aussen, *innaþrô* u. *innana* von innen, *allaþrô* von allen seiten, *fairraþrô* von ferne, *aftana* von hinten, *hindana* von hinten, jenseit.

§ 214. Adverbia der zeit werden meist durch casus von substantiven gebildet, z. b. *gistradagis* morgen, *himma daga* heute, *du maúrgina* morgen, *ni aiw* niemals (acc. von *aiws* zeit) *framwigis* fortwährend.

Anm. 1. Einfache zeitadverbien gibt es wenige: *nu* jetzt, *ju* schon, *áir* früher, *simlê* einst, *ufta* oft; von pronominalstämmen: *þan* damals, *hvan* wann? irgendwann, *suman* einst.

§ 215. Auch ausser den in § 214 erwähnten werden nominale casus als adverbia gebraucht, z. b. *landis* über land, fernerhin, *allis* überhaupt, *sunja* und *bi sunjai* wahrhaftig.

§ 216. Frage und antwort (verneinung) werden meist von adverbialen partikeln begleitet. Bei der frage finden sich -*u* (*niu* nicht? § 18 a. 2); *an*, *nuh* denn? *ibai* ob, *jau* (*ja-u*) ob, *þau* etwa. — Affirmativpartikeln sind *ja*, *jai* ja, wahrlich! negativpartikel *nê* nein! Allein stehen diese aber selten als antwort. Gewöhnlich wird das verbum der frage widerholt. Negation im satze ist *ni* nicht.

Anm. 1. Die fragepartikel -*u* tritt enklitisch an das erste wort des satzes, z. b. *skuldu ist kaisaragild giban* Mc. 12, 14. Bei zusammensetzungen mit praefix tritt *u* unmittelbar an dieses, z. b. *gaulaubjats patei magjau þata taujan*? M. 9, 28.

2) Praepositionen.

§ 217. a) Mit dem dativ: *alja* ausser, *af* von, *du* zu, *miþ* mit, *us* aus, *faúra* vor, *fram* von, *nêhva* nahe bei, *faírra* fern von, *undarô* unter.

b) Mit dem accusativ: *and* längs, *þairh* durch, *inuh* ohne; *undar* unter, *wiþra* gegen, *faúr* vor, für.

c) Mit dem dativ und accusativ: *ana* an, auf, *at* bei, zu, *afar* nach, *bi* bei, um, an, *hindar* hinter, *und* m. dat. um, für, m. acc. bis, zu, *uf* unter, *ufar* über.

d) Mit dem genetiv und dativ: *ufarô* über.

e) Mit dem genetiv, dativ und accusativ: *in* m. gen. wegen, m. dat. acc. in, nach, auf.

Anm. 1. Mit dem gen. werden in praepositionaler weise auch adverbia verbunden, wie *ûtaþrô, ûtana, hindana, innana* (§ 213 a. 2).

3) Conjunctionen.

§ 218. a) Copulativae: *jah* und, auch, *-uh* und (vgl. § 24 a. 2), *nih* und nicht. b) Disjunctivae: *aíppau* oder, *andizuh — aíppau* entweder — oder, *jaþþê — jaþþê* sei es dass — oder, *þau (þáuh)* oder. c) Adversativae: *iþ, þan, aþþan, akei* aber, *ak* sondern. d) Causales, *allis, auk, unté, raíhtis* denn. e) Conclusivae: *þanuh, þaruh, eiþan, nu, nuh, þannu, nunu* nun, daher, also. f) Conditionales: *jabai* wenn, *niba, nibai* wenn nicht (§ 10 a. 2). g) Concessivae: *þáuhjabai* wenn auch, *swêþáuh* zwar, doch. h) Finales: *ei, þatei, þêei, þei* dass, *ei, swaei, swaswê* so dass, *ibai (iba)* dass nicht. i) Comparativae: *ƕaiwa* wie? *swê* wie, *swaswê* so wie, *þau (þáuh)* als. k) Temporales: *swê* als, da, *þan, þandê* wenn, so lange als, *biþê, miþþanei* während, *sunsei* sobald als, *faúrþizei* bevor, *unté, und þatei, þandê* bis, bis dass, so lange als.

Anm. 1. Manche dieser conjunctionen werden auch als adverbia gebraucht, zum teil lassen sie noch in der form ihren adverbialen ursprung deutlich erkennen, z. b. *allis, raíhtis, faúrþizei (faúrþis* adv. zuvor).

4) Interjectionen.

219. *ô* o! ei! *wai* wehe! *sai* siehe! — Interjectionell in der bedeutung: her! hierher! wird gebraucht, mit nach dem numerus unterschiedenen formen, sg. *hiri*, du. *hirjats*, plur. *hirjiþ* (vgl. § 20 a. 1, § 187 a. 4).

Anhang.

Vgl. Sievers, Grundr. I, 407—416 (Geschichte der got. sprache); II, 1, 65—70 (Gotische literatur); Kögel, Gesch. d. deutsch. litteratur I, 1, 176—195.

§ 220. Die Goten.

a) Die gotische sprache ist die sprache des Gotenvolks (*Gut-þiuda*), welches in den beiden grossen stämmen der Ostgoten und Westgoten zur zeit der völkerwanderung eine geschichtliche rolle gespielt hat. Mit dem falle des Ostgotenreichs in Italien und des Westgotenreichs in Spanien ging auch die gotische nation unter. Nur ein versprengter rest der Goten hat sich mit bewahrung seiner sprache bis zum beginn der neuzeit in der Krim gehalten (Krimgoten oder tetraxitische Goten).

Anm. 1. Der Gotenname ist in gotischer form mit *t* anzusetzen (*Gutans und *Gutôs) und nicht mit *þ*, wie Kremer (Beitr. 8, 447) nach J. Grimm annehmen will. Ueber form, flexion und etymologie des Gotennamens vgl. Zs. fda. 9, 243 f.; Grundr. I, 407; Wrede, Ostg. 44 ff.; Beitr. 17, 178 ff.; Ax. Erdmann, om folknamnen *Götar* och *Goter*, Stockholm 1891 (vgl. Litbl. 1894, 249).

Anm. 2. Die seit Jordanes übliche auffassung der namen lat. *Austro-*, *Ostrogot(h)ae*, -*i* und *Wisigot(h)ae*, -*i* als Ostgoten und Westgoten dürfte höchstens hinsichtlich des ersteren richtig sein: der name der *Wisigothae*, welche auch einfach *Vesi*, *Visi* heissen, hat mit 'westen' nichts zu tun. Vgl. I F. 4, 300 ff.

Anm. 3. Ueber die Krimgoten und die reste ihrer sprache s. Zs. fda. 1, 345—366; W. Tomaschek, die Goten in Taurien, Wien 1881; Beitr. 11, 563 f.; F. Braun, die letzten schicksale der Krimgoten. Progr. St. Petersburg 1890 (vgl. Anz. fda. 17, 167 f).

b) Das Gotenvolk gehörte zu einer gruppe germanischer völkerschaften, welche man nach ihm vielfach die 'gotische gruppe' genannt hat. Neuerdings ist für dieselbe der name 'Wandilier' vorgeschlagen (nach Plinius, nat. hist. IV, 99).

Ausser den Goten sind die Gepiden, Wandalen, Burgundionen, Heruler und Rugier die wichtigsten bestandteile dieser Wandilier. Ihre sitze waren im anfang unserer zeitrechnung östlich von der Elbe bis zur Weichsel. Die sprachen dieser völker waren nahe verwant; doch sind, vom gotischen abgesehen, die erhaltenen sprachreste nur spärlich, fast nur aus eigennamen bestehend.

Anm. 4. Ueber die 'Wandilier' vgl. F. Wrede, über die sprache der Wandalen, Strassburg 1886 (QF. 59) s. 3 ff.;¹ F. Dahn, Urgeschichte der germ. und rom. völker, bd. I (Berlin 1881) s. 139 ff.; R. Much, Goten und Ingvaeonen (Beitr. 17, 178—221).

c) Die gotische oder wandilische völkergruppe fassen wir mit den skandinavischen völkern zusammen als Ostgermanen, denen die übrigen Germanen als Westgermanen gegenüberstehen.

Anm. 5. Zur einteilung der Germanen in Ostgermanen und Westgermanen vgl. H. Zimmer, 'ostgermanisch und westgermanisch' in der zs. fda. 19, 393 ff.; Beitr. 9, 546 ff.; Grundr. I, 362 ff.; über die sonderstellung des skandinavischen gegenüber [dem gotischen s. Noreen, altisl. gramm.² § 2 und Grundr. I, 419 f.

§ 221. Quellen der gotischen sprache.

Wir kennen die gotische sprache aus den fragmenten der bibelübersetzung, welche mit sicherheit dem bischof Ulfilas (oder gotisch *Wulfila*; vgl. Bernhardt, Vulfila s. VII; Anz. fda. 14, 285; Grundr. II, 67⁴) zugeschrieben wird. Ulfilas wurde geboren 310 und starb ende 380 oder anfangs 381 n. Chr. Er war während der letzten 33 jahre seines lebens bischof des teiles der Westgoten, welcher unter seiner führung vor der verfolgung der heidnischen volksgenossen über die Donau floh und von Constantius in Mösien wohnsitze erhielt (Moesogoten oder Goti minores). — Die fragmente der bibelübersetzung sind uns in folgenden handschriften überliefert:

1) **Codex argenteus zu Upsala.** Der codex enthielt auf 330 blättern die vier evangelien in der reihenfolge Matthäus, Johannes, Lucas, Marcus. Davon sind noch erhalten 187 bl. Das evangelium Lucae zeigt vielfach vom normalen abweichende jüngere sprachformen (vgl. §§ 7 a. 2, 14 a. 3, 56 a. 1, 62 a. 3, 67 a. 2, 74 a. 1, 105 a. 2, 204 a. 1; wol einfluss des dialekts der ostgot. schreiber, vgl. Wrede, Ostg. 200 f.).

2) **Codex Carolinus**, ein codex rescriptus in Wolfenbüttel, welcher stücke aus dem 11.—15. capitel des Römerbriefs enthält.

3) **Codices Ambrosiani**, fünf fragmente (codices rescripti) auf der Ambrosianischen bibliothek in Mailand, welche hauptsächlich die paulinischen briefe enthalten. Und zwar:

Cod. A enthält auf 95 blättern fragmente der briefe an die Römer, Corinther, Epheser, Galater, Philipper, Colosser, Thessalonicher, Timotheus, Titus, Philemon; ausserdem ein bruchstück eines gotischen kalenders.

Cod. B enthält auf 77 blättern den zweiten brief an die Corinther ganz, sodann fragmente der briefe an die Corinther I, Galater, Epheser, Philipper, Colosser, Thessalonicher, Timotheus, Titus. — Cod. A und cod. B decken sich ihrem inhalte nach teilweise, was für die kritik des textes von wichtigkeit ist.

Cod. C. Zwei blätter mit bruchstücken aus Matth. 25—27.

Cod. D. Drei blätter mit bruchstücken aus dem alten testament, und zwar aus den büchern Esdras und Nehemias.

Cod. E. Acht blätter. von denen jedoch drei in Rom auf der Vaticana befindlich, enthaltend die bruchstücke einer erklärung des Johannesevangeliums, welche von ihrem herausgeber Massmann *Skeireins aiwaggéljōns þairh Iōhannēn* genannt wurden und deshalb noch jetzt als *Skeireins* citiert werden (zur *Sk.* vgl. Zs. fda. 37, 320, Anz. fda. 20, 148 ff.).

4) **Codex Taurinensis**, vier sehr beschädigte blätter, auf welchen spärliche stücke aus den Galater- und Colosserbriefen zu entziffern sind.

Anm. 1. Ueber Ulfilas vgl.: Waitz, über das leben und die lehre des Ulfila (Hannover 1840); Bessell, über das leben des Ulfilas (Göttingen 1860); G. Kaufmann, 'kritische untersuchung der quellen zur geschichte Ulfilas' in der zs. fda. 27, 193 ff.; Grundr. II, 68; Kögel, Gesch. d. dtsch. Litt. I, 1, 182.

Anm. 2. Weiteres über die got. handschriften siehe in Bernhardts Vulfila, Einl. XXXIX ff.; zur geschichte des cod. arg. vgl. noch die neueren arbeiten von Schulte, 'Gotthica minora' in der zs. fda. 23, 51. 318 und 24, 324 ff.; ferner J. Peters, Germania 30, 314 f.

Anm. 3. Ausser der bibelübersetzung (und *Skeireins*) gibt es keine gotischen sprachdenkmäler von belang. Die bedeutendsten sind noch zwei lateinische verkaufsurkunden mit gotischen unterschriften aus Neapel und Arezzo und das oben bei cod. A erwähnte fragment eines gotischen kalenders. Beide stücke sind in den ausgaben des Ulfilas mit abgedruckt. Ueber die gotischen worte und alphabete in der Salzburg-Wiener handschrift (§ 1 a. 5, § 2 a. 2) und andere reste der gotischen sprache vgl. Massmanns aufsatz 'Gotthica minora' in der zs. fda. 1, 294—393. — Ueber gotische runeninschriften s. Wimmer, Die runenschrift (1887) s. 62 f.; R. Henning, die deutschen runendenkmäler, Strassburg 1889 (dazu Zs. fdph. 23, 354 ff.; Wimmer, de tyske runemindesmærker, Aarb. f. nord. oldk. og hist. 1894, 1 ff.). Die wichtigste inschrift ist die des Bukarester ringes ('goldring von Pietroassa' Henning 27 ff.): *gutaniowi hailag*.

Anm. 4. Die zahlreichen got. eigennamen, welche in griechischen und noch mehr in lateinischen quellen vorliegen, sind verwertet von Dietrich, (ausspr.) und von Bezzenberger, über die A-reihe der got. sprache, Göttingen 1874 s. 7 ff. Eine monographische behandlung der ostgot. namen gab F. Wrede, über die sprache der Ostgoten in Italien, Strassburg 1891 (QF. 68); vgl. dazu Litbl. 1891, 383, Anz. fda. 18, 43 ff., 809 ff.

§ 222. Ausgaben.

Der erste druck des codex argenteus ist der von Fr. Junius, Dortrecht 1665. Die sämmtlichen älteren ausgaben (die titel s. in Bernhardts Vulfila s. LXIII f.; vgl. auch v. Bahder, die deutsche philologie, Paderborn 1883, s. 44 ff.) haben nur noch historischen wert. Jetzt sind für das studium der gotischen sprache von wichtigkeit folgende ausgaben:

a) Die grosse ausgabe des Ulfilas von v. d. Gabelentz und Löbe, welche 1843—46 in drei quartbänden erschien. Ist auch der im ersten bande befindliche text durch Uppström antiquiert, so ist doch das wörterbuch (band II, 1) und besonders die grammatik (band II, 2) durch ihre reichhaltigen zusammenstellungen von hohem werte.

b) Für die genaue feststellung der handschriftlichen überlieferung sind von höchster wichtigkeit die neuen lesungen des schwedischen gelehrten Andreas Uppström, nach welchen er genaue textabdrücke veranstaltete: cod. Argenteus Upsala 1854, — Decem codicis argentei rediviva folia Upsala 1857, — Fragmenta gothica selecta 1861, — Codices gotici ambrosiani 1864—68. — (Vollständige titel s. bei v. Bahder a. a. o.).

c) Einen kritisch hergestellten text auf grund der Uppströmschen lesungen, mit kritisch-exegetischen anmerkungen und beifügung des griech. urtextes gibt die ausgabe von E. Bernhardt: Vulfila oder die gotische bibel. Halle 1876. Vgl. dazu Zs. fdph. 7, 103 ff.

d) Eine gute handausgabe des Ulfilas mit glossar und grammatik ist die von M. Heyne, 8. auflage. Paderborn 1885. Ebenfalls auf den Uppströmschen lesungen beruhend ist der text jedoch conservativer behandelt als bei Bernhardt. Die grammatik steht hinsichtlich der laut- und formenlehre auf veraltetem standpunkte, das glossar aber ist als ein den ganzen got. sprachschatz umfassendes handwörterbuch zu empfehlen.

Anm. 1. Andere neuere textausgaben sind: a) die von Bernhardt Halle 1884 (textabdruck seiner grösseren ausgabe mit kurzem glossar); vgl. dazu Zs. fdph. 17, 249 ff. b) The first germanic bible translated from the Greek by the Gothic bishop Ulfila .... ed. with an introduction, a syntax, and a glossary by G. H. Balg. Milwaukee (u. Halle) 1891.

§ 223. Hülfsmittel zur laut- und wortlehre.

I. Laut- und flexionslehre.

a) Die gotische grammatik von v. d. Gabelentz u. Löbe (s. § 222 a).

b) Leo Meyer, Die gotische sprache. Berlin 1869. Sprachvergleichende behandlung der gotischen lautlehre mit vollständigem material.

c) Die behandlung der gotischen lautlehre in Holtzmanns altdeutscher grammatik. Leipzig 1870.

II. Wortbildungslehre.

a) Für die wortbildungslehre ist bd. 2 u. 3 von J. Grimm's deutscher grammatik (neudruck. Berlin 1878. 1890) noch immer grundlegend.

b) Die wortbildungslehre in v. d. Gabelentz u. Löbe's gramm. s. 108—135.

c) Vom vergleichenden standpunkte aus: Fr. Kluge, nominale stammbildungslehre der altgerm. dialekte. Halle 1886. — S. auch die das gotische betreffenden partien bei Brugmann II.

III. Lexicographie.

a) Das wörterbuch bei v. d. Gabelentz und Löbe II, 1 (§ 222 a). (Nach dem got. alphabet angeordnet).

b) Ernst Schulze, gotisches glossar. Mit einer vorrede von J. Grimm. Magdeburg 1847. Das vollständigste gotische wörterbuch. — Auszug (ohne stellenangaben, aber unter berücksichtigung der etymologie und benutzung der Uppströmschen lesungen): Gotisches wörterbuch nebst flexionslehre von E. Schulze. Züllichau 1867.

c) Heynes glossar, s. § 222 d.

d) Lorenz Diefenbach, Vergleichendes wörterbuch der gotischen sprache. Bd. 1. 2. Frankfurt 1851.

e) Sigm. Feist, Grundriss der gotischen etymologie. Strassburg 1888. Vgl. dazu Anz. fda. 16, 61 ff.; Litbl. 1889, 365 ff.; 1890, 47.

Anm. 1. Zur feststellung einzelner grammatischer tatsachen sind von nutzen die schriften von J. H. Gallée, Gutiska (I.) Lijst van gotische woorden, wier geslacht of buiging naar analogie van andere gotische woorden, of van het oudgermaansch wordt opgegeven. Haarlem 1880 (vgl. auch die nachträge dazu in der Tijdschrift voor Nederl. taal- en letterk. I, 220 ff.); — II. De adjectiva in het gotisch en hunne suffixen. Utrecht 1882.

Anm. 2. Kurze darstellungen der got. wortbildung auch in den § 224 a. 1 genannten grammatiken von Le M. Douse und Bernhardt.

Anm. 3. Weitere lexikalische arbeiten: W. W. Skeat, a Moesogothic glossary, with an introduction, an outline of M.-g. grammar and a list of Anglo-saxon and old and mod. Engl. words etymologically connected with M.-g. London 1868. — G. H. Balg, a comparative glossary of the Gothic language with especial reference to English and German. Mayville (und Halle) 1887—89. Vgl. Zs. fdph. 24, 236 f. — O. Priese, Deutschgotisches wörterbuch, nebst einem anhange, enth. eine sachlich geordnete übersicht des gotischen wortschatzes u. eine sammlung von redensarten u. sprüchen. Leipzig 1890.

§ 224. Litteratur der gotischen syntax.

a) Gesamtdarstellungen: G. Grimm, deutsche grammatik bd. 4. Göttingen 1837 (syntax des einfachen satzes). — v. d. Gabelentz und Löbe in bd. II, 2 ihrer ausgabe (ausführliche darstellung der vollständigen syntax).

Anm. 1. Kürzere, für den anfänger nützliche, z. t. auf selbständiger forschung beruhende abrisse der got. syntax: T. Le Marchant Douse, An introduction, phonological, morphological, syntactic, to the Gothic of Ulfilas. London 1886 (S. 208—268). Ferner in E. Bernhardts kurzgefasster got. grammatik, Halle 1885 (vgl. Zs. fdph. 17, 254 f.). Desgl. in Heynes Ulfilas (§ 222ᵈ); in Balgs Ulfilas (§ 222 a. 1).

b) Monographien (vgl. W. Scherer, kl. schriften I, 360 ff.):

Apelt, O., über den accus. c. infin. im gotischen (Germ. 19, 280—97).

Bernhardt, E., a) die partikel ga als hilfsmittel bei der got. conjugation (Zs. fdph. 2, 158—66). — b) über den genet. partit. nach transitiven verben im got. (Zs. fdph. 2, 292—94). — c) der artikel im gotischen (19 S.) Progr.

Erfurt 1874. — d) der gotische optativ (Zs. fdph. 8, 1—88). — e) zur got. syntax (Zs. fdph. 9, 383 f.). — f) zur got. casuslehre (Beitr. zur deutschen philol. Halle 1880, 71—82. — g) zur got. casuslehre (Zs. fdph. 13, 1—20).

Borrmann, J., ruhe und richtung in den gotischen verbalbegriffen. Diss. Halle 1892 (39 S.).

Burckhardt, F., der got. conjunctiv verglichen mit den entspr. modis des neutestamentl. griechisch. Zschopau 1872 (36 S.). — rec. Erdmann, Zs. fdph. 4, 455—59.

Collin, sur les conjonctions gothiques (40 S. in: Lunds univers. årsskrift XII. 1875—76.).

— Dorfeld, C., über die function des praefixes ge- (got. ga-) in der composition mit verben. Teil I.: das praefix bei Ulfilas und Tatian. Diss. Giessen 1885 (47 S.).

Eckardt, E., über die syntax des got. relativpronomens. Diss. Halle 1875 (54 S.). — rec. Bernhardt, Zs. fdph. 6, 484.

Erdmann, O., über got. *ei* u. ahd. *thaz* (Zs. fdph. 9, 43—53).

Friedrichs, E., die stellung des pron. personale im gotischen. Leipz. diss. Jena 1891. (124 S.) [erst 1893 erschienen].

Gering, H., a) über den syntaktischen gebrauch der participia im got. (Zs. fdph. 5, 294—324; 393—433). — rec. Marold, Wissenschaftl. monatsblätter 1875, 26—28. — b) zwei parallelstellen aus Vulfila und Tatian (Zs. fdph. 6, 1—3).

Klinghardt, H., die syntax der got. partikel *ei* (Zs. fdph. 8, 127—180; 289—329).

Köhler, A., a) über den syntakt. gebrauch des dativs im got. Göttinger diss. Dresden 1864 (54 S.) und Germ. 11, 261—305. Nachtrag Germ. 12, 63 f. — b) der syntakt. gebrauch des infinitivs im got. (Germ. 12, 421—462). — c) der syntakt. gebrauch des optativs im got. (Germanist. studien 1, 77—133). — rec. Erdmann, Zs. fdph. 5, 212—16.

Lichtenheld, A., das schwache adjectiv im gotischen (Zs. fda. 18, 17—43).

Lücke, O., absolute participia im got. und ihr verhältnis zum griech. original, mit besonderer berücksichtigung der Skeireins. Gött. diss. Magdeburg 1876 (58 S.). — rec. Bernhardt, Zs. fdph. 8, 352—54.

— Marold, K., a) futurum und futurische ausdrücke im gotischen (Wissensch. monatsblätter 1875, 169—176). — b) über die got. conjunctionen, welche οὖν und γάρ vertreten. Progr. Königsberg 1881 (30 S.).

— Moerkerken, P. H. van, over de verbinding der volzinnen in 't gotisch (Bekroond .. en uitgeg. door de k. vlaamsche acad. voor taal en letterk.). Gent 1888 (104 S.).

Mourek, V. E., a) syntax der got. praepositionen. Prag 1890 (X u. 234 S.) [In čechischer sprache]. — rec. Heinzel, anz. fda. 17, 91—93. —. b) über den einfluss des hauptsatzes auf den modus des nebensatzes im got. (Sitzungsber. d. k. böhm. ges. der wissensch. 1892, 5, 263—96). — c) syntax der mehrfachen sätze im gotischen. Prag 1893 (X u. 334 S.). [In čechischer sprache, S. 255—334 auszug in deutscher sprache].

Naber, F., gotische praepositionen I. Progr. Detmold 1879 (26 S.).

Anhang.

Piper, P., über den gebrauch des dativs im Ulfilas, Heliand und Otfrid. Progr. Altona 1874 (30 S.). — rec. Erdmann, Zs. fdph. 6, 120—23.

Rückert, H., die gotischen absoluten nominativ- und accusativ-constructionen (Germ. 11, 415—43).

Sallwürk, E. v., die syntax des Vulfila I (I. die fürwörter, II. der relativsatz, III. der inhaltssatz). Progr. Pforzheim 1875 (36 S.).

Schirmer, K., über den gebrauch des optativs im got. Diss. Marburg 1874 (47 S.). — rec. Bernhardt, Zs. fdph. 6, 485.

Schrader, K., über den syntakt. gebrauch des genitivs in der got. sprache. Diss. Göttingen 1875 (55 S.).

Skladny, A., über das got. passiv. Progr. Neisse 1873 (19 S.). — rec. Bernhardt, Zs. fdph. 6, 483.

Silber, versuch über den got. dativ. Progr. Naumburg 1845 (16 S.).

Streitberg, W., Perfective und imperfective actionsart im germanischen. Einleitung u. I. teil: Gotisch (Beitr. 15, 70—177).

Tobler, L., Conjunctionen mit mehrfacher bedeutung; ein beitrag zur lehre vom satzgefüge (Beitr. 5, 355—88).

Weisker, Ed., über die bedingungssätze im gotischen. Progr. Freiburg in Schlesien 1880 (14 S.).

Lesestücke.

1. Aus dem evangelium des Matthaeus.
(Codex argenteus.)

Cap. V. 17 Ni hugjaiþ ei qemjau gatairan witoþ aiþþau praufetuns; ni qam gatairan, ak usfulljan. 18 amen auk qiþa izwis: und þatei usleiþiþ himins jah airþa, jota ains aiþþau ains striks ni usleiþiþ af witoda, unte allata wairþiþ. 19 iþ saei nu gatairiþ aina anabusne þizo minnistono, jah laisjai swa mans, minnista haitada in þiudangardjai himine; iþ saei taujiþ jah laisjai swa, sah mikils haitada in þiudangardjai himine.
20 Qiþa auk izwis þatei nibai managizo wairþiþ izwaraizos garaihteins þau þize bokarje jah Fareisaie, ni þau qimiþ in þiudangardjai himine. 21 hausideduþ þatei qiþan ist þaim airizam: ni maurþrjais; iþ saei maurþreiþ, skula wairþiþ stauai. 22 aþþan ik qiþa izwis þatei hazuh modags broþr seinamma sware, skula wairþiþ stauai; iþ saei qiþiþ broþr seinamma raka, skula wairþiþ gaqumþai; aþþan saei qiþiþ dwala, skula wairþiþ in gaiainnan funins. 23 jabai nu bairais aibr þein du hunslastada, jah jainar gamuneis þatei broþar þeins habaiþ hva bi þuk, 24 aflet jainar þo giba þeina in andwairþja hunslastadis, jah gagg faurþis gasibjon broþr, þeinamma, jah biþe atgaggands atbair þo giba þeina. 25 sijais waila hugjands andastauin þeinamma sprauto, und þatei is in wiga miþ imma, ibai hvan atgibai þuk sa andastaua stauin, jah sa staua þuk atgibai andbahta, jah in karkara galagjaza. 26 amen qiþa þus: ni usgaggis jainþro, unte usgibis þana minnistan kintu.
27 Hausideduþ þatei qiþan ist: ni horinos. 28 aþþan ik qiþa izwis, þatei hvazuh saei saihviþ qinon du luston izos, ju gahorinoda izai in hairtin seinamma. 29 iþ jabai augo þein þata taihswo marzjai þuk, usstigg[1]) ita jah wairp af þus; batizo ist auk þus ei fraqistnai ains liþiwe þeinaize, jah ni allata leik

---
[1]) usstagg hs.

þein gadriusai in gaiainnan. 30 jah jabai taihswo þeina handus marzjai þuk, afmait þo jah wairp af þus; batizo ist auk þus ei fraqistnai ains liþiwe þeinaize, jah ni allata leik þein gadriusai in gaiainnan. 31 qiþanuh þan ist þatei hvazuh¹) saei afletai qen, gibai izai afstassais bokos. 32 iþ ik qiþa izwis þatei hvazuh saei afletiþ qen seina, inuh fairina kalkinassaus, taujiþ þo horinon; jah sa ize afsatida liugaiþ, horinoþ.
 33 Aftra hausideduþ þatei qiþan ist þaim airizam: ni ufarswarais, iþ usgibais fraujin aiþans þeinans. 34 aþþan ik qiþa izwis ni swaran allis, ni bi himina, unte stols ist guþs; 35 nih bi airþai, unte fotubaurd ist fotiwe is, nih bi Iairusanlymai, unte baurgs ist þis mikilins þiudanis; 36 nih bi haubida þeinamma swarais, unte ni magt ain tagl hveit aiþþau swart gataujan. 37 sijaiþ-þan waurd izwar: ja, ja; ne, ne; iþ þata managizo þaim us þamma ubilin ist.
 38 Hausideduþ þatei qiþan ist: augo und augin, jah tunþu und tunþan. 39 iþ ik qiþa izwis ni andstandan allis þamma unseljin: ak jabai hvas þuk stautai bi taihswon þeina kinnu, wandei imma jah þo anþara. 40 jah þamma wiljandin miþ þus staua jah paida þeina niman, aflet imma jah wastja. 41 jah jabai hvas þuk ananauþjai rasta aina, gaggais miþ imma twos. 42 þamma bidjandin þuk gibais, jah þamma wiljandin af þus leihvan sis ni uswandjais.
 43 Hausideduþ þatei qiþan ist: frijos nehvundjan þeinana, jah fiais fiand þeinana. 44 aþþan ik qiþa izwis: frijoþ fijands izwarans, þiuþjaiþ þans wrikandans izwis, waila taujaiþ þaim hatjandam izwis, jah bidjaiþ bi þans usþriutandans izwis, 45 ei wairþaiþ sunjus attins izwaris þis in himinam, unte sunnon seina urranneiþ ana ubilans jah godans, jah rigneiþ ana garaihtans jah ana inwindans. 46 jabai auk frijoþ þans frijondans izwis ainans, hvo mizdono habaiþ? niu jah þai þiudo þata samo taujand? 47 jah jabai goleiþ þans frijonds izwarans þatainei, hve managizo taujiþ? niu jah motarjos þata samo taujand? 48 sijaiþ nu jus fullatojai, swaswe atta izwar sa in himinam fullatojis ist.

 Cap. VI. 1 Atsaihviþ armaion [izwara ni taujan in andwairþja manne du saihvan im; aiþþau laun ni habaiþ fram attin izwaramma þamma in himinam. 2 þan nu taujais armaion, ni haurnjais faura þus, swaswe þai liutans taujand in gaqumþim jah in garunsim, ei hauhjaindau fram mannam; amen qiþa izwis: andnemun mizdon seina. 3 iþ þuk taujandan armaion ni witi hleidumei þeina, hva taujiþ taihswo þeina, 4 ei sijai so armahairtiþa þeina in fulhsnja, jah atta þeins saei saihviþ in fulhsnja²), usgibiþ þus in bairhtein. 5 jah þan bidjaiþ, ni sijaiþ

---

¹) hva hvazuh hs.   ²) fulhsja hs.

swaswe þai liutans, unte frijond in gaqumþim jah waihstam plapjò standandans bidjan, ei gaumjaindau mannam. amen, qiþa izwis, þatei haband mizdon seina. 6 iþ þu þan bidjais, gagg in heþjon þeina, jah galukands haurdai þeinai bidei du attin þeinamma þamma in fulhsnja, jah atta þeins saei sailvþ in fulhsnja¹), usgibiþ þus in bairhtein.

7. Bidjandansuþ-þan ni filuwaurdjaiþ, swaswe þai þiudo; þugkeiþ im auk ei in filuwaurdein seinai andhausjaindau. 8 ni galeikoþ hu þaim; wait auk atta izwar þizei jus þaurbuþ, faurþizei jus bidjaiþ ina. 9 swa nu bidjaiþ jus: atta unsar þu in himinam, weihnai namo þein. 10 qimai þiudinassus þeins. wairþai wilja þeins, swe in himina jah ana airþai. 11 hlaif unsarana þana sinteinan gif uns himma daga. 12 jah aflet uns þatei skulans sijaima, swaswe jah weis afletam þaim skulam unsaraim. 13 jah ni briggais uns in fraistubnjai, ak lausei uns af þamma ubilin; unte þeina ist þiudangardi jah mahts jah wulþus in aiwins. amen.

14 Unte jabai afletiþ mannam missadedins ize, afletiþ jah izwis atta izwar sa ufar himinam. 15 iþ jabai ni afletiþ mannam missadedins ize, ni þau atta izwar afletiþ missadedins izwaros.

16 Aþþan biþe fastaiþ, ni wairþaiþ swaswe þai liutans gaurai; frawardjand auk andwairþja seina, ei gasailvaindau mannam fastandans. amen, qiþa izwis, þatei andnemun mizdon seina. 17 iþ þu fastands salbo haubiþ þein, jah ludja þeina þwah, 18 ei ni gasailvaizau mannam fastands, ak attin þeinamma þamma in fulhsnja, jah atta þeins, saei sailviþ in fulhsnja, usgibiþ þus.

19 Ni huzdjaiþ izwis huzda ana airþai, þarei malo jah nidwa frawardeiþ, jah þarei þiubos ufgraband jah hlifand. 20 iþ huzdjaiþ izwis huzda in himina, þarei nih malo nih nidwa frawardeiþ, jah þarei þiubos ni ufgraband nih stiland. 21 þarei auk ist huzd izwar, þaruh ist jah hairto izwar.

22 Lukarn leikis ist augo: jabai nu augo þein ainfalþ ist, allata leik þein liuhadein wairþiþ; 23 iþ jabai augo þein unsel ist, allata leik þein riqizein wairþiþ. jabai nu liuhaþ þata\in þus|riqiz ist, þata riqiz hvan filu!

24 Ni manna mag twaim fraujam skalkinon; unte jabai fijaiþ ainana, jah anþarana frijoþ, aiþþau ainamma ufhauseiþ, iþ anþaramma frakann. ni maguþ guþa skalkinon jah mammonin.²) 25 duþþe qiþa izwis: ni maurnaiþ saiwalai izwarai hva matjaiþ jah hva drigkaiþ, nih leika izwaramma hve wasjaiþ; niu saiwala mais ist fodeinai jah leik wastjom? 26 insailviþ du fuglam himinis, þei ni saiand nih sneiþand, nih lisand in banstins, jah atta izwar sa ufar himinam fodeiþ ins. niu jus mais wulþrizans sijuþ þaim? 27 iþ hvas izwara maurnands mag ana-

---

¹) fulhisnja hs. ²) am rande faihuþra.., d. i. faihuþraihna
Luc. 16, 13.

aukan ana wahstu seinana aleina‾aina? 28 jah bi waśtjos ƕa
saurgaiþ? gakunnaiþ blomans haiþjos, ƕaiwa wahsjand; Inih
arbaidjand nih spinnand. 29 qiþuh þan izwis þatei nih Sau-
laumon in allamma wulþau seinamma gawasida sik swe ains
þize. 30 jah þande þata hawi haiþjos himma daga wisando
jah gistraílagis in auhn galagiþ guþ swa wasjiþ, ƕaiwa mais
izwis, leitil galaubjandans? 31 ni maurnaiþ nu qiþandans: ƕa
matjam aiþþau ƕa drigƙam, aiþþau ƕe wasjaima? 32 all auk
þata þiudos sokjand; waituh þan atta izwar sa ufar himinam
þatei þaurbuþ — —

2. Aus dem evangelium des Marcus.

(Codex argenteus.)

Aiwaggeljo þairh Marku anastodeiþ.

Cap. I. 1 Anastodeins aiwaggeljons Iesuis Xristaus sunaus
guþs.
2 Swe gameliþ ist in Esaïin praufetau: sai, ik insandja ag-
gilu meinana faura þus, saei gamanweiþ wig þeinana faura þus.
3 stibna wopjandins in auþidai: manweiþ wig fraujins, raihtos
waurkeiþ staigos guþs unsaris. 4 was Iohannes daupjands in
auþidai jah merjands daupein idreigos du aflageinai frawaurhte.
5 jah usiddjedun du imma all Iudaialand jah Iairusaulymeis,
jah daupidai wesun allai in Iaurdane aƕai fram imma, and-
haitandans frawaurhtim seinaim. 6 wasuþ-þan Iohannes gawasiþs
taglam ulbandaus jah gairda fillcina bi hup seinana, jah matida
þramsteins jah miliþ haiþiwisk¹), 7 jah merida qiþands: qimiþ
swinþoza mis sa afar mis, þizei ik ni im wairþs anahneiwands
andbindan skaudaraip skohe is. 8 aþþan ik daupja izwis in
watin, iþ is daupeiþ izwis in ahmin weihamma.
9 Jah warþ in jainaim dagam, qam Iesus fram Nazaraiþ
Galeilaias, jah daupiþs was fram Iohanne in Iaurdane. 10 jah
suns usgaggands us þamma watin gasaƕ uslukanans²) himi-
nans, jah ahman swe ahak atgaggandan ana ina. 11 jah stibna
qam us himinam: þu is sunus meins sa liuba, in þuzei waila
galeiknaida.³) 12 jah suns sai, ahma ina ustauh in auþida. 13 jah
was in þizai auþidai dage fidwor tiguns fraisans fram Satanin,
jah was miþ diuzam, jah aggileis andbahtidedun imma.
14 Iþ afar þatei atgibans warþ Iohannes, qam Iesus in Ga-
leilaia merjands aiwaggeljon þiudangardjos guþs, 15 qiþands
þatei usfullnoda þata mel jah atneƕida sik þiudangardi guþs:
idreigoþ jah galaubeiþ in aiwaggeljon. 16 jah ƕarbonds faur
marein Galeilaias gasaƕ Seimonu jah Andraian broþar is,

---

¹) *glosse* wilþi.   ²) *usluknans hs.*   ³) *am rande* þukei wilda.

þis Seimonis, wairpandans nati in marein; wesun auk fiskjans. 17 jah qaþ im Iesus: hirjats afar mis, jah gataujā igqis wairþan nutans manne. 18 jah suns afletandans þo natja seina laistidedun afar imma. 19 jah jainþro inn gaggands framis leitil¹) gasahv Iakobu þana Zaibaidaiaus jah Iohanne broþar is, jah þans in skipa manwjandans natja. 20 jah suns haihait ins. jah afletandans attan seinana Zaibaidaiu in þamma skipa miþ asnjam galiþun afar imma.

21 Jah galiþun in Kafarnaum, jah suns sabbato daga galeiþands in synagogen laisida ins. 22 jah usfilmans waurþun ana þizai laiseinai is; unte was laisjands ins swe waldufni habands jah ni swaswe þai bokarjos. 23 jah was in þizai synagogen ize manna in unhrainjamma ahmin, jah ufhropida 24 qiþands: fralet, hva uns jah þus, Iesu Nazorenai? qamt fraqistjan uns; kann þuk, hvas þu is, sa weiha guþs. 25 jah andbait ina Iesus qiþands: þahai jah usgagg ut us þamma, ahma unhrainja. 26 jah tahida ina ahma sa unhrainja, jah hropjands stibnai mikilai usiddja us imma. 27 jah afslauþnodedun allai sildaleikjandans, swaei sokidedun miþ sis misso qiþandans: hva sijai þata? hvo so laiscino so niujo, ei miþ waldufnja jah ahmam þaim unhrainjam anabiudiþ jah ufhausjand imma? 28 usiddja þan meriþa is suns and allans hisitands Galeilaias.

29 Jah suns us þizai synagogen usgaggandans qemun in garda Seimonis jah Andraiins miþ Iakobau jah Iohannen. 30 iþ swaihro Seimonis lag in briŋŋōn; jah suns qeþun imma bi ija. 31 jah duatgaggands urraisida þo, undgreipands handu izos, jah aflailot þo so brinno suns, jah andbahtida im. 32 Andanahtja þan waurþanamma, þan gasaggq sauil, berun du imma allans þans ubil habandans jah unhulþons habandans. 33 jah so baurgs alla garunnana was at daura. 34 jah gahailida managans ubil habandans missaleikaim sauhtim, jah unhulþons managos uswarp, jah ni fralailot rodjan þos unhulþons, unte kunþedun ina.

35 Jah air uhtwoh usstandands ussiddja, jah galaiþ ana auþjana staþ, jah jainar baþ. 36 jah galaistans waurþun imma Seimon jah þai miþ imma. 37 jah bigitandans ina qeþun du imma þatei allai þuk sokjand. 38 jah qaþ du im: gaggam du þaim bisunjane haimom²) jah baurgim, ei jah jainar merjau, unte duþe qam. 39 jah was merjands in synagogim ize and alla Galeilaian jah unhulþons uswairpands.

40 Jah qam at imma þrutsfill habands, bidjands ina jah kniwam knussjands jah qiþands du imma þatei jabai wileis, magt mik gahrainjan. 41 iþ Iesus infeinands, ufrakjands handu seina attaitok imma jah qaþ imma: wiljau, wairþ hrains. 42 jah biþe qaþ þata Iesus, suns þata þrutsfill aflaiþ af imma, jah hrains warþ. 43 jah galvotjands imma suns ussandida ina,

---
¹) leita hs. ²) haimon hs.

44 jah qaþ du imma: saih' ei mannhun ni qiþais waiht; ak gagg þuk silban ataugjan gudjin, jah atbair fram gahraineinai þeinai þatei anabauþ Moses du weitwodiþai im. 45 iþ is usgaggands dugann merjan filu jah usqiþan þata waurd, swaswe is juþan ni mahta andaugjo in baurg galeiþan, ak uta ana auþjaim stadim was; jah iddjedun du imma allaþro.

Cap. II. 1 Jah galaiþ aftra in Kafarnaum afar dagans, jah gafrehun þatei in garda ist. 2 jah suns gaqemun managai, swaswe juþan ni gamostedun nih at daura, jah rodida im waurd. 3 jah qemun at imma usliþan bairandans, hafanana fram fidworim.¹) 4 jah ni magandans neh'a qiman imma faura manageim, andhulidedun hrot þarei was Iesus, jah usgrabandans insailidedun þata badi, jah fralailotun ana þammei lag sa usliþa. 5 Gasaih'ands þan Iesus galaubein ize qaþ du þamma usliþin: barnilo, afletanda þus frawaurhteis þeinos. 6 wesunuh þan sumai þize bokarje jainar sitandans jah þagkjandans sis in hairtam seinaim: 7 h'a as swa rodeiþ naiteinins? h'as mag afletan frawaurhtins, niba ains guþ? 8 jah suns ufkunnands Iesus ahmin seinamma þatei swa þai mitodedun sis, qaþ du im: duh'e mitoþ þata in hairtam izwaraim? 9 h'aþar ist azetizo du qiþan þamma usliþin: afletanda²) þus frawaurhteis þeinos, þan qiþan: urreis jah nim þata badi þeinata jah gagg? 10 aþþan ei witeiþ þatei waldufni habaiþ sunus mans ana airþai afletan frawaurhtins, qaþ du þamma usliþin: 11 þus qiþa: urreis nimuh þata badi þein jah gagg du garda þeinamma. 12 jah urrais suns jah ushafjands badi usiddja faura andwairþja allaize, swaswe usgeisnodedun allai jah hauhidedun mikiljandans guþ, qiþandans þatei aiw swa ni gaseh'um.³)

13 Jah galaiþ aftra faur marein, jah all manageins iddjedun du imma, jah laisida ins. 16 jah h'arbonds gasah' Laiwwi þana Alfaiaus sitandan at motai, jah qaþ du imma: gagg afar mis. jah usstandands iddja afar imma. 15 jah warþ, biþe is anakumbida in garda is, jah managai motarjos jah frawaurhtai miþanakumbidedun Iesua jah siponjam is: wesun auk managai jah iddjedun afar imma. 16 jah þai bokarjos jah Fareisaieis gasaih'andans ina matjandan miþ þaim motarjam jah frawaurhtaim, qeþun du þaim siponjam is: h'a ist þatei miþ motarjam jah frawaurhtaim⁴) matjiþ jah driggkiþ? 17 jah gahausjands Iesus qaþ du im: ni þaurbun swinþai lekeis, ak þai ubilaba habandans; ni qam laþon uswaurhtans ak frawaurhtans.

18 Jah wesun siponjos Iohannis jah Fareisaieis fastandans; jah atiddjedun jah qeþun du imma: duh'e siponjos Iohannes jah Fareisaieis fastand, iþ þai þeinai siponjos ni fastand? 19 jah

---

¹) fidworin hs.   ²) afleþanda hs.   ³) gaselvū hs.   ⁴) fraurhtaim hs.

qaþ im Iesus: ibai magun sunjus bruþfadis, und þatei miþ im ist bruþfaþs, fastan? swa laggá hveila swe miþ sis haband bruþfad, ni magun fastan. 20 aþþan atgaggand dagos þan afnimada af im sa bruþfaþs, jah þan fastand in jainamma daga. 21 ni manna plat faníns niujis siujiþ ana snagan fairnjana; ibai afnimai fullon af þamma sa niuja þamma fairnjin, jah wairsiza gataura wairþiþ. 22 ni manna giutiþ wein juggata in balgins fairnjans; ibai auftó distairai wein þata niujo þans balgins, jah wein usgutniþ, jah þai balgeis fraqistnand; ak wein juggata in balgins niujans giutand.

23 Jah warþ þairhgaggan imma sabbato daga þairh atisk, jah dugunnun siponjos is skewjandans raupján absa. 24 jah Fareisaieis qeþun du imma: sai, hva taujand siponjos þeinai sabbatim þatei ni skuld ist? 25 jah is qaþ du im: niu ussuggwuþ aiw hva gatawida Daweid, þan þaurfta jah gredags waś, is jah þai miþ imma? 26 hvaiwa galaiþ in gard guþs uf Abiaþara gudjin jah blaibans faurlageinais matida, þanzei ni skuld ist matjan niba ainaim gudjam, jah gaf jah þaim miþ sis wisandam? 27 jah qaþ im: sabbato in mans warþ gaskapans, ni manna in sabbato dagis; 28 swaei frauja ist sa sunus mans jah þamma sabbato.

Cap. III. 1 Jah galaiþ aftra in synagogen, jah was jainar manna gaþaursana habands handu. 2 jah witaidedun imma, hailidediu sabbato daga, ei wrohidedeina ina. 3 jah qaþ du þamma mann þamma gaþaursana habandin handu; urreis in midumai. 4 jah qaþ du im: skuldu ist in sabbatim þiuþ taujan aiþþau unþiuþ taujan, saiwala nasjan aiþþau usqistjan? iþ eis þahaidedun. 5 jah ussaihvands ins miþ moda, gaurs in daubiþos hairtins ize, qaþ du þamma mann: ufrakei þo handu þeina! jah ufrakida, jah gastoþ aftra so handus is.

6 Jah gaggandans þan Fareisaieis sunsaiw miþ þaim Herodianum garuni gatawidedun bi ina, ei imma usqemeina. 7 jah Iesus aflaiþ miþ siponjam seinaim du marein, jah filu manageins us Galeilaia[1]) laistidedun afar imma, 8 jah us Iudaia jah us Iairusaulymim jah us Idumaia jah hindana Iaurdanaus; jah þai bi Tyra jah Seidona, manageins filu, gahausjandans hvan filu is tawida, qemun at imma. 9 jah qaþ þaim siponjam seinaim ei skip habaiþ wesi at imma in þizos manageins, ei ni þraiheina ina. 10 managans auk gahailida, swaswe drusun ana ina ei imma attaitokeina, 11 jah swa managai swe habaidedun wundufnjos jah ahmans unbrainjans, þaih þan ina gasehvun, drusun du imma jah hropidedun qiþandans þatei þu is sunus guþs. 12 jah filu andbait ins ei ina ni gaswikunþidedeina.

13 Jah ustaig in fairguni jah athaihait þanzei wilda is, jah galiþun du imma. 14 jah gawaurhta twalif du wisan miþ sis,

---
[1]) Galeilaian *hs.*

jah ei insandidedi ins merjan, 15 jah haban waldufni du hailjan
sauhtins jah uswairpan unhulþons, 16 jah gasatida Seimona namo
Paitrus; 17 jah Iakobau þamma Zaibaidaiaus, jah Iohanne broþr
Iakobaus, jah gasatida im namna Bauanairgais, þatei ist: sun-
jus þeilvons; 18 jah Andraian jah Filippu jah Barþaulaumaiu
jah Matþain jah Poman jah Iakobu þana Alfaiaus, jah Paddain
jah Seimona þana Kananeiten, 19 jah Iudan Iskarioten,
saei jah galewida ina.
    20 jah atiddjedun in gard, jah gaïddja sik managei, swaswe
ni mahtedun nih hlaif matjan. 21 jah hausjandans fram imma
bokarjos jah anþarai nsiddjedun gahabau ina; qeþun auk
þatei usgaisiþs ist. 22 jah bokarjos þai af Iairusaulymai qi-
mandans qeþun þatei Baiailzaibul habaiþ, jah þatei in þamma
reikistin unhulþono uswairpiþ þaim unhulþom. 23 jah athaitands
ins in gajukom qaþ du im: hvaiwa mag Satanas Satanan
uswairpan? 24 jah jabai þiudangardi wiþra sik gadailjada, ni
mag standan so þiudangardi jaina. 25 jah jabai gards wiþra sik
gadailjada, ni mag standan sa gards jains. 26 jah jabai Satana
usstoþ ana sik silban jah gadailiþs warþ, ni mag gastandan,
ak andi habaiþ. 27 ni manna mag kasa swinþis galeiþands in
gard is wilwan, niha faurþis þana swinþan gabindiþ; jah þan¹)
þana gard is diswilwai. 28 amen, qiþa izwis, þatei allata afletada
þata frawaurhte sunum manne, jah naiteinos swa managos
swaswe wajamerjand; 29 aþþan saei wajamereiþ ahman
weihana, ni habaiþ fralet aiw, ak skula ist aiweinaizos fra-
waurhtais. 30 unte qeþun: ahman unhrainjana habaiþ.
    31 Jah qemun þan aiþei is jah broþrjus is jah uta stan-
dandona insandidedun du imma, haitandona ina. 32 jah setun
bi ina managei; qeþun þan du imma, sai, aiþei þeina jah bro-
þrjus þeinai jah swistrjus þeinos uta sokjand þuk. 33 jah andhof
im qiþands: hvo ist so aiþei meina aiþþau þai broþrjus meinai?
34 jah bisaihvands bisunjane þans bi sik sitandans qaþ: sai,
aiþei meina jah þai broþrjus meinai. 35 saei allis waurkeiþ
wiljan guþs, sa jah broþar meins jah swistar jah aiþei ist.

    Cap. IV. 1 Jah aftra Iesus dugann laisjan at marein, jah
galesun sik du imma manageins filu, swaswe ina galeiþandan²)
in skip gasitan in marein; jah alla so managei wiþra marein
ana staþa was. 2 jah laisida ins in gajukom manag, jah qaþ
im in laiseinai seinai: 3 hauseiþ! sai, urrann sa saiands du saian,
fraiwa seinamma. 4 jah warþ, miþþanei saiso, sum raihtis ga-
draus faur wig, jah qemun fuglos jah fretun þata. 5 anþaruþ-
þan gadraus ana stainahamma, þarei ni habaida airþa managa,
jah suns urrann, in þizei ni habaida diupaizos airþos; 6 at sun-
nin þan urrinnandin ufbrann, jah unte ni habaida waurtins,

---

¹) fehlt hs.   ²) galeiþan hs. Doch vgl. Germ. 24, 167; Zs. fdph. 5,399 f.

gaþaursnoda. 7 jah sum gadraus in þaurnuns; jah ufarstigun þai þaurnjus jah aflrapidedun þata, jah akran ni gaf. 8 jah sum gadraus in airþa goda, jah gaf akran urrinnando jah wahsjando, jah bar ain 'l' jah ain 'j' jah ain 'r.' 9 jah qaþ: saei habai ausona hausjandona, gahausjai.

10 Iþ biþe warþ sundro, frehun ina þai bi ina miþ þaim twalibim þizos gajukons. 11 jah qaþ im: izwis atgiban ist kunnan runa þiudangardjos guþs, iþ jainaim þaim uta in gajukom[1]) allata wairþiþ, 12 ei saihvandans saihvaina jah ni gaumjaina, jah hausjandans hausjaina jah ni fraþjaina, nibai hvan gawandjaina sik jah afletaindau im frawaurhteis. 13 jah qaþ du im: ni wituþ þo gajukon, jah haiwa allos þos gajukons kunneiþ? 14 sa saijands waurd safjiþ. 15 aþþan þai wiþra wig sind, þarei saiada þata waurd, jah þan gahausjand unkarjans, suns qimiþ Satanas jah usnimiþ waurd þata insaiano in hairtam ize. 16 jah sind samaleiko þai ana stainahamma saianans, þaiei þan hausjand þata waurd, suns miþ fahedai nimand ita. 17 jah ni haband waurtins in sis, ak hveilahvairbai sind; þaþroh, biþe qimiþ aglo aiþþau wrakja in þis waurdis, suns gamarzjanda. 18 jah þai sind þai in þaurnuns saianans, þai waurd hausjandans, 19 jah saurgos þizos libainais jah afmarzeins gabeins jah þai bi þata anþar lustjus inn atgaggandans afhvapjand þata waurd, jah akranalaus wairþiþ. 20 jah þai sind þai ana airþai þizai godon saianans, þaiei hausjand þata waurd jah andnimand, jah akran bairand, ain 'l' jah ain 'j' jah ain 'r.'

21 Jah qaþ du im: ibai lukarn qimiþ duþe ei uf melan satjaidau aiþþan undar ligr? niu ei ana lukarnastaþan satjaidau? 22 nih allis ist hva fulginis þatei ni gabairhtjaidau: nih warþ analaugn, ak ei swikunþ wairþai. 23 jabai hvas habai ausona hausjandona, gahausjai.

24 Jah qaþ du im: saihviþ, hva hauseiþ! In þizaiei mitaþ mitiþ, mitada izwis jah biaukada izwis þaim galaubjandam. 25 unte þishvammeh saei habaiþ gibada imma: jah saei ni habaiþ jah þatei habaiþ afnimada imma.

26 Jah qaþ: swa ist þiudangardi guþs, swaswe jabai manna wairpiþ fraiwa ana airþa. 27 jah slepiþ jah urreisiþ naht jah daga, jah þata fraiw keiniþ jah liudiþ swe ni wait is. 28 silbo auk airþa akran bairiþ: frumist gras, þaþroh ahs, þaþroh fulleiþ kaurnis in þamma ahsa. 29 þanuh biþe atgibada akran, suns insandeiþ gilþa, unte atist asans.

30 Jah qaþ: hve galeikom þiudangardja guþs, aiþþau in hvileikai gajukon gabairam þo? 31 swe kaurno sinapis, þatei þan saiada ana airþa, minnist allaize fraiwe ist þize ana airþai; 32 jah þan saiada, urrinniþ jah wairþiþ allaize grase maist, jah

---

[1]) gajukon *hs.*

gataujiþ astans mikilans, swaswe magun uf skadau is fuglos himinis gabauan. 33 jah swaleikaim managaim gajukom rodida du im þata waurd, swaswe mahtedun haûsjon. 34 iþ inuh gajukon ni rodida im, iþ sundro siponjam seinaim andband allata. 35 Jah qaþ du im in jainamma daga at andanahtja þan waurþanamma: usleiþam jainis stadis. 36 jah afletandans þo managein andnemun ina swe was in skipa; jah þan anþara skipa wesun miþ imma. 37 jah warþ skura windis mikila jah wegos waltidedun in skip, swaswe ita juþan gafullnoda. 38 jah was is ana notin ana waggarja slepands, jah urraisidedun ina jah qeþun du imma: laisari, niu kara þuk þizei fraqistnam? 39 jah urreisands gasok winda jah qaþ du marein: gaslawai, afdumbn! jah anasilaida sa winds jah warþ wis mikil. 40 jah qaþ du im: duhve faurhtai sijuþ swa? ƕaiwa ni nauh babaiþ galaubein? 41 jah ohtedun sis agis mikil, jah qeþun du sis misso: ƕas þannu sa sijai, unte jah winds jah marei ufhausjand imma?

Cap. V. 1 Jah qemun hindar marein in landa Gaddarene. 2 jah usgaggandin imma us skipa suns gamotida imma manna us aurahjom in ahmin unhrainjamma, 3 saei bauains habaida in aurahjom: jah ni naudibandjom eisarneinaim manna mahta ina gabindan. 4 unte is ufta eisarnam bi fotuns gabuganaim jah naudibandjom eisarneinaim gabundans was, jah galausida af sis þos naudibandjos, jah þo ana fotum eisarna gabrak jah manna ni mahta ina gatamjan.[1]) 5 jah sinteino nahtam jah dagam in aurahjom jah in fairgunjam was hropjands jah bliggwands sik stainam. 6 gasailvands[2]) þan Iesu fairraþro rann jah inwait ina, 7 jah hropjands stibnai mikilai qaþ: ƕa mis jah þus, Iesu, sunau guþs þis hauhistins? biswara þuk bi guþa, ni balwjais mis. 8 unte qaþ imma: usgagg, ahma unhrainja, us þamma mann! 9 jah frah ina: ƕa namo þein? jah qaþ du imma: namo mein Laigaion, unte managai sijum. 10 jah baþ ina filu ci ni usdrebi im us landa. 11 wasuh þan jainar hairda sweine haldana at þamma fairgunja. 12 jah bedun ina allos þos unhulþons qiþandeins: insandei unsis in þo sweina, ei in þo galeiþaima. 13 jah uslaubida im Iesus suns. jah usgaggandans ahmans þai unhrainjans galiþun in þo sweina, jah rann so hairda and driuson in marein; wesunuþ-þan swe twos þusundjos, jah afƕapnodedun in marein. 14 jah þai haldandans þo sweina gaþlauhun, jah gataihun in baurg jah in haimom, jah qemun saiƕan ƕa wesi þata waurþano. 15 jah atiddjedun du Iesua, jah gasaiƕand þana wodan sitandan jah gawasidana jah fraþjandan, þana saei habaida laigaion, jah ohtedun. 16 jah spillodedun im þaiei gaseƕun, ƕaiwa warþ bi þana wodan jah

---

[1]) *randylosse* gabindan.   [2]) *gasaisailvands hs.*

bi þo sweina. 17 jah dugunnun bidjan ina galeiþan hindar markos seinos. 18 jah inn gaggandan ina in skip baþ ina, saei was wods, ei miþ imma wesi. 19 jah ni lailot ina, ak qaþ du imma: gagg du garda þeinamma du þeinaim, jah gateih im, ƕan filu þus frauja gatawida jah gaarmaida þuk. 20 jah galaiþ jah dugann merjan in Daikapaulein, ƕan filu gatawida imma Iesus: jah allai sildaleikidedun.

21 Jah usleiþandin Iesua in skipa aftra hindar marein, gaqemun sik manageins filu du imma, jah was faura marein. 22 jah sai, qimiþ ains þize synagogafade namin Jaeirus; jah sailvands ina gadraus du fotum lesuis, 23 jah baþ ina filu, qiþands þatei dauhtar meina aftumist habaiþ, ei qimands lagjais ana þo handuns, ei ganisai jah libai. 24 jah galaiþ miþ imma, jah iddjedun afar imma manageins filu jah þraihun iua. 25 jah qino suma wisandei in runa bloþis jera twalif, 26 jah manag gaþulandei fram managaim lekjam jah fraqimandei allamma seinamma jah ni waihtai botida, ak mais wairs habaida, 27 gahausjandei bi Iesu, atgaggandei in managein aftana attaitok wastjai is. 28 unte qaþ þatei jabai wastjom is atteka, ganisa. 29 jah sunsaiw gaþaursnoda sa brunna bloþis izos, jah uf kunþa ana leika þatei gahailnoda af þamma slaha. 30 jah sunsaiw Iesus ufkunþa in sis silbin þo us sis maht usgaggandein; gawandjands sik in managein qaþ: ƕas mis taitok wastjom? 31 jah qeþun du imma siponjos is: saiƕis þo managein þreihandein þuk, jah qiþis: ƕas mis taitok? 32 jah wlaitoda saiƕan þo þata taujandein. 33 iþ so qino ogandei jah reirandei, witandei þatei warþ bi ija, qam jah draus du imma, jah qaþ imma alla þo sunja. 34 iþ is qaþ du izai: dauhtar, galaubeins þeina ganasida þuk, gagg in gawairþi, jah sijais haila af þamma slaha þeinamma.

35 Nauhþanuh imma rodjandin qemun fram þamma sypagogafada, qiþandans þatei dauhtar þeina gaswalt; ƕa þanamais draibeis þana laisari? 36 iþ Iesus sunsaiw gahausjands þata waurd rodiþ, qaþ du þamma synagogafada: ni faurhtei; þatainei galaubei. 37 jah ni fralailot ainohun ize miþ sis afargaggan, nibai Paitru jah Iakobu jah Iohannen broþar Iakobis. 38 jah galaiþ in gard þis synagogafadis, jah gasaƕ auhjodu jah gretandans jah waifairƕjandans filu. 39 jah inn atgaggands qaþ du im: ƕa auhjoþ jah gretiþ? þata barn ni gadauþnoda, ak slepiþ. 40 jah biƕlohun ina. iþ is uswairpands allaim gaþimiþ attan þis barnis jah aiþein jah þans miþ sis, jah galaiþ inn þarei was þata barn ligando. 41 jah fairgraip bi handau þata barn qaþuh du izai: taleiþa kumei, þatei ist gaskeiriþ: mawilo, du þus qiþa: urreis. 42 jah suns urrais so mawi jah iddja; was auk jere twalibe; jah usgeisnodedun faurhtein miklai. 43 jah anabauþ im filu ei manna ni funþi þata: jah haibait izai giban matjan.

3. Aus dem evangelium des Lucas.

(Codex argenteus).

Cap. II. 1 Warþ þan in dagans jainans, urrann gagrefts fram kaisara Agustau, gameljan allana midjungard. 2 soh þan gilstrameleins frumista warþ at [wisandin kindina Syriais][1] raginondin Saurim Kyreinaiau. 3 jah iddjedun allai, ei melidai weseina, ƕarjizuh in seinai baurg. 4 urrann þan jah Iosef us Galeilaia, us baurg Nazaraiþ, in Iudaian, in baurg Daweidis sei haitada Beþlahaim, duþe ei was us garda fadreinais Daweidis, 5 anameljan miþ Mariin sei in fragiftim was imma qeins, wisandein inkilþon. 6 Warþ þan, miþþanei þo wesun jainar, usfullnodedun dagos du bairan izai. 7 jah gabar sunu seinana þana frumabaur, jah biwand ina, jah galagida ina in uzetin, unte ni was im rumis in stada þamma. 8 jah hairdjos wesun in þamma samin landa, þairhwakandans jah witandans wahtwom nahts ufaro hairdai seinai. 9 iþ aggilus fraujins anaqam ins jah wulþus fraujins biskain ins, jah ohtedun agisa mikilamma. 10 jah qaþ du im sa aggilus: ni ogeiþ, unte sai, spillo izwis faheid mikila, sei wairþiþ allai managein, 11 þatei gabaurans ist izwis himma daga nasjands, saei ist Xristus frauja, in baurg Daweidis. 12 jah þata izwis taikns: bigitid barn biwundan jah galagid in uzetin. 13 jah anaks warþ miþ þamma aggilau managei harjis himinakundis hazjandane guþ jah qiþandane: 14 wulþus in hauhistjam guþa jah ana airþai gawairþi, in mannam godis wiljins.

15 Jah warþ, biþe galiþun fairra im in himin þai aggiljus, jah þai mans þai hairdjos qeþun du sis misso: þairhgaggaima ju, und Beþlahaim, jah sailvaima waurd þata waurþano, þatei frauja gakannida unsis. 16 jah qemun sniumjandans, jah bigetun Marian jah Iosef jah þata barn ligando in uzetin. 17 gasailvandans þan gakannidedun bi þata waurd þatei rodiþ was du im bi þata barn. 18 jah allai þai gahausjandans sildaleikidedun bi þo rodidona fram þaim hairdjam du im. 19 iþ Maria alla gafastaida þo waurda þagkjandei in hairtin seinamma. 20 jah gawandidedun sik þai hairdjos mikiljandans jah hazjandans guþ in allaize þizeei gahausidedun jah gaseƕun swaswe rodiþ was du im.

21 Jah biþe usfulnodedun dagos ahtau du bimaitan ina, jah haitan was namo is Iesus, þata qiþano fram aggilau, faurþizei ganumans wesi in wamba.

22 Jah biþe usfulnodedun dagos hraineinais ize bi witoda Mosezis, brahtedun ina in Iairusalem, atsatjan faura fraujin, 23 swaswe gamelid ist in witoda fraujins: þatei ƕazuh gumakun-

---

[1] wisandin kindins Syriais *ist offenbar eine in den text geratene randglosse der vorlage.*

daize uslukands qiþu weihs fraujins haitada. 24 jah ei gebeina fram imma hunsl, swaswe qiþan ist in witoda fraujins, gajuk hraiwadubono aiþþau twos juggons ahake. 25 þaruh was manna in Iairusalem, þizei namo Symaion, jah sa manna was garaihts jah gudafaurhts, beidans laþonais Israelis, jah ahma weihs was ana imma. 26 jah was imma gataihan fram ahmin þamma weihin ni saihvan dauþu, faurþize sehvi Xristu fraujins, 27 jah qam in ahmin in þizai alh; jah miþþanei inn-attauhun berusjos þata barn Iesu, ei tawidedeina bi biuhtja witodis bi ina, 28 jah is andnam ina ana armins seinans, jah þiuþida guþa jah qaþ: 29 nu fraleitais skalk þeinana, fraujinond frauja, bi waurda þeinamma in gawairþja; 30 þande sehvun augona meina nasein þeina, 31 þoei manwides in andwairþja¹) allaizo manageino, 32 liuhaþ du andhuleinai þiudom jah wulþu managein þeinai Israela. 33 jah was Iosef jah aiþei is sildaleikjandona ana þaim þoei rodida wesun bi ina. 34 jah þiuþida ina Symaion jah qaþ du Mariin, aiþein is: sai, sa ligiþ du drusa jah usstassai managaize in Israela jah du taiknai andsakanai. 35 jah þan þeina silbons saiwala þairhgaggiþ hairus, ei andhuljaindau us managaim hairtam mitoneis. 36 jah was Anna praufeteis, dauhtar Fanuelis, us kunja Aseris; soh framaldra dage managaize libandei miþ abin jera sibun fram magaþein seinai, 37 soh þan widuwo jere ahtautehund jah fidwor, soh ni afiddja fairra alh fastubnjam, jah bidom blotande fraujan nahtam jah dagam. 38 so þizai hveilai atstandandei andhaihait fraujin, jah rodida bi ina in allaim þaim usbeidandam laþon Iairusaulymos. 39 jah biþe ustauhun allata bi witoda fraujius, gawandidedun sik in Galeilaian, in baurg seina Nazaraiþ. 40 iþ þata barn wohs jah swinþnoda ahmins fullnands jah handugeins, jah ansts guþs was ana imma.

41 Jah wratodedun þai birusjos is jera hvammeh in Iairusalem at dulþ paska. 42 jah biþe warþ twalibwintrus, usgaggandam þan im in Iairusaulyma bi biuhtja dulþais, 43 jah ustiuhandam þans dagans, miþþane gawandidedun sik aftra, gastoþ Iesus sa magus in Iairusalem, jah ni wissedun ²) Iosef jah aiþei is. 44 hugjandona in gasinþjam ina wisan qemun dagis wig jah sokidedun ina in ganiþjam jah in kunþam. 45 jah ni bigitandona ina gawandidedun sik in Iairusalem sokjandona in. 46 jah warþ afar dagans þrins, bigetun ina in alh ³) sitandan in midjaim laisarjam jah hausjandan im jah fraihnandan ins. 47 usgeisnodedun þan allai þai hausjandans is ana frodein jah andawaurdjam is. 48 jah gasaihvandans ina sildaleikidedun, jah qaþ du imma so aiþei is: magau, hva gatawides uns swa? sai, sa atta þeins jah ik winnandona sokidedum þuk. 49 jah qaþ du im: hva þatei sokideduþ mik? niu wisseduþ þatei in þaim attins meinis skulda wisan? 50 jah ija ni froþun þamma waurda þatei rodida

¹) anandwairþja *hs.*   ²) wisedun *hs.*   ³) allh *hs.*

du im. 51 jah iddja miþ im jah qam in Nazaraiþ, jah was ufhausjands im; jah aiþei is gafastaida þo waurda alla in hairtin seinamma. 52 jah Iesus þaih frodein jah wahstau jah anstai at guþa jah mannam.

4. Aus dem zweiten Corintherbriefe.

(Cap. I—V in Cod. Ambr. B; I, 8—IV, 10 und V auch in Cod. Ambr. A).

Du Kaurinþaium anþara dustodeiþ.

Cap. I.[1]) 1 Pawlus apaustaulus Iesuis Xristaus þairh wiljan guþs jah Teimauþaius broþar aikklesjon guþs þizai wisandein in Kaurinþon miþ allaim þaim weiham þaim wisandam in allai Akaïjai. 2 ansts izwis jah gawairþi fram guþa attin unsaramma jah fraujin Iesu Xristau. 3 Þiuþiþs guþ jah atta fraujins unsaris Iesuis Xristaus, atta bleiþeino jah guþ allaizo gaþlaihte. 4 saei gaþrafstida uns ana allai aglon unsarai, ei mageima weis gaþrafstjan þans in allaim aglom þairh þo gaþlaiht þizaiei gaþrafstidai sijum silbans fram guþa. 5 unte swaswe ufarassus ist þulaine Xristaus in uns, swa jah þairh Xristu ufar filu ist jah gaþrafsteins unsara. 6 aþþan jaþþe þreihanda, in izwaraizos gaþlaihtais jah naseinais þizos waurstweigons in stiwitja þizo samono þulaine, þozei jah weis winnam, jah weis unsara gatulgida faur izwis; jaþþe gaþrafst-janda in izwaraizos gaþlaihtais jah naseinais, 7 witandans þatei swaswe gadailans þulaine sijuþ, jah gaþlaihtais wairþiþ. 8 unte ni wileima izwis unweisans, broþrjus, bi aglon unsara þo waurþanon uns in Asiai, unte ufarassau kauridai wesum ufar maht, swaswe[2]) skamaidedeima uns jah liban. 9 akei silbans in uns silbam andahaft dauþans habaidedum, ei ni sijaima trauandans du uns silbam, ak du guþa þamma urraisjandin dauþans, 10 izei us swaleikaim dauþum uns galausida jah galauseiþ, du þammei wenidedum ei galauseiþ, 11 at hilpandam jah izwis bi uns bidai, ei in managamma andwairþja so in uns giba þairh managans awiliudodau faur uns. 12 unte hoftuli unsara so ist, weitwodei miþwisseins unsaraizos, þatei in ainfalþein jah hlutrein guþs, ni in handugein leikeinai, ak in anstai guþs usmeitum[3]) in þamma fairhvau, iþ ufarassau at izwis. 13 unte ni alja meljam izwis, alja þoei anakunnaiþ aiþþau jah ufkunnaiþ; aþþan wenja ei und andi ufkunnaiþ, 14 swaswe gakunnaidedoþ uns bi sumata, unte hoftuli izwara sijum, swaswe jah jus unsara in daga fraujins Iesuis Xristaus.[4])

---

[1]) *Nach cod. B, von v. 8 an mit den varianten von A.*   [2]) *In A: swaswe afswaggwidai weseima jal liban, dazu randglosse skamaidedeima.*
[3]) usmetum *A.*   [4]) Xristaus *fehlt A.*

15 Jah þizai trauainai wilda faurþis qiman at izwis, ei anþara anst habaidedeiþ, 16 jah¹) þairh izwis galeiþan in Makidonja²) jah aftra af Makidonjai qiman at izwis, jah fram izwis gasandjan mik in Iudaia. 17 þatuh-þan nu mitonds, ibai aufto leihtis bruhta? aiþþau þatei mito, bi leika þagkjau, ei sijai³) at mis þata ja ja jah þata ne ne? 18 aþþan triggws guþ, eĩ þata waurd unsar þata du izwis nist ja jah⁴) ne. 19 unte guþs sunus Iesus Xristus, saei in izwis þairh uns wailamerjada⁵), þairh mik jah Silbanu jah Teimauþaiu, nih⁶) warþ ja jah⁷) ne, ak ja in imma warþ. 20 ƕaiwa managa gahaita guþs, in imma þata ja, duþþe jah⁸) þairh ina amen, guþa du wulþau þairh uns. 21 aþþan sa gaþwastjands unsis⁹) miþ izwis in Xristau jah salbonds¹⁰) uns guþ, 22 jah sigljands uns jah gibands wadi ahman in hairtona unsara. 23 aþþan ik weitwod guþ anahaita ana meinai saiwalai, ei freidjands izwara þanaseiþs ni qam in Kaurinþon; 24 ni þatei fraujinoma¹¹) izwarai galaubeinai, ak gawaurstwans sijum anstais izwaraizos; unte galaubeinai gastoþuþ.

Cap. II.¹²) 1 Aþþan gastauida þata silbo at mis, ei aftra in saurgai ni qimau at izwis. 2 unte jabai ik gaurja izwis, jah ƕas ist saei gailjai mik, niba¹³) sa gaurida us mis? 3 jaþ-¹⁴) þata silbo gamelida izwis, ei qimands saurga ni habau fram þaimei skulda faginon, gatrauands in allaim izwis þatei meina faheþs¹⁵) allaize izwara ist. 4 aþþan us managai aglon jah aggwiþai hairtins gamelida izwis þairh managa tagra, ni þeei saurgaiþ, ak ei frijaþwa¹⁶) kunneiþ þoei haba ufarassau du izwis. 5 aþþan jabai ƕas gaurida, ni mik gaurida, ak bi sumata¹⁷), ei ni anakaurjau allans izwis. 6 ganah þamma swaleikamma andabet¹⁸) þata fram managizam, 7 swaei þata andaneiþo izwis mais fragiban jag-¹⁹) gaþlaihan, ibai aufto managizein saurgai gasiggqai sa swaleiks. 8 inuh-²⁰)þis bidja izwis tulgjan in imma friaþwa. 9 duþþe gamelida, ei ufkunnau kustu izwarana, sijaidu in allamma ufhausjandans. 10 aþþan þammei ƕa fragibiþ, jah ik; jah þan ik, jabai ƕa fragaf, fragaf²¹) in izwara in andwairþja Xristaus, 11 ei ni gaaiginondau²²) fram Satanin; unte ni sijum unwitandans munins is.

12 Aþþan qimands in Trauadai in aiwaggeljons²³) Xristaus jah at haurdai mis uslukanai in fraujin, 13 ni habaida gaƕeilain ahmin meinamma, in þammei ni bigat Teitaun broþar meinana; ak twisstandands im²⁴) galaiþ in Makaidonja.²⁵) 14 aþþan

---
¹) jaþ A. ²) Makaidonja, Makaidonjai A. ³) ei ni sijai B.
⁴) jan A. ⁵) merjada A. ⁶) Timaiþaiu ni A. ⁷) jan A.
⁸) jaþ A. ⁹) uns A. ¹⁰) salbonsd A. ¹¹) fraujoma B.
¹²) Cap. II. III. nach A mit den varianten von B. ¹³) nibai B.
¹⁴) jah B. ¹⁵) faheds B. ¹⁶) friaþwa B. ¹⁷) bi sumata] bi sum ain B. ¹⁸) andabeit B. ¹⁹) jah B. ²⁰) inuh B. ²¹) Für fragaf beidemale fragiba B. ²²) randglosse ni gafaihondau in A.
²³) aiwaggeljon B. ²⁴) twistandands imma B. ²⁵) in in Makidonja B.

2. Cor. II. III.

guþa awiliuþ¹) þamma sinteino ustaiknjandin hroþeigans uns in Xristau jah daun kunþjis seinis gabairhtjandin þairh uns in allaim stadim;²) 15 unte Xristaus³) dauns sijum woþi guþa in þaim ganisandam jah in þaim fraqistnaudam⁴): 16 sumaim dauns us dauþau⁵) du dauþau, sumaimuþ-þan fdauns us libainai du libainai; jad-⁶)du þamma hvas wairþs? 17 unte ni sium swe⁷) sumai maidjandans waurd guþs, ak us hlutriþai, ak swaswe us guþa in andwairþja guþs in Xristau rodjam. ⁊

Cap. III, 1 Duginnam aftra uns silbans anafilhan? aiþþau ibai þaurbum swe sumai anafilhis boko du izwis, aiþþau us izwis anafilhis? 2 aipistaule unsara jus siuþ⁸), gamelida in hairtam unsaraim, kunþa jah anakunnaida fram allaim mannam. 3 swikunþai⁹) þatei siuþ¹⁰) aipistaule Xristaus, andbahtida fram uns, inn¹¹) gamelida ni swartiza¹²), ak ahmin guþs libandins, ni in spildom staineinaim, ak in spildom hairtane leikeinaim.
4¹³) Aþþan trauain swaleika habam þairh Xristu du guþa, 5 ni þatei wairþai sijaima þagkjan ha af uns silbam, swaswe af uns silbam,¹⁴) ak so wairþida unsara us guþa ist, 6 izei jah wairþans brahta uns andbahtans niujaizos triggwos, ni bokos, ak ahmins; unte boka usqimiþ, iþ ahma gaqiujiþ. 7 aþþan jabai andbahti dauþaus in gameleinim gafrisahtiþ in stainam warþ wulþag, swaci ni mahtedeina¹⁵) sunjus Israelis fairweitjan du wlita Mosezis in wulþaus wlitis is þis gataurnandins, 8 hvaiwa nei mais andbahti ahmins wairþai in wulþau? 9 jabai auk andbahtja¹⁶) wargiþos wulþus, und filu mais ufarist andbahti garaihteins in.¹⁷) wulþau. 10 unte ni was wulþag þata wulþago in þizai halbai in ufarassaus wulþaus; 11 jabai auk þata gataurnando þairh wulþu, und filu mais þata wisando in wulþau.
12 Habandans nu swaleika wen managaizos balþeins brukjaima, 13 jan-¹⁸)ni swaswe Mozes¹⁹) lagida hulistr ana andawleizn, duþe ei ni fairweitidedeina sunjus Israelis in andi þis gataurnandins; 14 ak afdaubnodedun²⁰) fraþja ize, unte und hina dag þata samo hulistr in anakunnainai þizos fairnjons triggwos wisiþ unandhuliþ, unte in Xristau gatairada. 15 akei und hina dag miþþanei siggwada Moses, hulistr ligiþ ana hairtin ize. 16 aþþan miþþanei gawandeiþ du fraujin, afnimada þata hulistr. 17 aþþan franja ahma ist; aþþan þarei ahma fraujins, þaruh freihals²¹) ist. 18 aþþan weis allai andhulidamma andwairþja wulþu

---

¹) awiliud *B.* ²) þairh uns *hinter* stadim *in B.* ³) Xristaus *fehlt A.* ⁴) *glosse* fralusnandam *A.* ⁵) sumaim auk dauns dauþaus *B.* ⁶) jah *B.* ⁷) sijum *B. sw. fehlt B.* ⁸) jus siuþ] jusijuþ *B.* ⁹) swikunþ *B.* ¹⁰) sijuþ *B.* ¹¹) inna *B.* ¹²) swartizla *B.* ¹³) laiktjo *am rande B.* ¹⁴) swaswe af uns silbam *fehlt A.* ¹⁵) mahtededeina *B.* ¹⁶) andbahti *B.* ¹⁷) us *B.* ¹⁸) jah *B.* ¹⁹) Moses *B.* ²⁰) *glosse* gablindnodedun *in A.* ²¹) freijhals *A.*

fraujins þairhsaihvandans, þo samon frisaht ingaleikonda af wulþau in wulþu,¹) swaswe af fraujins ahmin.]

Cap. IV.²) 1 Duþþe habandans þata andbahti,³) swaswe gaarmaidai waurþum, ni wairþaima⁴) usgrudjans, 2 ak afstoþum þaim analaugnjam aiwiskjis, ni gaggandans in warein nih galiug taujandans waurd guþs, ak bairhteiþ sunjos⁵) ustaiknjan dans uns silbans du allaim miþwisseim manne in andwairþja guþs. 3 aþþan jabai ist gahulida aiwaggeljo unsara, in þaim fralusnandam ist gahulida, 4 in þaimei guþ þis aiwis gablindida fraþja þize ungalaubjandane, ei ni liuhtjai im liuhadein⁶) aiwaggeljons wulþaus Xristaus, saei ist frisahts guþs ungasaihvanins.⁷) 5 aþþan ni uns silbans merjam, ak Iesu Xristu fraujan, iþ uns skalkans⁸) izwarans in Iesuis. 6 unte guþ saei qaþ ur-riqiza liuhaþ skeinan, saei jah liuhtida in hairtam unsaraim du liuhadein kunþjis wulþaus guþs in andwairþja Iesuis Xristaus.

7⁹) Aþþan habandans þata huzd in airþeinaim kasam, ei ufarassus sijai mahtais guþs jah ni us unsis. 8 in allaimma þraihanai, akei ni gaaggwidai; audbitanai, akei ni afslauþidai; 9 wrikanai, akei ni biliþanai; gadrausidai, akei ni fraqistidai, 10 sinteino dauþein fraujins Iesuis ana leika unsarammʰ¹⁰) bairandans, ei jah libains Iesuis ana unsaramma¹¹) uskunþa sijai. 11 sinteino weis libandans in dauþu atgibanda in Iesuis, ei jah libains Iesuis swikunþa wairþai in riurjamma leika unsaramma. 12 swaei nu dauþus in uns waurkeiþ, iþ libains in izwis. 13 habandans nu þana saman ahman galaubeinais bi þamma gamelidin: galaubida, in þizei jah rodida, jah weis galaubjam, in þizei jah rodjam, 14 witandans þatei sa urraisjands fraujan Iesu jah unsis þairh Iesu urraiseiþ jah fauragasatjiþ miþ izwis. 15 þatuh þau allata in izwara, ei ansts managnandei þairh managizans awiliud ufarassjai du wulþau guþa. 16 inuh þis ni wairþam usgrudjans, ak þauhjabai sa utana unsar manna frawardjada, aiþþau sa innuma ananiujada daga jah daga. 17 unte þata andwairþo hvelahvairb jah leiht¹²) aglons unsaraizos bi ufarassau aiweinis wulþaus kaureí waurkjada unsis, 18 ni fairweitjandam þizei gasaihvanane, ak þizei ungasaihvanane; unte þo gasaihvanona riurja sind, iþ þo ungasaihvanona aiweina.

Cap. V. 1¹⁴Witum auk þatei, jabai sa airþeina unsar gards þizos hleiþros gatairada, ei gatimrjon us¹³) guþa habam, gard unhanduwaurhtana aiweinana in himinam. 2 unte jah in þamma

¹) wulþau B.   ²) Cap. IV. V nach B, mit den varianten von A.
³) audbahtei A.   ⁴) wairþaum A.   ⁵) sunjus A.   ⁶) liuhadeins A.
⁷) ungas. fehlt A.   ⁸) unskalkans A.   ⁹) laiktjo am rande B.   ¹⁰) Mit unsaram bricht A ab.   ¹¹) Das cursiv gedruckte fehlt in der hs. und ist nach dem griech. originale ergänzt.   ¹²) hveiht hs.   ¹³) Hier tritt A wieder ein.

swogatjam, bauainai unsarai þizai us himina ttfarbamon gairujandans, 3 jabai sweþauh jah¹) gawasidaf, ni naqadai bigitaiīdau. 4 jah auk wisandans in þizai hleiþrai swogatjam kauridai, ana þammei ni wileima afhamon, ak anahamon, ei frasliþ-daidau þata diwano fram libainai. 5 aþþan saei jah²) gamauwida uns du þamma guþ, saei jah gaf uns³) wadi ahman. 6 gatrauandans nu sinteino jah witandans þatei wisandans in þamma leika afhaimjai sijum fram fraujin; 7 unte þairh galaubein gaggam, ni þairh siun. 8 aþþan gatrauam jah waljam mais usleiþan us þamma leika jah anahaimjaim wisan at fraujin. 9 inuh⁴) þis usdaudjam, jaþþe anahaimjai jaþþe afhaimjai, waila galeikan imma. 10 unte allai weis ataugjan skuldai sijum faura stauastola Xristaus, ei ganimai lvarjizuh þo swesona leikis, afar þaimei gatawida, jaþþe þiuþ jaþþe unþiuþ.

11⁵) Witandans nu agis fraujins mannans fullaweisjam, iþ guþa swikunþai sijum, aþþan wenja jah in miþwissein izwaraim swikunþans wisan uns. 12 ni ei aftra uns silbans uskaunjaima⁶) izwis, ak lew gibandans izwis hoftuljos fram uns,⁷) ei habaiþ wiþra þans in andwairþja hvopandans jah ni hairtin.⁸) 13 unte jaþþe usgeishodedum, guþa, jaþþe fullafraþjam, izwis. 14 unte friaþwa Xristaus dishabaiþ uns, 15 domjandans þata þatei ains faur allans gaswalt, þannu allai gaswultun, jah faur allans gaswalt, ei þai libandans ni þanaseiþs sis⁹) silbam libaina¹⁰), ak þamma faur sik gaswiltandin jah urreisandin. 16 swaei weis fram þamma nu ni ainnohun kunnum bi leika; iþ jabai ufkunþedum bi leika Xristu, akei nu ni þanaseiþs ni kunnum ina.¹¹) 17 swaei jabal lvo in Xristau niuja gaskafts, þo alþjona usliþun; sai, waurþun niuja alla. 18 aþþan alla us guþa, þamma gafriþondin uns sis¹²) þairh Xristu jah¹³) gibandin uns¹⁴) andbahti gafriþonais. 19 unte sweþauh guþ was in Xristan manaseþ gafriþonds sis, ni rahnjands im missadedins ize, jah lagjands in uns waurd gafriþonais. 20 faur Xristu nu airinom, swe at guþa gaþlaihandin þairh uns; bidjam¹⁵) faur Xristu, gagawairþnan guþa. 21 unte þana izei¹⁶) ni kunþa frawaurht, faur uns gatawida frawaurht, ei weis waurþeima garaihtei guþs in imma.

¹) jah *fehlt A.* ²) jag *A.* ³) unsis *A.* ⁴) inuþ *A.*
⁵) laiktjo *am rande B.* ⁶) *glosse* anafilhaima *A.* ⁷) unsis *A.*
⁸) jan-ni in hairtin *A.* ⁹) sis *fehlt A.* ¹⁰) libainai *B.* ¹¹) ina
fehlt A. ¹²) uns sis] unsis *AB.* ¹³) jag *A.* ¹⁴) unsis *A.*
¹⁵) bidjandans *A.* ¹⁶) ize *A.*

5. Aus der Skeireins.

(Blatt VII. — Ueber Johann. VI, 9—13.)[1]

(a 49) — ahun kunnandins fraujins maht jah andþaggkjandins sik is waldufneis. nih Stains *ains*,[2] ak jah Andraias, saei qaþ: ist magula ains her, saei habaiþ ·o· hlaibans barizeinans jah twans fiskans, analeiko swe Filippus gasakada, ni waiht mikilis hugjands nih wairþidos laisareis andþaggkjands, þairh þoei usbar qiþands: akei þata hva ist du swa managaim? iþ frauja andtilonds ize niuklahein (b) qaþ: waurkeiþ þans mans anakumbjan. iþ eis, at hauja managamma wisandin in þamma stada, þo filusna anakumbjan gatawidedun, fimf þusundjos waire inuh qinons jah barna. swe at mikilamma nahtamata anakumbjandans *wesun*[3] at ni wisandein[4] aljai waihtai ufar þans fimf hlaibans jah twans fiskans, þanzei nimauds jah awiliudonds gaþiuþida, jah swa managai ganobjands ins wailawizuai ni þatainci ganauhan þaurftais im fra-(c 50)gaf, ak filaus maizo; afar þatei matida so managei, bigitan was þizei hlaibe ·ib· tainjons fullos, þatei aflifnoda. samaleikoh þan jah þize fiske, swa filu swe wildedun. nih þan ana þaim hlaibam ainaim seinaizos mahtais filusna ustaiknida, ak jah in þaim fiskam; swa filu auk[5] gamanwida ins wairþan, swaei ainhvarjammeh swa filu swe wilda andniman is,[6] tawida; jah ni in waihtai wauinassu þizai filusnai wairþan gatawida. akei (d) nauh us þamma filu mais siponjans fullafabida jah anþarans gamaudida gaumjan, þatei is was sa sama, saei in auþidai ·m· jere attans ize fodida. þanuh, biþe sadai waurþun, qaþ siponjam seinaim: galisiþ þos aflifnandeins drausnos, ei waihtai ni fraqistnai. þanuh galesun jah gafullidedun ·ib· tainjons gabruko us þaim ·e· hlaibam barizeinam jah ·b· fiskam, þatei aflifnoda at þaim —

---

[1] *Joh. VI, 9—13 nach dem Cod. Argent.*: 9 ist magula ains her, saei habaiþ ·e· hlaibans barizeinans jah ·b· fiskans; akei þata hva ist du swa managaim? 10. iþ Iesus qaþ: waurkeiþ þans mans anakumbjan. wasuh þan hawi manag ana þamma stada. þaruh anakumbidedun wairos raþjon swaswe fimf þusundjos. 11. namuh þan þans hlaibans Iesus jah awiliudonds gadailida þaim anakumbjandam; samaleiko jah þize fiske, swa filu swe wildedun. 12. þanuh, biþe sadai waurþun, qaþ du siponjam seinaim: galisiþ þos aflifnandeins drauhsnos, þei waihtai ni fraqistnai. 13. þanuh galesun jah gafullidedun ·ib· tainjons gabruko us fimf hlaibam þaim barizeinam, þatei aflifnoda þaim matjandam. [2] ains von *Uppström ergänzt. Doch vgl. Anz. fda.* 20, 161. [3] wesun *von Vollmer ergänzt.* [4] wisandin *hs.* [5] swe *nach* auk *hs.* [6] ist *hs.; vgl. Anz. fda.* 20, 161 f.

Wortverzeichnis.

Vorbemerkung: Die mit praefixen und praepositionaladverbien zusammengesetzten verba sind unter dem einfachen verbum aufgeführt. — Die zeichen *hv*, *q*, *þ* haben ihre alphabetische stelle unmittelbar nach den zeichen *h*, *k*, *t* erhalten. — Die eingeklammerten zahlen beziehen sich auf die §§ der grammatik.

A b a *m.* (108 a. 1) *ehemann.*
A b i a þ a r *n. pr. Ἀβιάθαρ.*
A b r a h a m *n. pr.* (61 a. 3).
a f (56 a. 1) *praep. c. dat.* (217) *ab, von, von — weg, von — her.*
a f a r *praep.* (217) 1) *c. dat.: nach, hinter — her, gemäss;* 2) *c. acc.: nach (nur von der zeit),* afar þatei *nachdem.*
af-ētja *m.* (56 a. 2) *fresser.*
*af-haimeis *adj.* (127) *abwesend* (zu haims; *vgl.* anahaimeis).
af-lageins *f. ablegung* (zu lagjan).
af-marzeins *f. ärgernis, betrug* (zu marzjan).
af-stass *f.* (103 a. 3) *das abstehen, abfall,* afstassais bōkōs *scheidebrief* (zu standan).
afta *adv.* (213 a. 2) *hinten.*
aftana *adv.* (213 a. 2) *von hinten.*
aftarō *adv.* (211 a. 1) *hinten.*
aftra *adv. zurück, widerum.*
aftuma (189) *und* aftumists (139 a. 1) *sup. der letzte,* aftumist haban *in den letzten zügen liegen.*
aggilus *m.* (120 a. 1) *ἄγγελος, engel, bote.*
aggwiþa *f. enge, bedrängnis.*
ga-aggwjan *sw. v. beengen, beängstigen.*
aggwus *adj.* (68; 131) *eng.*
agis, *g.* agisis *n.* (95; 94) *furcht, angst.*
us-agjan *sw. v.* (95; 78 a. 4) *erschrecken.*
aglait-gastalds *adj.* (88ᵃ a. 1) *habsüchtig.*

aglaiti *n. unschicklichkeit.*
aglaiti-waúrdei *f.* (88ᵃ) *unschickliche rede.*
us-agljan *sw. v.* (14 a. 1) *belästigen.*
aglō *f. trübsal, bedrängnis.*
aglus *adj.* (131) *schwer.*
Agustus *n. pr. Αὔγουστος.*
ahaks *f.* (103) *taube.*
ahma *m.* (108) *geist.*
ahs *n. ähre.*
ahtau *num.* (141) *acht.*
ahtautēhund (143) *achtzig.*
ahtuda (146) *der achte.*
aƕa *f.* (97) *fluss, gewässer.*
aibr *n. opfergabe M.* 5, 23. *Es ist dafür sicher* tibr *zu lesen (ags.* tifer, *ahd.* zebar *opfer).*
aigan *v. praet.-pr.* (203) *haben, besitzen. — Comp.* fairaíhan (203).
ga-aiginōn *sw. v. in beschlag nehmen* (z. vor.).
aíhts *f.* (20 a. 2) *eigentum.*
aiƕa-tundi *f.* (64) *dornstrauch.*
af-aikan *red. v.* (179) *leugnen.*
aikklēsjō *f. ἐκκλησία, kirche.*
Aileisabaíþ *n. pr.* (23).
ailōe (6 a. 1) *ἐλωί, mein gott!*
ainaha *sw. adj.* (132 a. 2) *einzig.*
ain-falþei *f. einfachheit.*
ain-falþs *adj.* (88ᵃ a. 1; 148) *einfach.*
ain-ƕarjizuh (165 a. 1) *ein jeder.*
ain-ƕaþaruh (166) *ein jeder von zweien.*
*ainlif *num.* (56 a. 1; 141) *elf.*
ains *num.* (140) *ein, einzig, allein.*
ains-hun *pron.* (163 c) *nur in negierten sätzen: niemand, keiner.*

aipiskaúpus m. (120 a. 1) *bischof.*
aipistaúle (120 a. 3) *ἐπιστολή, brief.*
áir *adv.* (214 a. 1) *früh, eher.*
áirinôn *sw. v. bote sein.*
áiris *adv. comp.* (212) *früher.*
áiriza *comp. zu* áir, *im plur.: die früheren, die vorfahren.*
airþa *f.* (97) *erde, land.*
airþa-kunds *adj.* (88ª) *irdisch.*
airþeins *adj. irden, irdisch.*
áirus m. (20 a. 2; 105) *bote.*
airzeis *adj.* (125) *irre.*
*ais, aiz *n.* (78 a. 1) *erz.*
aiþei *f.* (113) *mutter.*
aiþs, *g.* aiþis *m.* (91) *eid.*
aiþþau *conj.* (20, 3; 71 a. 1; 218) *oder; wo nicht, sonst.*
Ainlf *n. pr.* (65 a. 1).
aiwaggêljô *f. εὐαγγέλιον.*
aiweins *adj.* (124) *ewig.*
aiwiski *n. schande.*
aiws *m.* (91 a. 5) *zeit, lebenszeit, ewigkeit, αἰών.* — *Der acc. sing. adverbial, mit der negation:* ni aiw (214) *niemals, in ewigkeit nicht.*
ajukduþs *f.* (21 a. 2; 103) *ewigkeit.*
ak *conj.* (218) *sondern, aber, denn.*
Akaïja *n. pr. Ἀχαία.*
akei *conj.* (218) *aber, doch.*
akeits (? 91 a. 2) *essig.*
akran *n. frucht.*
akrana-laus *adj. fruchtlos, ohne frucht.*
akrs *m.* (91 a. 1) *acker.*
aqizi *f. axt.*
alabalstraún *fremdw.* (24 a. 5; 46 a. 2; 120 a. 2) *ἀλάβαστρον.*
ala-mans (117 a. 1) *alle menschen, menschheit.*
alan *st. v.* (177) *aufwachsen.*
ala-þarba *adj.* (132 a. 2) *arm.*
Albila *n. pr.* (54 a. 2).
alds *f.* (73; 74 a. 3) *alter.*
aleina *f. elle.*
alêw *n.* (119) *oleum.*
Alfaius *n. pr. Ἀλφαῖος.*
alhs *f.* (116) *tempel.*
alja *conj. ausser, nur; praep.* (217).
alja-kuns *adj.* (88ª; 130) *fremd.*
alja-leikôs *adv.* (212 a. 2) *anders.*
aljar *adv.* (213 a. 1) *anderswo.*
aljaþ *adv.* (213 a. 1) *anderswohin.*
aljaþrô *adv.* (213 a. 1) *anderswoher.*
aljis *adj.* (126) *ein anderer.*
aljaþrô *adv.* (213 a. 2) *von allen seiten her.*

allis 1) *adv.* (215) *überhaupt, ganz und gar, ni—allis überhaupt nicht;* 2) *conj.* (*stets nachgesetzt*) *denn* (218).
alls *adj.* (122 a. 1) *all, ganz, jeder.*
all-waldands *m.* (115) *der allmächtige.*
us-alþan *red. v.* (170 a. 1) *alt werden.*
alþeis *adj.* (128) *alt; neutr. plur.* þô alþjôna *das alte.*
Amalaberga *n. pr.* (54 a. 2).
Amalafrigda *n. pr.* (3 a. 2).
amên *ἀμήν* (*wahrlich*).
ums *m.* (91 a. 4) *schulter.*
an *fragepart.* (216) *denn?*
ana *praep. c. dat. u. acc.* (217): *an, auf; in, über;* — ana þammei weshalb (*ἐφ᾽ ᾧ*) 2. Cor. 5, 4.
ana-busns *f.* (15 a. 1) *gebot, auftrag.*
ana-filh *n. empfehlung* (*zu* filhan).
*ana-haimeis *adj. in der heimat befindlich, anwesend.*
anaks *adv. plötzlich.*
ana-kunnains *f. lesung, ἀνάγνωσις* (*vgl.* ana-kunnan).
ana-laugniba *adv.* (210) *verborgen.*
ana-laugns *adj.* (130) *verborgen.*
ana-leikô *adv. ähnlich.*
us-anan *st. v.* (78 a. 4; 177 a. 1) *aushauchen.*
ana-siuns *adj.* (130) *sichtbar.* — *adv.* anasiuniba (210).
ana-stôdeins *f. anfang* (*zu* stôdjan).
and *praep. c. acc.* (217): *über etwas hin, entlang; auf, in, über.*
anda-beit (B, andabêt A) *n. tadel* (*vgl.* and-beitan).
anda-hafts *f. antwort, erwiderung; urteil, beschluss* (*vgl.* andhafjan).
anda-nahti *n. abend.*
anda-neiþs *adj. feindlich, entgegen;* þata andneiþô *im gegenteil* (*zu* neiþ *n. neid*).
anda-nêm *n.* (33) *annahme.*
anda-nêms *adj.* (33; 130) *angenehm.*
anda-numts *f.* (33) *annahme.*
anda-sêts *adj.* (34; 130) *verabscheuungswürdig.*
anda-staþjis *m.* (92) *widersacher.*
anda-staua *m. gegner vor gericht.*
anda-þâhts *adj.* (209) *bedächtig.*
and-augjô *adv. offen, öffentlich* (and-augi *n. antlitz*).

anda-waúrdi n. antwort.
anda-wleizn n. (?) angesicht.
and-bahti n. (95 a. 1) amt, dienst.
and-bahtjan sw. r. (187) dienen jemandem; — auch c. acc. rei: etwas leisten.
and-bahts m. (a) diener.
andeis m. (92 a. 1) ende.
and-huleins f. enthüllung, offenbarung (vgl. and-huljan).
and-laus adj. (88ª a. 2) endlos.
andizuh conj. (218) anders, sonst.
Andraías, g. Andraiins, a. Audraian n. pr. Ἀνδρέας.
and-wairþi n. (95) gegenwart, angesicht; faúra u. in andwairþja in gegenwart, vor.
and-wairþs adj. gegenwärtig.
Anna n. pr. Ἄννα.
Annas n. pr. (3 a. 1).
*ans m. (91 a. 4) balken.
ansteigs adj. (124) gnädig.
ansts f. (102) gunst, gnade, freude; gnadengeschenk, gabe.
anþar adj. (122 a. 1; 124 a. 1. 4; 146) ein anderer; der zweite.
apaústaúlus, m. (120 a. 1) ἀπόστολος, apaústulus (13 a. 1).
arbaidjan sw. v. arbeiten.
arbaiþs f. (103) arbeit.
arbi n. (95) das erbe.
arbi-numja m. (88ª) der erbe.
arbja m. (105) der erbe. — f. arbjô (112).
Ariamirus n. pr. (61 a. 1).
Ariaricus n. pr. (3 a. 2).
arjan red. v. (179 a. 5) ackern.
ark-aggilus (57) erzengel.
arma-hairtiþa f. barmherzigkeit.
armaiô f. (22 a. 3) erbarmen, almosen.
arman sw. v. sich erbarmen. — Compos. ga-arman dass.
arms m. (1) der arm.
arniba adv. (130 a. 3; 210) sicher.
arwjô adv. umsonst.
asans f. (103) ernte.
Asêr n. pr. Ἀσήρ.
Asia n. pr. f. Asien.
asilus m. f. (105) esel, eselin.
asneis m. (92) lohnarbeiter, mietling.
asts m. (a) ast.
at praep. c. dat. u. acc. (217): bei, `zu. 1) räumlich nur mit dem dat.: bei, zu, an. 2) zeitlich c. acc.: auf, at dulþ auf das fest; c. dat. besonders zur verstärkung des zeitbegriffs bei den dat. absol., z. b. Mc. 4, 6. 35, Luc. 2, 2.
Athanaildus n. pr. (65 a. 1).
Athanaricus n. pr. (3 a. 2).
atisk n. (oder atisks m.?) saat, saatfeld.
atta m. (69 a. 1; 108) vater.
aþþan conj. (218) aber, doch, aber doch, aber ja, denn, zwar. (Es steht stets im anfang des satzes).
Audericus n. pr. (25 a. 2).
auftô (24 a. 1; 211 a. 1) adv. etwa, vielleicht, allerdings.
augjan sw. v. zeigen. — Compos. ataugjan dass.
auga-daúrô n. (88ª; 110) fenster.
augô n. (110) auge.
auhjôdus (auhjôdus?) m. (105) lärm.
auhjôn (auhjôn?) sw. v. lärmen.
*auhns m. (91 a. 2) ofen. Mt. 6, 30.
aúhsa m. (108 a. 1) ochs.
aúhuma (139) höher, aúhumists, aúhmists (139 a. 1) der höchste.
auk conj. (nachgesetzt) denn; aber.
aukan red. v. (179) mehren. — Comp. a) ana-aukan hinzufügen. b) bi-aukan vermehren, hinzufügen.
Aúnisimus n. pr. (9 a. 1).
*aurahi (od. aurahjô?, aú?) f. grabmal.
aúrâli n. (5 a) schweisstuch.
Ausila n. pr. (25 a. 2).
ausô n. (110) ohr.
Austrovaldus n. pr. (25 a. 2).
aupida f. wüste.
*auþeis (od. auþs 130 a. 2) adj. öde, wüst.
awêþi n. (17 a. 1) schafherde.
awiliuþ (awiliud) n. dank.
awiliudôn sw. v. (190) danken.
awistr n. (4) schafstall.
azêts adj. leicht, mühelos.
azgô f. (112) asche.
azymus (77) ungesäuertes brot.

Badi n. (95) bett.
bagms m. (48 a. 1) baum.
and-bahtjan s. and-b.
bai (140 a. 1) beide.
Baínilzaíbul n. pr. Βεελζεβούλ.
bairan st. v. (175) tragen, bringen. — Compos.: a) at-bairan herbeibringen, hinzutragen, darbringen. b) ga-bairan gebären; zusammentragen, vergleichen Mc. 4, 30. c)

us-bairan *heraustragen, vorbringen (antworten)*.
bairgan *st. v.* (174 a. 1) *bergen*.
bairhtaba *adv.* (210) *hell*.
bairhtei *f. helle, klarheit, offenbarung;* in bairhtein *öffentlich*.
bairhtjan *sw. v. hell machen, zeigen, offenbaren. — Compos.* ga-bairhtjan *dass.*
bairhts *adj. hell*.
baitrs *adj.* (20 a. 4) *bitter*.
bajôþs (117 a. 4; 140 a. 1) *beide*.
balgs *m.* (100) *schlauch*.
balþei *f. kühnheit (adj.* *balþs *kühn)*.
balwjan *sw. v. quälen*.
bandi *f.* (96) *band*.
bandja *m.* (32; 108) *der gefangene*.
bandwa *f.* (97 a. 1) *zeichen*.
bansts *m.* (i) *scheuer*.
barizeins *adj. gersten*.
barn *n.* (33) *kind*.
barnilô *n.* (110) *kindchen, liebes kind*.
Barþaúlaúmaius *n. pr.* (24 a. 5) Βαρθολομαῖος.
batiza *comp.* (138) *besser*.
bauains *f. wohnung.*
bauan *sw. v.* (26; 179 a. 2; 193 a. 1) *wohnen. — Comp.:* ga-bauan *dass.*
Baúanairgais *Βοανεργές, beinamen des Jacobus und Johannes.*
uf-bauljan *sw. v.* (24 a. 1) *aufblasen.*
baúr *m.* (33; 101 a. 2) *sohn.*
baúrgs *f.* (116) *stadt.*
baúrgs-waddjus *f.* (88a a. 3) *stadtmauer.*
beidan *st. v.* (172 a. 1) *c. gen. etwas erwarten, auf etwas warten. — Compos.* us-beidan *c. acc. geduldig auf etwas warten.*
ga-beistjan *sw. v.* (187 a. 3) *säuern.*
beitan *st. v.* (172 a. 1) *beissen. — Compos.* and-beitan *jemanden anfahren, schelten, bedrohen.*
bêrusjôs (birusjôs 7 a. 3) *plur. eltern* (33; 92 a. 2).
Bêþlahaim *(vgl.* 61 a. 3) *n. pr.* Βηθλεέμ.
bi *praep.* (217): *bei.* 1) *c. acc. räumlich und zeitlich: bei, um, umher, gegen; in betreff, über,* bi sumata *zum teil.* 2) *c. dat. bei, an, wegen; gemäss, zufolge.*
bida *f.* (97) *bitte, gebet.*
bidjan *st. v.* (176 a. 5) *bitten, beten.*
bindan *st. v.* (174) *binden. — Comp.*

a) and-bindan *losbinden, lösen, auflösen.* b) ga-bindan *binden, festbinden.*
bi-sitands *m.* (115) *s. sitan.*
bi-sunjanê *adv. ringsum, umher.*
Biþania *n. pr.* (9 a. 1).
bi-þê *u.* biþêh (153 a. 2; 154 a. 2) 1) *adv. später, alsdann.* 2) *conj.* (218) *während, als, wenn.*
biudan *st. v.* (170; 173) *bieten; nur in compos.:* ana-biudan *entbieten, befehlen, anordnen.*
biugan *st. v.* (173 a. 1) *biegen. — Compos.* ga-biugan *dass.*
bi-ûhti *n. gewohnheit.*
bi-ûhts *adj.* (15) *gewohnt.*
biuþs *m.* (74 a. 2) *tisch.*
blandan *red. v.* (179 a. 1) *mischen.*
bleiþei *f. mitleid, barmherzigkeit.*
bleiþs *adj.* (130 a. 2) *gütig.*
uf-blêsan *red. v.* (179 a. 1) *aufblasen.*
bliggwan *st. v.* (68; 174 a. 1) *schlagen (bläuen).*
ga-blindjan *sw. v. verblenden.*
ga-blindnan *sw. v. blind werden.*
blinds *adj.* (128) *blind.*
blôma *m.* (108) *blume.*
-blôstreis (69 a. 2) *anbeter (nur in* guþblôstreis*).*
blôtan *red. v.* (179 a. 1) *verehren.*
blôþ, *g.* blôþis *n.* (94) *blut.*
bnauan (26; 179 a. 2) *zerreiben.*
bôka *f. buchstabe, plur.* bôkôs *schrift, buch, brief.*
bôkareis *m.* (92) *schriftgelehrter.*
bôtjan *sw. v. c. acc. besser machen, bessern, helfen, nützen.*
braidei *f.* (113) *breite.*
*braiþs, braids *adj.* (74 a. 2) *breit.*
brakja *m.* (33 a. 1) *kampf.*
in-brannjan *sw. v.* (80 a. 1; 187) *in brand setzen.*
briggan *an. v.* (174 a. 2; 208) *bringen, führen, herbeibringen;* machen *(z. b.* wairþans briggan *würdig machen.*
brikan *st. v.* (33 a. 1; 175 a. 1) *brechen. — Compos.* ga-brikan *brechen, zerbrechen.*
brinnan *st. v.* (174 a. 1) *brennen (intrans.). — Compos.* uf-brinnan *verbrennen.*
brinnô *f. fieber.*
brôþar *m.* (114) *bruder.*
brôþru-lubô *f.* (88a a. 2.3 210 a. 1) *bruderliebe.*
brûkjan *an. v.* (15; 209) *etwas brauchen, gebrauchen c. gen.);*

/eihtis brūkjan *leichtsinnig handeln.*
us-bruknan *sw. v.* (194) *abbrechen.*
brūks *adj.* (15; 130) *nützlich.*
brunjō *f.* (112) *panzer.*
brunna *m. brunnen, quell.*
-brunsts *f.* (49) *in* ala-brunsts *brandopfer.*
brusts *f.* (116) *brust.*
brūþ-faþs, *g.* -fadis *m.* (88ᵃ a. 1; 101) *bräutigam.*
brūþs *f.* (15) *braut.*
bugjan *an. v.* (209) *kaufen.*
and-bundnan *sw. v.* (194) *sich lösen.*

ga-Daban *st. v.* (177 a. 1) *geziemen.*
daddjan *sw. v.* (73 a. 1) *säugen.*
Dagalaiphus *n. pr.* (21 a. 1; 52).
dags *m.* (90) *tag;* — daga jah daga *tag für tag, täglich;* himma daga *heute.*
Daikapaúlis, *dat.* Daikapaúlein *n. pr. Δεκάπολις.*
dailjan *sw. v.* (188) *teilen.* — *Comp.* ga-dailjan *teilen, zerteilen.*
dails *f.* (103) *teil.*
dal *n.?* (94 a. 2) *tal.*
dalaþ *adv.* (213 a. 2) *abwärts.*
dalaþa *adv.* (213 a. 2) *unten.*
dalaþrō *adv.* (213 a. 2) *von unten.*
daubiþa *f. taubheit, verstocktheit.*
af-daubnan *sw. v. taub, verstockt werden (vgl. d. vor.).*
us-daudjan *sw. v. sich beeifern, sich befleissigen (zu* us-dauþs).
*daufs *adj.* (56 a. 1; 124 a. 2) *taub.*
daug *v. praet.-pr.* (198) *es taugt.*
daúhtar *f.* (114) *tochter.*
dauns *f. dunst, geruch.*
daupeins *f. taufe.*
daupjan *sw. v. taufen.* — daupjands *part. m.* (115) *der täufer.*
daúr *n. tor, tür.*
ga-daúrsan *v. praet.-pr.* (199) *wagen.*
dauþeins *f. tötung* (dauþjan *sw. v. töten).*
dauþnan *sw. v.* (194) *sterben.* — *Compos.* ga-dauþnan *dass.*
dauþs, *g.* dauþis, *adj. tot (zu* diwan).
dauþus *m.* (105) *der tod.*
Daweid *n. pr. Λαυίδ.*
deigan *st. v.* (172 a. 1) *kneten.*
*deþs, dēds *f.* (74 a. 2; 103) *tat; nur in compos., vgl.* missa-dēþs.
diabaúlus, diabulus (13 a. 1) *teufel.*

dis-*untrennbare partikel vor verben:* zer-, ver-, be-.
diupei *f.* (113) *tiefe.*
diups *adj. tief.*
dius, *g.* diuzis *n.* (94) *tier.*
diwan *st. v.* (176 a. 2) *sterben.* þata diwanō *das sterbliche.*
af-dōjan *sw. v.* (26; 187) *abmatten.*
dōmjan *sw. v. urteilen (dōms m. urteil).*
ga-draban *st. v.* (177 a. 1) *hauen.*
dragan *st. v.* (177 a. 1) *aufladen.*
dragk *n.* (32) *trank.*
dragkjan *sw. v.* (188) *tränken.*
draibjan *sw. v. bemühen, belästigen (zu* dreiban).
draúhsna (drausna 62 a. 4) *f. brocken.*
draúhtinassus *m.* (105) *kriegsdienst.*
ga-drausjan *sw. v.* (188) *niederwerfen.*
dreiban *st. v.* (172 a. 1) *treiben.* — *Compos.* us-dreiban (usdrebi 10 a. 5) *austreiben, vertreiben.*
drigkan *st. v.* (174 a. 1) *trinken.*
driugan *st. v.* (173 a. 1) *kriegsdienst tun.*
driusan *st. v.* (173 a. 1) *fallen, herabfallen, niederfallen.* — *Compos.* ga-driusan *fallen, geworfen werden.*
driusō *f.* (31) *abhang.*
drōbnan *sw. v.* (56 a. 4) *verwirrt werden.*
drugkanei *f.* (32; 113) *völlerei.*
-drugkja *m.* (32) *s.* wein-drugkja.
drus *m.* (101 a. 1. 2.) *fall.*
du (217) *praep. c. dat. (die bewegung nach etwas hin bezeichnend): zu.*
-dūbō *f.* (15) *s.* hraiwadūbō.
du-hvē *adv. wozu, warum.*
dulþs *f.* (116 u. a. 1) *fest.*
af-dumbnan *sw. v. stumm werden.*
dumbs *adj. stumm.*
du-þē *u.* duþþē (d. i. du-h-þē, *s.* 62 a. 3) *adv. u. conj.* (153 a 2): *dazu, deshalb.* duþē ei *deshalb weil, darum dass.*
dwals *adj. töricht.* dwala *m. narr.*

Ei 1) *conj.* (218) *dass, damit;* 2) *relativ-partikel an pronomina* (157. 158) *und partikeln enklitisch angefügt, um relativa zu bilden.*
Eîla *n. pr.* (65 a. 1).
eils = hails (21 a. 1; 61 a. 1).

eisarn n. eisen.
eisarneins adj. eisern.
ei-þan conj. (218) daher.
Erelieva n. pr. (54 a. 2).
Ermanaricus n. pr. (20 a. 3).
Ermenberga n. pr. (20 a. 3).
Esaoias, d. Esaïïn n. pr. Ήσαΐας.

Fadar m. (114) vater.
fadrein n. (94 a. 4) vaterschaft, eltern.
fadreins f. (108) geschlecht.
faginôn sw. v. (66 a. 1; 190) sich freuen.
fagrs adj. passend.
fåhan red. v. (5 b; 179) fangen.
fahêþs (fahêds) f. (108) freude (acc. fahefd 7 a. 2).
falan (red. v.? 22 a. 2; 182 a. 1) tadeln.
faih n. (20 a. 2) betrug.
ga-fáihôn sw. v. nehmen, in beschlag nehmen.
faihu n. (106) vermögen, geld.
*faihu-þraihns (m., oder faihuþraihn n.?) reichtum.
fair- untrennbare partikel: ver-, ent-, er-.
fairguni n. (95) berg.
fairhvus m. (105) welt.
fairina f. schuld, anklagegrund.
fairneis adj. (128) alt.
fairra adv. (213 a. 2; 217) ferne; c. dat.: fort von jemandem.
fairraþrô adv. (213 a. 2) von ferne.
falþan red. v. (179) falten.
-falþs adj. (148) -fältig.
fana m. stück zeug.
Fanuël n. pr. Φανουήλ.
faran st. v. (177 a. 1) wandern.
Fareisaius m. φαρισαίος, Pharisäer.
fastan sw. v. festhalten, bewahren, etw. beobachten; fasten. — Compos. ga-fastan festhalten.
fastubni n. haltung; das fasten.
-faþs m. (1) herr, s. brûþ-, synagôga-, þûsundi-faþs.
taúr praep. c. acc. (217): vor, vorhin, längs-hin; für, um-willen, in betreff.
faúra 1) adv. vorn, vorher. 2) praep. c. dat. (217): vor.
faúra-gaggja m. (67 a. 1) haushalter.
faúr-hâh n. (5 b) vorhang.
faúrhtei f. furcht.

faúrhtjan sw. v. (188) fürchten, furchtsam sein, sich fürchten.
faúrhts adj. furchtsam.
faúr-lageins f. vorlegung. hlaibôs faúrlageinais schaubrote. (zu lagjan).
faúrþis adv. zuvor, vorher, früher.
faúrþiz-ei (faúrþizê) conj. (218) bevor, ehe.
*faus adj. (124 a. 3) wenig.
in-feinan sw. v. (194 a. 1) gerührt werden, sich erbarmen.
fêra f. (8) gegend, seite.
fidur- num. vier (in composs.: 15 a. 1; 24 a. 2; 141 a. 1)
fidur-falþs (148) vierfältig.
fidwôr num. (141) vier, fidwôrtaihun (141) vierzehn, fidwôr tigjus (142) vierzig.
figgra-gulþ n. (88ª) fingerring.
figgrs m. finger.
fijan (fian 10 a. 4) sw. v. (193) hassen.
fijands, fiands part. subst. (115) m. feind.
filhan st. v. (174 a. 1) verbergen, begraben. — Compos. una-filhan übergeben, überliefern, empfehlen.
Filippus n. pr. Φίλιππος.
-fill n. fell (in þruts-fill).
filleins adj. ledern.
filu adj. neutr. (131 a. 3): viel, sehr (auch adverbial gebraucht); — filu manageins viel volk; hvan filu wie viel; — bei comparativ filu mais viel mehr, und filu mais um viel mehr; bei comparativ auch gen. filaus um vieles; filaus maizô etwas viel grösseres. Skeir. 49.
filusna f. vielheit, menge.
filu-waúrdei f. (88ª) vieles reden.
filu-waúrdjan sw. v. viele worte machen.
fimf num. (141) fünf; fimftaihun (141) fünfzehn; fimf tigjus (142) fünfzig.
fimfta-taihunda ord. (146) der fünfzehnte.
finþan st. v. (174 a. 1) finden, erfahren.
fiskja m. (107) fischer.
fiskôn sw. v. (190) fischen.
fisks m. (89) fisch.
fitan st. v. (? 176 a. 1) gebären.
flôdus (105) flut.
flôkan red. v. (179 u. a. 4) klagen.
fôdeins f. nahrung.
fôdjan sw. v. ernähren, aufziehen.

fôn, g. funins (118) *feuer.*
fôtu-baúrd *n.* (88ª) *fussbret, schemel.*
fôtus *m.* (105) *fuss.*
fra-gifts *f. verleihung, verlobung.*
fraihnan *st. v.* (176 a. 4) *fragen.*
— *Comp.* ga-fraihnan *erfragen.*
fraisan *red. v.* (179) *jemanden versuchen.*
fraistubni *f.* (95) *versuchung.*
fraiw *n.* (94 a. 1) *same.*
fra-lêts *m.* (od. fralēt *n.*?) *erlass, vergebung.*
fra-lusts *f.* (103) *verlust.*
fram *praep. c. dat.* (217) 1) *räumlich: von — her, fern von;* 2) *zeitlich: von — an, seit;* 3) *tropisch: von, von seiten jemandes; bei, über, für.*
fram-aldrs *adj. im alter vorgeschritten, bejahrt.*
framis *adv. comp.* (212): *weiter, weiter fort.*
fram-wigis *adv.* (214) *fortwährend.*
fraþi *n.* (74 a. 3) *verstand, einsicht.*
fraþjan *st. v.* (177 a. 2) *verstehen, erkennen, verständig sein.* — *vgl.* fullafraþjan.
-fraþjis *adj.* (126) *gesinnt.*
frauja *m.* (1 a. 4) *herr.*
fraujinôn *sw. v.* (190) *herr sein, herrschen.* fraujinônds *m.* (115).
traʻwaúrhts *adj. sündig; subst. m. sünder.*
fra-waúrhts *f. sünde.*
fra-weitands *m.* (115), *s. -weitan.*
freidjan *sw. v. jemandes schonen.*
frei-hals *m.* (88ª a. 1; 91 a. 4) *freiheit.*
freis *adj.* (126 a. 2) *frei.*
frijaþwa, friaþwa *f.* (10 a. 4) *liebe.*
frijôn (10 a. 4; 190) *sw. v. lieben.*
frijôndi *f.* (98; 115) *freundin.*
frijônds *part. m.* (115) *freund.*
fri-sahts *f. bild, beispiel.*
ga-frisahtjan *sw. v. abbilden.*
ga-frisahtnan *sw. v.* (194 a. 1) *gebildet werden.*
ga-friþôn *sw. v. frieden stiften, versöhnen.*
frius *n. oder m. kälte.*
frôdei *f.* (74 a. 3; 113) *verstand, klugheit, einsicht.*
frôþs *adj.* (35; 124 a. 2) *klug, weise.*
fruma *und* frumists *superl.* (139 u. a. 1) *der erste* (146); frumist *adv.* (212 a. 3) *zuerst.*

fruma-baúr *m.* (88ª; 101 a. 2) *der erstgeborene.*
fugls *m.* (91) *vogel.*
fulgins *adj.* (66 a. 1) *verborgen.*
fulhsni *n. das verborgene.*
fulla-fahjan *sw. v. ein genüge tun, befriedigen.*
fulla-fraþjan *sw. v. bei vollem verstande sein.* — *vgl.* fraþjan.
fulla-tôjis *adj.* (88ª) *vollkommen.*
fulla-weisjan *sw. v. jemand überzeugen.*
fulleiþ(s) (103 a. 2) *fülle.*
fulljan *sw. v. füllen.* — *Compos.* a) gafulljan *anfüllen.* b) us-fulljan *ausfüllen, erfüllen.*
fullnan, fulnan (80) *sw. v.* (195) *voll werden, erfüllt werden.* — *Compos.* a) ga-fullnan *angefüllt werden, sich anfüllen,* b) us-fullnan *erfüllt werden.*
fullô *f. fülle, ausfüllung.*
fulls *adj.* (122 a. 1) *voll.*
fûls *adj.* (15) *faul.*

Ga- *untrennbare partikel in verbal- und nominalzusammensetzungen.*
ga-baúr *m.* (91 a. 4) *festmahl.*
ga-baúrjôþus *m.* (105) *lust.*
ga-baúrþs *f.* (103) *geburt.*
gabei *f.* (34) *reichtum.*
gabigs, gabeigs *adj.* (17 a. 3) *reich.*
ga-binda *f.* (32) *band.*
Gabriêl *n. pr.* (6).
ga-bruka *f.* (33 a. 1) *der brocken.*
ga-bundi *f.* (32) *band.*
ga-daila *m. teilnehmer.*
Gaddarênus *n. pr.* Γαδαρηνός.
*ga-dôfs *adj.* (56 a. 1; 130 a. 2) *passend.*
ga-fâhs *m.* (5 b) *fang.*
ga-faúrs *adj.* (130) *gesittet.*
ga-friþôns *f. versöhnung (zu* ga-friþôn).
gaggan *an. v.* (179 a. 3; 207) *gehen, hingehen, wandeln, kommen.* — *Compos.* a) af-gaggan *weggehen.* b) afar-gaggan *nachgehen, nachfolgen.* c) at-gaggan *hinzugehen, hingehen, hinzukommen, kommen.* du atgaggan, inn atgaggan *dass.* d) ga-gaggan *zusammenkommen, sich versammeln,* e) þairh-gaggan *hindurchgehen.* f) us-gaggan *ausgehen, heraus-, hinausgehen, hinaufgehen, fortgehen.*
ga-grêfts *f. beschluss, befehl.*
ga-gudei *f.* (113 a. 2) *frömmigkeit,*

ga-háhjô *adv.* (5 b) *zusammenhängend.*
ga-hait *n. verheissung.*
ga-hraincins *f. reinigung* (hrainjan).
-gâhts *f.* (5 b) *das gehen (nur in compos.).*
ga-bugds *f.* (81 a. 1; 103) *verstand.*
ga-hveilains *f. verweilen, ruhe* (hveilan *sw. v. aufhören*).
Gaiainna *m.* γέεννα, *Gehenna.*
gailjan *sw. v. erfreuen.*
Gaina *n. pr.* (21 a. 1; 65 a. 1).
Gainnêsaraiþ *n. pr.* (23).
gairda *f. gürtel.*
bi-gairdan *st. v.* (174 a. 1) *umgürten.*
gairnjan *sw. v. gern wollen, begehren.*
gairu *n.* (106 a. 1) *stachel.*
us-gaisjan *sw. v. jemanden erschrecken, von sinnen bringen.*
ga-juk *n. ein paar (vgl.* juk).
ga-jukô *f. gleichnis.*
ga-jukô *f.* (110 a. 3) *genossin.*
ga-kusts *f.* (103) *prüfung.*
ga-qiss *adj.* (124 a. 1) *übereinstimmend.*
ga-qumþs *f. zusammenkunft, versammlung.*
ga-laista *m. nachfolger, begleiter.*
ga-laubeins *f.* (31; 103 a. 1) *glaube.*
*ga-laufs *adj.* (56 a. 1) *kostbar.*
ga-leikô *adv.* (211) *ähnlich.*
Galeilaia, *g.* Galeilaias, *d.* Galeilaia, *a.* Galeilaian *n. pr. f.* Γαλιλαία.
ga-ligri *n.* (95) *beilager.*
ga-liug *n. lüge.* galiug taujan *verfälschen.*
gamaindups *f.* (103) *gemeinschaft.*
ga-mains *adj.* (130) *gemein.*
*ga-maiþs *adj.* (74 a. 2) *verkrüppelt.*
ga-man *n.* (117 a. 1) *genosse; genossenschaft.*
ga-mêleins *f. schrift (s.* mêljan).
ga-naúha *m. genüge (s.* ga-nah).
ga-nists *f.* (34; 103) *heil.*
ga-niþjis *m. verwanter.*
ga-nôhs *adj.* (122 a. 1) *genug.*
ga-raihtei *f. gerechtigkeit.*
ga-raihts *adj. gerecht.*
*ga-raips *adj.* (74 a. 2) *bereit.*
garda-waldands *m.* (88 a. 2; 115) *hausherr.*

gards *m.* (101) *hof, haus, hauswesen, familie.*
*ga-riuþs *adj.* (74 a. 2) *ehrbar.*
ga-rûni *n.* (95) *beratschlagung (s.* rûna).
ga-runs *f.* (103 a. 3) *strasse.*
ga-sinþja *m. reisegefährte.*
ga-skafts *f.* (51 a. 2; 103) *schöpfung, geschöpf (s.* ga-skapjan).
gasti-gôþs *adj.* (88 a) *gastfrei.*
gasts *m.* (101) *gast, fremdling.*
ga-taúra *m. riss (s.* ga-taíran).
ga-taúrþs *f.* (103) *zerstörung.*
ga-têmiba *adv.* (33; 130 a. 3; 210) *geziemend.*
ga-timrjô *f. gebäude* (timrjan *sw. v. zimmern, bauen*).
gatwô *f.* (112) *gasse.*
ga-þaúrbs *adj.* (56 a. 3) *enthaltsam.*
ga-þláihts *f. trost, freundliches zureden (s.* ga-þláihan).
ga-þrafsteins *f. trost (s.* ga-þrafstjan).
ga-þrask *n.* (32) *tenne.*
gaumjan *sw. v. sehen, wahrnehmen.*
gaunôn *sw. v. klagen.*
gaúrjan *sw. v. betrüben.*
gaúrs *adj.* (24 a. 3) *betrübt, traurig.*
ga-wairþi *n.* (95 a. 1) *friede.*
ga-ga-wairþnan *sw. v.* (194 a. 1) *sich versöhnen (z. vor.).*
ga-waúrki *n.* (95) *geschäft.*
ga-waúrstwa *m. mitarbeiter.*
gawi *n.* (95) *gau.*
ga-wiljis *adj.* (126) *einmütig.*
ga-wiss *f. verbindung.*
gazds *m. stachel.*
us-geisnan *sw. v.* (194 a. 1) *sich entsetzen.*
Gelimêr *n. pr.* (6 a. 2).
giba *f.* (96) *gabe.*
giban *st. v.* (56 a. 1; 176) *geben.* — Compos. a) at-giban *hingeben, geben, übergeben.* b) fra-giban *vergeben, verleihen jmdm etwas.* c) us-giban *ausgeben, erstatten, bezahlen, vergelten.* — gibands *m.* (115) *der geber.*
-gifts *f.* (56 a. 4) *das geben:* in fragifts.
-gildan *st. v.* (174 a. 1) *bezahlen (nur in comp.).*
gilstr *n.* (75 a. 1) *steuer.*
gilstra-mêleins *f. steuerbeschreibung.*
gilþa *f. sichel.*
du-ginnan *st. v.* (174 a. 1) *beginnen.*

Gisaleicus *n. pr.* (21 a. 1).
gistra-dagis *adv.* (214) *morgen.*
bi-gitan *st. v.* (176 a. 1) *finden, antreffen, erlangen.*
giutan *st. v.* (173 a. 1) *giessen.*
glaggwô *adv.* (211) *genau.*
glaggwuba *adv.* (210) *genau.*
*gluggwus *adj.* (68; 131 a. 2).
glitmunjan *sw. v.* (187) *glänzen.*
gôljan *sw. v. grüssen, begrüssen, willkommen heissen.*
gôþs *g.* gôdis *adj.* (124 a. 2; 138) *gut, tüchtig, schön.*
graba *f.* (35) *graben.*
graban *st. v.* (56 a. 1; 177 a. 1) *graben.*
Compos. a) uf-graban *aufgraben.*
b) us-graban *ausgraben.*
gras, *g.* grasis *n.* (94) *gras, kraut.*
grêdags *adj. hungrig.*
greipan *st. v.* (172) *greifen. — Compos.* a) fair-greipan *ergreifen.*
b) undgreipan *ergreifen, greifen.*
grêtan *red. v.* (181) *weinen.*
grêts *m.* (101 a. 1) *das weinen.*
grinda-fraþjis *adj.* (126) *kleinmütig.*
*griþs *f.* (74 a. 2) *schritt.*
grôba *f.* (35) *grube.*
guda-faúrhts *adj.* (88 ª a. 1) *gottesfürchtig.*
guda-laus *adj.* (88ª a. 1) *gottlos.*
gud-hûs *n.* (88ª a. 1) *gotteshaus.*
Gudi-lub *n. pr.* (56 a. 1; 88ª a. 2).
gudja *m. priester.*
gulþ *n.* (94) *gold.*
guma *m.* (107) *mann.*
guma-kunds *adj.* (88ª) *männlichen geschlechts.*
Gumundus *n. pr.* (65 a. 1).
us-gutnan *sw. v. sich ergiessen, ausfliessen.*
guþ *m.* (1 a. 4; 94 a. 3; 118 a. 1) *gott.*
guþa-skaunei *f.* (88ª a. 1) *gottesgestalt.*
guþ-blôstreis *m.* (88ª a. 1) *gottesverehrer.*

Haban *sw. v.* (192) *haben, halten.*
habaiþ wisan at *gehalten sein.*
aftumist haban *das letzte haben, im sterben liegen;* mit *adv.: sich befinden,* ubilaba haban sich *übel befinden,* mais wairs haban sich *immer schlimmer befinden.*
Compos. a) dis-haban *ergreifen, festhalten.* b) ga-haban *haben, halten, festhalten, fangen.*
hafjan *st. v.* (177 a. 2) *heben. —*
Compos. a) and-hafjan *antworten.*
b) us-hafjan *erheben, aufheben.*
ufar-hafnan *sw. v.* (35) *sich überheben.*
hâhan *red. v.* (5 b; 179) *hängen.*
Haibráius *n. pr.* (23; 61).
háihs *adj.* (20 a. 2) *einäugig.*
hailags *adj.* (21 a. 1) *heilig.*
hailjan *sw. v.* (188) *heilen. —*
Compos. ga-hailjan *dass.*
ga-hailnan *sw. v.* (194) *gesund werden.*
hails *adj.* (124) *heil, gesund.*
haims *f.* (103 a. 4) *dorf, flecken.*
háiraisis (23) *ketzerei.*
háirda *f. heerde.*
hairdeis *m.* (90) *hirt.*
hairtô *n.* (109) *herz.*
hairus *m.* (105) *schwert.*
haitan *red. v.* (170; 179) *nennen, pass. genannt werden, heissen; — rufen, einladen, heissen, befehlen. — Compos.* a) ana-haitan *anrufen.* b) and-haitan *c. dat. öffentlich bekennen, laut preisen.*
c) at-haitan *herbeirufen.*
haiþi *f.* (98) *haide, feld.*
haiþiwiska *adj.* (124) *wild.*
halba *f. hälfte, seite.* in þizai halbai *in dieser hinsicht.*
halbs *adj.* (122 a. 1) *halb.*
haldan *red. v.* (179) *hüten, weiden (halten).*
haldis *adv.* (221) *mehr.*
halja *f.* (8 a. 1) *hölle.*
hals *m.* (91 a. 4) *hals.*
hamfs *adj.* (53) *verstümmelt.*
hamôn *sw. v. nur compos.* a) afhamôn *die bekleidung ablegen, ausziehen.* b) ana-hamôn *anziehen.*
c) ufar-hamôn *c. dat. etw. darüberziehen, womit überkleidet werden.*
hana *m.* (108) *hahn.*
handugei *f. weisheit.*
handugs *adj.* (124) *weise.*
handus *f.* (105) *hand.*
hansa *f.* (97) *schar.*
ga-hardjan *sw. v.* (14 a. 1) *verhärten.*
harduba *adv.* (210 u. a. 1) *hart.*
hardu-hairtei *f.* (88ª; 113) *hartherzigkeit.*
hardus *adj.* (131) *hart.*
harjis *m.* (90) *heer, menge.*
hatis *n.* (94 u. a. 5) *hass.*
hatizôn *sw. v.* (78) *hassen.*
hatjan (*u.* hatan 193 a. 1) *sw. v. hassen.*

haubiþ n. (93) *haupt, kopf.*
haúhei f. (113 a. 1) *höhe.*
haúheins f. (103 a. 1) *erhöhung.*
haúhis adv. (212) *höher.*
haúhists n. *die höchste höhe.*
haúhjan sw. v. (188) *erhöhen, preisen.*
haúhs adj. *hoch.*
haúh-þúhts adj. (88ⁿ a. 1; 209) *hochmütig.*
haúns adj. (130 a. 2) *niedrig.*
haúrds f. *tür.*
haúrn n. (94) *horn.*
haúrnja m. (108) *hornbläser.*
haúrnjan sw. v. (187) *auf dem horne blasen.*
hausjan sw. v. (187), *selten* hausjôn sw. v. (187 a. 3) *hören, anhören, zuhören. — Compos.* a) and-hausjan *erhören.* b) ga-hausjan *hören.* c) uf-hausjan c. dat. *auf jemanden hören, ihm gehorchen.* uf-hausjands *gehorsam, untertan.*
hawi n. *heu, gras.*
hazeins f. *lob.*
hazjan sw. v. (187) *loben, preisen.*
hêr adv. (8; 213 a. 1) *hier, her.*
Hêrôdês n. pr. (61).
Hêrôdianus m. Ἡρωδιανός, *anhänger des Herodes.*
hêþjô f. *kammer.*
hidrê aov. (213 a. 1) *hierher.*
Hildericus n. pr. (61 a. 1).
Hildibald n. pr. (54 a. 2; 61 a. 1).
hilpan st. v. (174 a. 1) *helfen.*
himina-kunds adj. (88ª) *himmlisch.*
himins m. (91) *himmel.*
himma, hina, hita (155) *formen eines defect. pron.: dieser. —* himma daga *heute, und* hina dag *bis heute.*
hindana adv. c. gen. (213 a. 2) *von hinten, jenseit.*
hindar praep. c. dat. u. acc. (217): *hinter, jenseits, über.*
hindumists sup. (149 a. 1) *äusserster.*
-hinþan st. v. (174 a. 1) *fangen (nur in comp).*
hiri interject. imperat. (20 a. 1; 219): *komm! hierher!*
hiufan st. v. (173 a. 1) *klagen.*
hiuhma m. (62 a. 4) *menge.*
hlahjan st. v. (177 a. 2) *lachen. — Compos.* bi-hlahjan *verlachen.*
hlaifs, g. hlaibis, m. (56 a. 1; 90) *brot.*

hlaiw n. (42) *grab.*
af-hlaþan st. v. (177 a. 1) *beladen.*
us-hlaupan red. v. (179 a. 1) *aufspringen.*
hleiduma superl. (139) *link. — subst. f. die linke hand.*
hleis m. (92 a. 3) *hütte, zelt.*
hleiþra f. *hütte, zelt.*
hleiþra-stakeins f. (88ª) *zeltaufsteckung.*
hlifan st. v. (176 a. 1) *stehlen.*
hliuma m. (108) *gehör.*
hlútrei f. u. hlútriþa f. *lauterkeit.*
hlûtrs adj. (15) *lauter.*
hnaiwjan sw. v. (187) *erniedrigen.*
hnaiws adj. *niedrig.*
hnasqus adj. (131 a. 1) *weich.*
huciwan st v. (172 a. 1) *sich neigen, sich bücke.n. — Compos.* ana-hneiwan dass.
dis-hniupan st. v. (a. 173 a. 1) *zerreissen.*
hnuþô f. (15) *stachel.*
hôrinôn sw. v. *huren, ehebruch begehen. — Comp.* ga-hôrinôn dass.
hôrs m. *hurer.*
hraineins f. *reinigung.*
hrainja-hairts adj. (88ª a. 2) *reines herzens.*
hrainjan sw. v. (187) *reinigen. — Compos.* ga-hrainjan dass.
hrains adj. (130) *rein.*
hraiwa-dúbô f. *turteltaube.*
hrôpjan sw. v. *rufen, schreien. — Compos.* uf-hrôpjan *aufschreien, ausrufen.*
hrôt n. *dach.*
hrôþeigs adj. *siegreich.*
hrúkjan sw. v. (15) *krähen.*
huggrjan sw. v. (66 a. 1) *hungern.*
hugjan sw. v. *denken, meinen, gesinnt sein.*
húhrus m. (15; 66 a. 1; 105) *hunger.*
hulistr n. *hülle, decke.*
huljan sw. v. (187) *verhüllen. — Compos.* a) and-huljan *enthüllen, aufdecken.* b) ga-huljan *verhüllen, bedecken.*
-hun enkl. part. (163) *irgend.*
hund n. (144) *hundert.*
hunsl n. *opfer.*
hunsla-staþs m. (i) (88ª) *opferstätte, altar.*
hups m. (i) *hüfte.*
-hús n. (15) *haus (in* gud-hûs*).*
huzd n. *schatz.*
huzdjan sw. v. *schätze sammeln.*

hvairban *st. v.* (174 a. 1) *wandeln.*
hvairnei *f.* (113) *hirnschädel.*
hvaiteis *m.* (92) *weizen.*
hvaiwa *adv. conj.* (218) *wie.*
hvan *adv.* (213 a. 1) *wann? irgend wann, etwa* (ibai hvan, nibai hvan damit nicht etwa); *vor adv. und adj. wie,* hvan filu *wie viel.*
hvau-hun *adv.* (163) *jemals.*
af-hvapjan *sw. v. etwas ersticken.*
af-hvapnan *sw. v. intransit. ersticken.*
hvar *adv.* (213 a. 1) *wo.*
hvarbôn *sw. v.* (190) *wandeln, umhergehen, gehen* (zu hvairban).
hvarjis *pron.* (160) *welcher?*
hvarjiz-uh *pron.* (147 a. 1; 165) *jeder.*
hvas *pron.* (159) *interrog.: wer? indefin.* (162 a. 2): *irgend einer, jemand. — neut.* hva *was? warum?; instrum.* hvê *womit? in was? um was? wem?*
hvas-hun *pron.* (163) *jemand.*
hvassei *f. strenge.*
hvaþ *adv.* (213 a. 1) *wohin.*
hvaþar *pron.* (124 a. l. 4; 160) *wer von zweien?*
hvaþar-uh *pron.* (166) *jeder von beiden.*
hvaþrô *adv.* (213 a. 1) *woher.*
hvaz-uh *pron.* (147 a. 1; 164) *jeder.*
hvêh *adv. s.* 164 a. 2.
hveila *f.* (97) *weile, zeit, stunde. —*
hveilôhun (97 a. 2; 163 a. 1).
hveila-hvairbs *adj. nur eine zeit lang dauernd, vergänglich, wetterwendisch.*
hveits *adj. weiss.*
hvêlauþs *adj.* (161) *wie gross.*
hvileiks *adj.* (161) *wie beschaffen, was für ein.*
hvôftuli *f.* (51 a. 2; 98) *das rühmen, der ruhm.*
hvôpan *red. v.* (179) *sich rühmen.*
hvôtjan *u. compos.* ga-hvôtjan *sw. v. drohen* (hvôta *f. drohung.*

Iaírusalêm *f.* Ἰερουσαλήμ *und* Iairusaúlyma *f.* Ἱεροσόλυμα *Jerusalem.*
Iaírusaúlymeis *plur. Jerusalem, auch: die einwohner von Jerusalem.*
Iakôb *n. pr.* (54).
Iakôbus *n. pr., g.* Iakôbans *und* Iakôbis Ἰακώβος.
Iarêd *n. pr.* (6).

Iaúrdanês *n. pr.* Ἰορδάνης *und* laúrdanus Ἰορδανος *n. pr. der fluss Jordan.*
ibai, iba 1) *fragepartikel* (216): *ob denn, etwa, wol?* 2) *conj.* (218): *dass nicht, dass nicht etwa.*
ibnassus *m.* (105) *gleichheit.*
ibns *adj. eben.*
iddja (73 a; 207) *s.* gaggan.
idreiga *f. reue, busse.*
idreigôn *sw. v.* (190) *reue empfinden, busse tun.*
Idumaia *n. pr. f.* Ἰδουμαία.
Iêsus, *g.* Iêsuis, *d.* Iêsua, *a.* Iêsu, *n. pr.* (1 a. 4) Ἰησοῦς.
iftuma *sup.* (139) *der nächste.*
ik *pron.* (150) *ich.*
im an. v. (204) *s.* wisan.
in *praep.* (217) 1) *c. gen.: wegen, um-willen, durch.* in þis, in-uh þis *darum, deshalb;* in þiz-ei *deshalb duss, weshalb; darum. —* 2) *c. dat. und acc.: in, an, auf, zu, nach, bei etc.* in þamma *darin,* in þammei *darüber dass, weil, als.*
in-kilþô *f. adj.* (132 a. 2) *schwanger* (zu kilþei).
inn *adv.* (213 a. 2) *hinein. Es steht bei verben oft mit abgeschwächter bedeutung, z. b.* inn gaggan *Mc.* 1, 19 *einher gehen, vorwärts gehen.*
inna *adv.* (213 a. 2) *innen, im innern.*
innana *u.* innaþrô *adv.* (213 a. 2) *von innen.*
innuma *superl.* (139) *der innere, innerste.*
inuh *praep. c. acc.* (217): *ohne.*
in-winds *adj. ungerecht.*
Iôdas *n. pr.* (11 a. 2).
Iôhannês *n. pr.* (61 a. 3) Ἰωάννης.
Iôsêf *n. pr.* Ἰωσήφ.
is *pron.* (152) *er.*
Iskariôtes *n. pr.* Ἰσκαριώτης.
Israêl *n. pr.* Ἰσραήλ.
Israêleitês *n. pr.* (120 a. 2).
itan *st. v.* (176 a. 3) *essen. — Comp.*
fra-itan *aufessen, verzehren.*
iþ *conj.* (218) (*immer voranstehend*) 1) *aber, nun, also.* 2) *wenn.*
Iudaia *n. pr.* Ἰουδαία.
Iudaia-land *n. das land Judäa.*
Iudas, Judas, *acc.* Iudan, *n. pr.* Ἰούδας.
iup *adv.* (213 a. 2) *aufwärts.*
iupa *adv.* (213 a. 2) *oben.*
iupana *u.* iupaþrô *adv.* (213 a. 2) *von oben.*
iz-ei (izê) *pron.* (157 a. 3) *welcher.*

izwar pron. (124 a. 1. 4; 151) euer.
Ja, jai adv. (216) ja.
jabai conj. (218): wenn, jabai — aiþþau entweder — oder.
Jaeirus n. pr. 'Ιάειρος.
jah conj. (217) und, auch. jah — jah sowol — als auch. — Assimilation des h (62 a. 3)
jainar adv. (213 a. 1) dort, daselbst.
jaind, jaindrê adv. (213 a. 1) dorthin.
jains pron. (20 a. 4; 156) jener.
jainþrô adv. (213 a. 1) von dort, von da.
jaþþê conj. (62 a. 3; 153 a. 2; 218) und wenn. jaþþê — jaþþê sei es dass — oder sei es dass, entweder — oder, gleichviel ob, — oder ob.
jau adv. (216) ob?
jêr n. (94) jahr.
jôta m. ίωτα.
ju adv. (214 a. 1) schon, jetzt, nun.
juggs adj. (124) jung, frisch, neu. — Comparat. jûhiza (15; 66 a. 1; 135 a. 1).
juk n. (94) joch.
ju-þan adv. schon. juþan ni nicht mehr.

Kafarnaum n. pr. Καπερναούμ.
kaisar m. (91 a. 4; 119) καῖσαρ.
Kajafa n. pr. (52)
kalbô f. kalb.
kalds adj. kalt.
kalkinassus m. hurerei.
Kananeitês m. Κανανίτης.
kannjan sw. v. bekannt machen, verkündigen. — Compos. a) ga-kannjan dass. b) us-kannjan bekannt machen, anempfehlen (zu kunnan).
kara f. sorge. wik ist kara mich kümmert (auch unter ellipse von ist). karist (204 a. 3).
karkara f. (119) carcer, gefängnis.
kas g. kasis n. gefäss, krug.
kaupatjan sw. v. (187 a. 1) ohrfeigen.
Kaúrazein n. pr. (57).
kaúrei f. schwere last, fülle.
Kaúrinþaius, Kaúrinþius m. Κορίνθιος.
Kaúrinþô n. pr. f. Κόρινθος.
kaúrjan sw. v. drücken, belästigen, beschweren. — Compos. ana-kaúrjan dass.

kaúrn n. getreide.
kaúrnô n. (110) korn, körnchen.
kaúrus adj. (131 a. 1) schwer.
kawtsjô f.(39 a. 1) cautio.
Kêfas n. pr. (6).
keinan st. v. (172 a. 2; 195 a. 2) keimen.
kilþei f. (113) mutterleib.
kindins m. befehlshaber.
kinnus f. (105) wange.
kintus m. heller.
kiusan st. v. (173 a. 1) prüfen.
kniu n. (94 a. 1) knie.
knôþs f. (74 a. 2) geschlecht.
knussjan sw. v. auf die knie fallen.
Krêks m. (8; 119) Grieche.
Krêta n. pr. (6).
kriustan st. v. (173 a. 1) knirschen.
ga-krôtôn sw. v. (12 a. 1) zermalmen.
krusts m. (101 a. 1) knirschen.
ana-kumbjan sw. v. (54 a. 1) accumbere, sich niederlegen (zum essen), sich lagern.
kûmei κοῦμι (hebr.) stehe auf.
kunds adj. herstammend, s. airþa-, guma-, himina-, qina-kunds.
kuni n. (93) geschlecht, stamm.
kunnan verb. praet.-praes. (199) kennen, wissen. — Comp. (199 a. 1) a) fra-kunnan verachten. b) ga-kunnan sich unterwerfen.
kunnan sw. v. (199 a. 1) nur in compos.: a) ana-kunnan lesen. b) at-kunnan zuerkennen. c) ga-kunnan kennen lernen, erkennen, betrachten. d) uf-kunnan (pt. -kunþs 199 a. 1) erkennen, erfahren, kennen.
kunþi n. kunde, kenntnis.
kunþs part. pt. kund, bekannt; sbst. m. der bekannte.
kustus m. prüfung, probehaltigkeit (zu kiusan).
Kyreinaius n. pr. Κυρήνιος.

-Qaírnus (105) mühle (in asiluqairnus).
qaírrus adj. (131) sanftmütig.
Qartus n. pr. (59).
qêns (qeins 7 a. 2) f. (103) eheweib.
qiman st. v. (175 a. 1) kommen, ankommen. — Compos. a) anaqiman c. acc. zu jem. hintreten. b) fraqiman c. dat. etw. vertun, verzehren. c) ga-qiman zusammenkommen. ga-qiman sik sich ver-

qina-kunds — liudan. 129

sammeln. d) us-qiman c. dat. jemanden umbringen, töten.
qina-kunds adj. (88ª) weiblich.
qinô f. (112) weib, femina.
- qiss f. (76 a. 1) rede (nur in comp.).
qistjan sw. v. verderben, vernichten.
 — Compos. a) fra-qistjan dass.
 b) us-qistjan c. dat. oder acc. zu grunde richten, töten.
fra-qistnan sw. v. zu grunde gehen, umkommen.
qiþan st. v. (176 a. 1) sagen, sprechen, meinen, nennen. — Compos. us-qiþan aussprechen, verbreiten.
qiþus m. leib, mutterleib.
ga-qiujan sw. v. (42; 187) lebendig machen.
ga-qiunan (42 a. 3) lebendig werden.
qius adj. (124 a. 3) lebendig.
qrammiþa f. feuchtigkeit.
qums m. (101 a. 1) ankunft.

Laggei f. (113) länge.
laggs adj. lang (nur von der zeit).
lagjan sw. v. (187) legen, hinlegen; niederlegen, geben. — Comp. galagjan legen, hinlegen (zu ligan).
laigaiôn λεγεών, legion.
laikan red. v. (179) springen.
laiktjô f. (57) lectio.
lais v. praet.-pr. (30; 197) ich weiss.
laisareis m. (92) lehrer.
laiseins f. (103 a. 1) lehre.
laisjan sw. v. (30; 197) lehren.
laistjan sw. v. folgen, nachfolgen, verfolgen.
Laiwweis n. pr. Λευίς.
lamb n. lamm.
land n. land, gegend. þata bisunjanê land die umgegend. — gen. landis adv. (215) über land.
lasiws adj. (42 a. 1) schwach.
laþôn sw. v. laden, einladen, berufen.
laþôns f. (103 a. 1) einladung; trost, erlösung.
*lauan red. v. (22 a. 2; 26 a. 2; 179 4) schmähen.
-laubjan sw. v. (91) nur in comp.: a) ga-laubjan glauben. b) us-laubjan erlauben, zulassen.
laufs m. (56 a. 1; 91) laub.
laugnjan sw. v. (31) leugnen.
lauhatjan sw. v. (187 a. 1) leuchten.
lauhmuni f. (14 a. 3) blitz.
Lauidja n. pr. (26 a. 1).
laun n. lohn, belohnung.
laus adj. (78 a. 2) los.

lausa-waúrds adj. (88ª a. 1) eitles redend.
laus-handus adj. (88ª a. 1; 131 a. 1) leere hand habend.
laus-qiþrs adj. (88ª a 1) leeren magens.
lausjan sw. v. lösen, erlösen. — Compos. ga-lausjan dass.
bi-leiban st. v. (56 a. 1; 172 a. 1) bleiben.
leihts adj. leicht; — subst. m. leihts (?) leichtsinn.
leihvan st. v. (172) leihen. leihvan sis borgen.
leik n. leib, fleisch.
leikan sw. v. gefallen. — Compos. ga-leikan gefallen. waíla galeika ich habe wolgefallen.
leikeins adj. leiblich, von fleisch, fleischlich.
ga-leikôn sw. v. vergleichen; sich gleichstellen, gleichen. — Compos. in-ga-leikôn umwandeln (galeiks adj. ähnlich).
leitils adj. (138) klein, wenig.
leiþan st. v. (172 a. 1) gehen; nur in compos. a) af-leiþan weggehen. b) bi-leiþan verlassen, zurücklassen. c) ga-leiþan gehen, kommen. d) us-leiþan weggehen, ausgehen, vergehen.
leiþu n. (106 a. 1) obstwein.
lêkeis m. arzt.
lêtan (leitan 7 a. 2) red. v. (181) lassen, zulassen; überlassen, zurücklassen. — Comp. a) af-lêtan entlassen; verlassen; erlassen, vergeben; überlassen. b) fra-lêtan frei lassen, entlassen, erlassen, vergeben; lassen, gestatten; hinablassen.
lêw n. (94 a. 1) gelegenheit, anlass.
lêwjan sw. v. verraten. — Compos. ga-lêwjan dass.
libains f. (103 a. 1) leben.
liban sw. v. (193) leben.
af-lifnan sw. v. übrig bleiben.
ligan st. v. (176 a. 1) liegen.
ligrs m. (a) lager, bett.
af-linnan st. v. (174 a. 1) weichen.
lisan st. v. (176 a. 1) zusammenlesen, sammeln. — Compos. galisan sammeln. galisan sik sich versammeln.
lists f.? (30; 103 a. 2) list.
liþus m. (105) glied.
liudan st. v. (173 a. 1) wachsen.

Braune, got. grammatik. 4. aufl. 9

liufs, *g.* liubis *adj.* (31; 56 a. 1; 124 a. 2) *lieb, geliebt.*
liugan *st. v.* (31; 173 a. 1) *lügen.*
liugan *sw. v.* (192 a. 1; 193) *heiraten.*
liugn *n.* (31) *lüge.*
liugnja *m.* (31) *lügner.*
liuhadei *f. u.* liuhadeins *f.* (113 a. 2) *licht, erleuchtung.*
liuhadeins *adj. leuchtend, hell.*
liuhaþ, *g.* liuhadis *n.* (94) *licht.*
liuhtjan *sw. v. leuchten.*
fra-liusan *st. v.* (173 a. 1) *verlieren.*
liuta *m. heuchler.*
lôfa *m. die flache hand.*
lubains *f.* (31) *hoffnung.*
lubja-leisei *f.* (30) *giftkunde.*
-lubô *f.* (31) *liebe* (s. broþru-lubô).
ludja *f. angesicht.*
luftus *m.* (105) *luft.*
lûkan *st. v.* (15; 173 a. 2) *schliessen; nur in compos.*: a) ga-lûkan *zuschliessen, verschliessen.* b) us-lûkan *öffnen.*
lukarn *n. leuchte, licht.*
lukarna-staþa *m. leuchter.*
lûns *f. oder* lun *n.?* (15 a. 1; 94 a. 2) *lösung.*
fra-lusnan *sw. v.* (194) *verloren gehen.*
lustôn *sw. v. begehren.*
lustus *m.* (105) *lust, begierde.*

Magan *v. praet.-praes.* (201) *können, vermögen.*
magaþei *f.* (113) *jungfrauschaft.*
magaþs *f.* (103) *jungfrau.*
magula *m.* (108) *knäbchen, knabe.*
magus *m.* (105) *knabe.*
mahteigs *adj.* (124) *mächtig.*
mahts *f.* (66 a. 1) *macht, kraft.*
maidjan *sw. v. entstellen, verfälschen.*
maihstus *m. mist.*
mais *adv. zu* maiza (212) *mehr, vielmehr.* hvau mais, haiwa **mais** *wie viel mehr;* mais *c. dat.: mehr als.*
maitan *red. v.* (179) *hauen.* — *Compos.* a) **af-maitan** *abhauen.* b) **bi-maitan** *beschneiden.*
maiþms *m.* (91 a. 1) *geschenk.*
maiza *compar. grösser; superl.* **maists** *der grösste* (138). *adv.* **maist** (212 a. 3).
Makaidonja, Makidonja *n. pr.* (11 a. 1) *Μακεδονία.*
malan *st. v.* (177 a. 1) *malen.*

malô *f. motte.*
mammôna *m. μαμμωνᾶς, reichtum.*
managduþs *f.* (103) *menge.*
managei *f.* (111) *menge.*
managnan *sw. v. sich mehren; reichlich vorhanden sein.*
manags *adj.* (124) *viel.*
mana-maúrþrja *m.* (88 a. 3; 108) *mörder.*
mana-sêþs, *g.* -sêdais *f.* (88 a. 3; 103) *menschheit, welt* (-sêþs *saat zu saian*).
man-leika *m.* (88 a. 3) *bild.*
manna *m.* (117) *mensch, mann.* — ni manna *niemand.*
manna-hun *pron.* (163) *mit* ni: *niemand.*
manwjan *sw. v. bereiten.* — *Compos.* ga-manwjan *dass.*
manwus *adj.* (131) *bereit.* — *adv.* manwuba (210).
marei *f.* (113) *meer.*
Maria, Marja *n. pr. Μαρία.*
marikreitus *m.* (119) *perle.*
mari-saiws *m.* (88 a) *see.*
marka *f. grenze, mark.*
Markus *n. pr. Μάρκος.*
martyr (39) *märtyrer.*
marzjan *sw. v. ärgern.* — *Compos.* ga-marzjan *dass.*
matjan *sw. v. essen.*
mats *m.* (101) *speise.*
Matþaius *n. pr. Ματθαῖος.*
mapl *n.* (94 a. 2) *markt.*
maudjan *sw. v. erinnern.* — *Compos.* ga-maudjan *dass.*
maúrgins *m.* (91 a. 1; 214) *morgen.*
maúrnan *sw. v. sorgen, besorgt sein.*
maúrþr *n.* (94) *mord.*
maúrþrjan *sw. v. morden, töten.*
mawi *f.* (42; 94) *mädchen.*
mawilô *f. mägdlein.*
mêgs *m.* (91 a. 1) *eidam.*
meins *pron. poss.* (151) *mein.*
mêl *n. zeit, stunde.*
mêla *m. scheffel.*
mêljan *sw. v.* (157) *schreiben, aufschreiben.* — *Compos.* a) ana-mêljan *aufschreiben.* b) ga-mêljan *schreiben, aufschreiben.*
mêna *m.* (108) *mond.*
mênôþs *m.* (117) *monat.*
mêriþa *f. gerücht, ruf.*
mêrjan *sw. v. verkündigen, predigen. part.* mêrjands *m.* (115). — *Compos.* a) **waila-mêrjan** *frohe*

botschaft verkündigen. b) *wajamêrjan* (21 a. 2) *lästern.*
mêrs adj. (130 a. 2) *in* wailamêrs *löblich.*
mês *n.* (8) *tisch.*
midjis *adj.* (122 a. 1; 125) *mitten.*
midjun-gards *m.* (i) *erdkreis.*
*miduma *f.* (139 a. 1) *mitte.*
midumônds *part. m.* (115) *mittler.*
mikildups *f.* (103) *grösse.*
mikilei *f.* (113) *grösse.*
mikiljan *sw. v.* (155) *preisen, verherrlichen.*
mikilnan *sw. v.* (194) *gross werden.*
mikils *adj.* (138) *gross, stark.*
mikil-þûhts *adj.* (209) *hochmütig.*
mildiþa *f.* (97) *milde.*
milhma *m.* (108) *wolke.*
miliþ *n. honig.*
miluks *f.* (116) *milch.*
*mims, mimz *n.* (78 a. 1) *fleisch.*
minniza *comp.*, minnists *superl. zu* leitils (138).
mins *adv.* (78 a. 1; 212 a. 1) *weniger.*
*missa-deþs (missadêds) *f. missetat, sünde (vgl.* dêþs).
missa-leiks *adj. verschieden.*
missô *adv.* (211 a. 1) *einander, wechselseitig, stets mit pron. pers.:* izwis, uns missô *(euch, uns) einander.*
mitan *st. v.* (176) *messen. — Comp.* us-mitan *sich aufhalten, wandeln.*
mitaþs *f.* (116) *mass.*
mitôn *sw. v.* (190) *ermessen, denken, überlegen, bedenken.*
mitôns *f.* (103 a. 1) *überlegung, gedanke.*
miþ (mid 74 a. 1) 1) *praep. c. dat.* (217): *mit, zugleich mit.* 2) *adv. mit, zugleich.*
miþ-garda-waddjus *f.* (88 a. 2) *scheidewand.*
miþ-þan-ei *conj.* (218) *mit dem dass, während, indem.*
miþ-wissei *f.* (30) *mitwissen, gewissen.*
mizdô *f. lohn.*
môdags *adj.* (124) *zornig.*
*af-môjan *sw. v.* (26; 187) *ermüden.*
Môsês, *g.* Môsêzis *n. pr.* Μωσῆς.
môta *f. zoll.*
ga-môtan *v. praet.-pr.* (202) *raum finden.*
môtareis *m. zöllner.*
ga-môtjan *sw. v. begegnen.*
môþs, *g.* inôdis *m.* (74 a. 2; 91 a. 2) *mut, zorn.*

mûka-môdei *f.* (15) *sanftmut.*
faúr-mûljan *sw. v.* (15) *das maul verbinden.*
munan *v. praet.-pr.* (200) *meinen. — Comp.* ga-munan *sich erinnern, gedenken* (200 a. 1).
munan *sw. v.* (200 a. 1) *gedenken.*
muns *m.* (101) *gedanke, absicht, beschluss.*

Naen *n. pr.* (6).
ga-nah, bi-nah (201) *s.* naúhan.
nahta-mats *m.* (i) (88 a. 3) *nachtessen.*
nahts *f.* (116) *nacht.*
naiteins *f.* (103 a. 1) *lästerung (ga-*naitjan *sw. v. schmähen).*
naqaþs, *g.* naqadis *adj. nackend, bloss.*
namnjan *sw. v.* (187) *nennen.*
namô *n.* (110 a. 1) *name.*
naseins *f.* (103 a. 1) *rettung, heil.*
nasjan *sw. v.* (155). *retten.* nasjands *m.* (115) *heiland. — Comp.* ga-nasjan *gesund 'machen, heilen, retten.*
nati *n.* (95) *netz.*
Naþan *n. pr.* (70).
Naúbaímbaír (51 a. 1) *november.*
naudi-baudi *f.* (88 a) *zwangsfessel.*
Naúêl *n. pr.* (26 a. 1).
naúh *adv. noch;* ni naúh *noch nicht.*
ga-naúhan *v. praet.-pr.* (201) *genügen.*
naúh-þauuh *adv. noch.*
naus *m.* (101 a. 3) *der tote.*
nauþjan *sw. v. nötigen, zwingen.*
— *Compos.* ana-nauþjan *dass.*
nauþs *f.* (103) *not.*
Nazaraiþ *n. pr.* Ναζαρέτ.
Nazôrênus *n. pr.* Ναζωρηνός, *voc.* Nazôrênai *Mc.* 1, 24.
nê *adv.* (216) *nein.*
nêƕ *adv.* (64) *nahe.*
nêƕa *adv., praep.* (217) *nahe.*
nêƕis *adv. comp.* (212) *näher.*
nêƕjan *u. comp.* at-nêƕjan *sw. v. (mit oder ohne* sik) *sich nähern, heranziehen.*
nêƕundja *m. der nächste.*
nei *fragepart.: nicht?*
neiwan *st. v.* (172 a. 3) *nachstellen.*
ni *negationspart.* (216): *nicht, auch nicht, nicht etwa.*
niba *u.* nibai (10 a. 2) *conj.* (218) *ausser, wenn nicht, es sei denn dass.* nibai ƕan *dass nicht etwa.*

9*

nidwa *f. rost.*
nib (20 a. 1 *und* 62 a. 3) *conj.* (218) *und nicht, auch nicht; nicht;* nih —nih, nih—ni, ni—nih *weder —noch.*
Nikaúdêmus *n. pr.* (23 a. 1).
niman *st. v.* (170; 175) *nehmen, annehmen, aufnehmen. Comp.* a) af-niman *abnehmen, wegnehmen.* b) and-niman *annehmen, aufnehmen, empfangen.* c) ga-niman *zu sich nehmen, mitnehmen, aufnehmen, erhalten.* d) us-niman *herausnehmen, wegnehmen.*
ga-nisan *st. v.* (176 a. 1) *gerettet, selig werden; gesund werden, genesen.*
niþan *st. v.* (176 a. 1) *helfen.*
niþjis *m.* (92) *vetter.*
niþjô *f.* (112) *base.*
ni-u *interrog. part.* (216): *nicht? nicht wahr?*
ana-niujan *sw. v.* (187) *erneuern.*
niuja-satiþs *part. m.* (88 a a. 1) *neuling.*
niujis *adj.* (126) *neu, jung.*
niu-klahei *f. kleinmut* (niuklahs *adj. kindisch, unmündig*).
niun *num.* (141) *neun.*
niunda *ord.* (146) *der neunte.*
niuntêhund *num.* (143) *neunzig.*
niutan *st. v.* (173 a. 1) *geniessen.*
ga-nôhjan *sw. v. genüge leisten, befriedigen.*
nôta *m. hinterteil des schiffes.*
nu *adv. u. conj.* (214 a. 1; 215) *jetzt, nun, also, demnach. — substant.:* fram þamma nu *von jetzt an.*
nuh *adv.* (216; 218) *also, denn.*
-numjam.(33)*nehmer*(inarbinumja).
nunu *conj.* (218) *also.*
nuta *m. fänger, fischer.*

Ô *interj.* (219) *o!*
ôgan *v. praet.-pr.* (35; 202) *fürchten, sich fürchten;* auch ôgan sis.
ôgjan *sw. v.* (35) *in furcht setzen.*
ôsanna *fremdw.* (61).

Paida *f.* (51) *rock.*
paíntekustê (13 a. 1) *pfingsten.*
Paítrus *n. pr.* Πέτρος.
paraskaíwê (39) *rüsttag.*
paska πάσχα, *osterfest.*
Paúntius *n. pr.* (24 a. 5).
paúrpura, paúrpaúra (24 a. 2. 5) *purpur.*
Pawlus *n. pr.* Παῦλος.

peika-bagms *m.* (51) *palme.*
Peilâtus *n. pr.* (5 a).
Phaeba *n. pr.* (52).
pistikeins *adj.* (51) *echt.*
plapja *f.* (97 a. 1) *platea, strasse.*
plats *m.* (a *od.* i?) *lappen, flicken.*
plinsjan *sw. v.* (51) *tanzen.*
ana-praggan *red. v.* (51) *bedrängen.*
praitôriaún (120 a. 2) *praetorium.*
praúfêteis *f.* προφῆτις.
praúfêtus *oder* praufêtês *m.* προφήτης.
puggs *m.?* (51) *geldbeutel.*
pund *n.* (51) *pfund.*

Q *siehe hinter* K.

Radagaisus *n. pr.* (21 a. 1).
raginôn *sw. v. ratgeber, befehlshaber sein* (ragin *n. rat,* ragineis *m. ratgeber*).
rahnjan *sw. v. rechnen, berechnen, anrechnen jem. etwas.*
raihtis *adv., conj.* (218 u. a. 1) *denn, etwa, zwar.*
raihta *adj. recht, gerade.*
ur-raisjan *sw. v.* (188) *aufstehen machen, aufrichten, aufwecken.*
raka þaxá (hebr.; *taugenichts*).
uf-rakjan *sw. v. in die höhe recken, ausstrecken.*
ur-rannjan *sw. v.* (32) *aufgehen lassen.*
rasta *f. meile.*
*ga-raþjan? *st. v.* (177 a. 2) *zählen.*
raþjô *f.* (112) *zahl, rechnung.*
bi-raubôn *sw. v. berauben.*
raupjan *sw. v. ausraufen.*
*raups *adj.* (74 a. 2) *rot.*
Reccarêd *n. pr.* (6 a. 2).
-rêdan *red. v.* (181) *raten (nur in comp.).*
reiki *n.* (95) *das reich.*
reikinôn *sw. v.* (100) *herschen.*
reiks *m.* (117) *herscher.*
reiks *adj. mächtig, vornehm.*
reiran *sw. v. zittern.*
ur-reisan *st. v.* (172 a. 1) *aufstehen, sich erheben.*
rignjan *sw. v. regnen* (rign *n. regen*).
rikan *st. v.* (176 a. 1) *anhäufen.*
riqis, riqiz (78 a. 1) *n.* (94) *finsternis, dunkelheit.*
riqizeins *adj. finster, dunkel.*
rinnan *st. v.* (174 a. 1) *laufen, rennen. — Compos.* a) ga-rinnan *zusammenlaufen, zusammenkommen.* b) ur-rinnan *ausgehen, kommen, aufgehen.*

rinnô f. (32) giessbach.
*riureis (oder riurs nach § 130?) adj. vergänglich, sterblich.
rôdjan sw. v. reden, sprechen.
Rûma, Rûmôneis n. pr. (15 a. 2).
ur-rûmnan sw. v. (78 a. 4) sich erweitern.
rûms m.? (15) raum.
rûna f. (15) geheimnis.
runs m. (32; 101 a. 1) lauf.

Sa pron. (153) dieser, der, er.
sabbatô indecl. oder sabbatus m. (120 a. 1) σάββατον.
sa-ei pron. (157) welcher.
saggws m. (101) gesang.
sa-h pron. (154) dieser, der, er.
sa-hvaz-uh pron. (164 a. 1).
sai interj. (219; 204 a. 2) siehe!
saian (saijan 22 a. 1) red. v.(22; 182) säen. — Compos. in-salan hineinsäen.
saihs num. (141) sechs.
saihsta ord. (146) der sechste.
saihvan st. v. (34 a. 1; 176 a. 1) sehen, ansehen, hinsehen, zusehen. — Compos. a) at-saihvan auf etwas sehen, achten, sich in acht nehmen vor etwas. b) bi-saihvan besehen, ansehen, umhersehen. c) ga-saihvan sehen, erblicken. d) in-saihvan auf etwas hinsehen. e) þairh-saihvan durchsehen, hineinsehen. f) us-saihvan aufsehen, in die höhe sehen; sich nach etwas umsehen.
in-sailjan sw. v. an seile binden.
saír n. (20 a. 2; 94) schmerz.
saiwala f. (97) seele, leben.
saiws m. (101 a. 1) see.
sakan st. v. (177 a. 1) streiten. — Compos. a) and-sakan bestreiten. b) ga-sakan drohen, verbieten.
sakjô f. (35) streit.
sakkus m. (58 a. 1) sack.
salbôn sw. v. (189) salben.
salbôns f. (103 a. 1) salbe.
saltan red. v. (179 a. 1) salzen.
sama pron. (132 a. 3; 156) derselbe.
sama-fraþjis adj. (126) gleichgesinnt.
sama-lauþs adj. (74 a. 1) gleichgross.
sama-leikô adv. auf gleiche weise, gleichfalls.
samaþ adv. (213 a. 2) zusammen.
sandjan sw. v. (74 a. 3; 187) senden. — Compos. a) ga-sandjan geleiten. b) in-sandjan hineinsenden,

entsenden, senden. c) us-sandjan aussenden. fortsenden.
Satana und Satanas m. σατανᾶς.
satjan sw. v. (187) setzen. — Comp. a) af-satjan absetzen, entlassen. b) at-satjan darstellen. c) ga-satjan hinsetzen, hinstellen; beilegen. d) faúra-gasatjan vor jem. hinstellen, darstellen.
saþs, g. sadis, adj. (74 a. 3) satt.
saúhts f. (58 a. 2) krankheit.
sauil n. (26; 94) sonne.
Saúlaúmôn n. pr. Σολομών.
bi-sauljan sw.v. (24 a. 1) beflecken.
bi-saulnan sw. v. (24 a. 1) sich beflecken.
Saúr n. pr. m. (i) Σύρος (24 a. 5).
saúrga f. sorge.
saúrgan sw. v. sorgen, sich kümmern, in sorge sein.
sauþs m. (101) opfer.
sei pron. f. (157 a. 3).
Seidôna n. pr. Σιδών.
Seimôn (acc. Seimôna) und Seimônus n. pr. Σίμων.
seina gen. pron. reflex. (150).
seins pron. (151) sein, ihr.
seiþus adj. (131) spät.
sêls adj. (130) gütig.
sibja f. (97 a. 1) verwantschaft.
ga-sibjôn sw. v. sich versöhnen.
sibun num. (141) sieben.
sibuntêhund num. (143) siebzig.
sidôn sw. v. (190) üben.
sidus m. sitte.
siggwan st. v. (68; 174 a. 1) singen, lesen, vorlesen. — Compos. us-siggwan lesen, vorlesen.
sigis n. sieg.
sigis-laun n. (88ᵘ a. 3) siegeslohn.
Sigis-môres n. pr. (6 a. 2).
sigqan (siggqan) st. v. (174 a. 1) sinken. — Compos. ga-sigqqau sinken, untergehen, in etwas versinken.
sigljan sw. v. siegeln, besiegeln.
sigljô n. (110) siegel.
sihu? (20 a. 1; 106 a. 1) sieg.
ana-silan sw. v. (193) ruhig sein, schweigen.
silba pron. (132 a. 3; 156) selbst.
Silbánus n. pr. (5 a; 54 a. 1) Σιλουανός.
silba-wiljis adj.(92 a. 4) freiwillig.
silda-leikjan sw. v. sich verwundern.
silubr n. (94) silber.
simlê adv. (214 a. 1) einst.

sinaps m. (?) *senf.*
sineigs *adj.* (10 a. 5; 136) *alt.*
sinteins *adj. täglich.* sinteinô *adv. immer, allezeit.* seiteina (17 a. 2).
sipôneis m. (92) *schüler, jünger.*
sipônjan *sw. v.* (157; 158) *schüler sein.*
sitan *st. v.* (176 a. 1) *sitzen. — Comp.* a) bi-sitan *herumsitzen.* bisitands (115) m. *umwohner, nachbar.* b) gasitan *sich setzen.*
siujan *sw. v.* (157) *nähen.*
siukan *st. v.* (173 a. 1) *krank sein.*
siuks *adj.* (124) *krank.*
siuns *f.* (42 a. 3; 103) *das sehen, gesicht, erscheinung.*
skaban *st. v.* (177 a. 1) *schaben.*
skadus m. *schatten.*
-skadweins *f.* (14 a. 1) *beschattung* (in ga-skadweins).
ufar-skadwjan *sw. v.* (14 a. 1) *überschatten.*
skaidan *red. v.* (179) *scheiden.*
ga-skaidnan *sw. v.* (194) *geschieden werden.*
skalkinôn *sw. v. dienen.*
skalks m. (91) *diener, knecht.*
skaman sik *sw. v. sich schämen.*
ga-skapjan *st. v.* (177 a 2) *schaffen.*
skattja m (80) *geldwechsler.*
skatts m. (69 a. 1) *geld.*
skaþjan *st. v.* (177 a. 2) *schaden.*
skauda-raips m. (?) *schuhriemen.*
skauns *adj.* (130 a. 2) *schön.*
us-skawjan *sw. v.* (42 a. 2) *zur besinnung bringen.*
skeinan *st. v.* (172 a. 1) *scheinen, leuchten, glänzen. — Compos.* biskeinan *umleuchten.*
skeireins *f. erklärung.*
ga-skeirjan *sw. v. erklären.*
skeirs *adj.* (78 a. 2; 129 a. 1; 130) *klar.*
skêwjan *sw. v. gehen.*
skip *n. schiff.*
af-skiuban *st. v.* (56 a. 1; 173 a. 1) *wegschieben.*
skôhs m. (a?) *schuh.*
dis-kreitan *st. v.* (172 a. 1) *zerreissen* (trans.).
dis-skritnan *sw. v.* (194) *zerreissen* (intrans.).
skuggwa m. (68) *spiegel.*
skula m. *adj. schuldig, einer strafe verfallen; subst.* (108) *schuldner.*
skulan *v. praet.-pr.* (200) *schuldig sein, sollen, müssen;* skuld ist *es ist pflicht, es ziemt sich, es ist erlaubt, man muss.*

skûra *f.* (15) *schauer.*
slahan *st. v.* (177 a. 1) *schlagen.*
slahs m. (l) *schlag, plage.*
af-slauþjan *sw. v. in angst versetzen.*
af-slaupnan *sw. v. sich entsetzen.*
slawan *sw. v. schweigen. — Compos.* ga-slawan *dass.*
slêpan *red. v.* (179) *schlafen.*
slêps m. (91 a. 2) *schlaf.*
fra-slindan *st. v.* (174 a. 1) *verschlingen.*
sliupan *st. v.* (173 a. 1) *schlüpfen.*
smakka m. (58 a. 1) *feige.*
smals *adj. klein, gering.*
ga-smeitan *st. v.* (172 a.1) *schmieren.*
snaga m. *kleid, mantel.*
snaiws m. (91 a. 1) *schnee.*
sneipan *st. v.* (172 a. 1) *schneiden.*
sniumjan *sw. v. eilen.*
sniumundôs *adv.* (212 a. 2) *eiliger.*
sniwan *st. v.* (176 a. 2) *eilen.*
snutrs *adj. weise.*
sôkjan *sw. v.* (35; 158) *suchen, verlangen; untersuchen, streiten.*
sôkns *f.* (85; 103) *untersuchung.*
ga-sôþjan *sw. v.* (74 a. 3) *sättigen.*
spaikulâtur (5 a; 24 a. 2) *späher.*
sparwa m. *sperling.*
spaúrds *f.* (116) *rennbahn.*
spêdumists *sup.* (139 a. 1) *der letzte.*
speiwan *st. v.* (172 a. 1) *speien.*
spilda *f. tafel.*
spillôn *sw. v. verkündigen, erzählen* (spill *n. erzählung*).
spinnan *st. v.* (174 a. 1) *spinnen.*
sprautô *adv.* (211 a. 1) *schnell.*
stafs m. (56 a. 1) *element.*
staiga *f. steig, weg.*
stainahs *adj. steinig.*
staineins *adj. steinern.*
stains m. (91) *stein, fels. — Als eigenname =* Petrus Skeir. 49.
stairnô *f. stern.*
ga-staldan *red. v.* (179) *besitzen.*
standan *st. v.* (177 a. 3) *stehen. — Comp.* a) af-standan *abstehen, abfallen.* b) and-standan *c. dat. entgegentreten, widerstreiten.* c) at-standan *dabei stehen, hinzutreten.* d) ga-standan *stehen, feststehen, bleiben; wider hergestellt sein.* e) twis-standan (twistandan vgl. 78 a. 5) *c. dat. sich trennen, abschied nehmen von jem.* f) us-standan *aufstehen, auferstehen, sich erheben.*
staþs, *g.* stadis m. (101) *ort, stätte,*

gegend. jainis stadis *(vgl.* § 215) *an den jenseitigen ort, hinüber.*
*staþs, *g.* staþis *m.* (? 91 a. 2) *ufer, gestade.*
staua *f.* (26) *gericht, rechtsstreit, urteil.*
staua *m.* (26; 108) *richter.*
staua-stôls *m.* (a) *richterstuhl.*
and-staúrran *sw. v. bedrohen.*
stautan *red. v.* (179 a. 1) *stossen, schlagen.*
steigan *st. v.* (172 a. 1) *steigen. — Compos.* a) ufar-steigan *darüber emporsteigen.* b) us-steigan (usteigan 78 a. 5) *aufsteigen, hinaufsteigen.*
stibna *f.* (97) *stimme.*
us-stiggan *st. v.* (174 a. 1) *ausstechen.*
stigqan *st. v.* (174 a. 1) *stossen.*
stilan *st. v.* (175 a. 1) *stehlen.*
stiwiti *n. geduld.*
stiur *m.* (78 a. 2; 91 a. 4) *stier.*
-stôdjan *sw. v. nur in compos.*: a) ana-stôdjan *anfangen.* b) du-stôdjan *dass.*
stôjan *sw. v.* (26; 186) *richten. — Compos.* ga-stôjan *richten, beschlicssen.*
stôls *m.* (a) *stuhl.*
straujan *sw. v.* (42; 187) *streuen.*
striks *m.* (i?) *strich.*
stubjus *m.* (105) *staub.*
ga-suljan *sw. v. gründen.*
suman *adv.* (214 a. 1) *einst.*
sums *pron.* (162) *irgend ein, ein gewisser, einer, plur. einige.* bi sumata *zum teil.*
sundrô *adv.* (211 a. 1) *abgesondert, besonders.*
sunja *f.* (97 a. 1; 215) *wahrheit.*
sunjaba *adv.* (210) *wahr.*
Sunjai-friþas *n. pr.* (88 a. 2).
sunjis *adj.* (126) *wahr.*
sunjôn *sw. v.* (190) *rechtfertigen.*
sunnô *f.* (112) *n.* (? 110 a. 2) *sonne.*
suns *adv. bald, plötzlich, sogleich.*
suns-aiw *adv. sogleich.*
suns-ei *conj.* (218) *sobald als.*
sunus *m.* (104) *sohn.*
suts *adj.* (15 a. 1; 130) *süss.*
swa *adv. so.*
swa-ei *conj.* (218) *so dass, also.*
af-swaggwjan *sw. v. schwankend machen.*
bi-swaírban *st. v.* (174 a. 1) *abwischen.*
swaíhra *m.* (108) *schwiegervater.*

swaíhrô *f.* (112) *schwiegermutter.*
swa-lauþs *adj.* (161) *so gross.*
swa-leiks *adj.* (161) *so beschaffen, ein solcher.*
swamms *m.* (80 a. 1) *schwamm.*
swaran *st. v.* (177 a. 1) *schwören. — Compos.* a) bi-swaran *beschwören.* b) ufar-swaran *falsch schwören.*
swarê *adv. umsonst, vergebens.*
swartis *(A)* oder swartizl *(B) n.* (?) *tinte.*
swarts *adj. schwarz.*
swa-swê *adv. so wie, gleichwie, wie; — conj.* (218) *so dass, (auch c. inf.*
swê *adv. u. conj.* (218) *wie, gleichwie; als, da; so dass; ungefähr (bei zahlen).*
swêgnjan *sw. v. frohlocken.*
sweiban *st. v.* (56 a. 1; 172 a. 1) *aufhören.*
swein *n. schwein.*
swêrs *adj.* (78 a. 2) *geehrt.*
swês *adj.* (124 a. 1) *eigen.*
swê-þauh *adv.* (218) *doch, zwar.*
ga-swikunþjan *sw. v. bekannt, offenbar machen.*
swi-kunþs *adj. offenbar, bekannt.*
swiltan *st. v.* (174 a. 1) *sterben. — Compos.* ga-swiltan *dass.*
swinþnan *sw. v. stark werden.*
swinþs *adj.* (124) *stark, kräftig.*
swistar *f.* (114) *schwester.*
swôgatjan *sw. v.* (187 a. 1) *seufzen.*
swumfsl *n.* (80) *teich.*
Symaiôn *n. pr.* (39) Σιμεών.
synagôga-faþs, *g.* -fadis *m.* (i) *vorsteher der synagoge.*
synagôgê *f.* (39) συναγωγή,
Syria *n. pr.* Συρία.

Tagl *n. haar.*
tagr. *n. träne.*
tahjan *sw. v. reissen.*
taihswa *sw. adj. rechts*; taihswô *f. die rechte hand.*
taíhun\num. (141) *zehn.*
taíhunda *ord.* (146) *der zehnte.*
taíhun-têhund *u.* -taíhund *num.* (143; *vgl.* 148) *hundert.*
taiknjan *sw. v.* (188) *bezeichnen, zeigen. — Compos.* us-taiknjan *auszeichnen; bezeichnen; zeigen, erweisen;* ust. sik du sich vor jemand empfehlen.
taikns *f.* (103) *zeichen.*
tainjô *f.* (112) *korb.*
tains *m.* (91) *zweig.*

tairan *st. v.* (175 a. 1); *nur in compos.:* a) dis-tairan *auseinanderzerren, zerreissen.* b) ga-tairan *zerreissen, auflösen, aufheben.*
taloiþa ταλιθά (*chald. mägdlein*).
talzjan *sw. v. belehren; part.* talzjands *m.* (115) *lehrer.*
ga-tamjan *sw. v.* (33; 187) *zähmen.*
taui *n.* (26; 95) *tat.*
taujan *sw. v.* (187) *tun, machen, handeln, bewirken. — Compos.* ga-taujan *dass.*
ga-taúrnan *sw. v. zerrissen werden, vergehen;* ga-taúrnands *vergänglich.*
ga-teihan *st. v.* (172 a. 1) *anzeigen, verkündigen.*
Teimaúþaius *n. pr.* Τιμόθεος.
Teitus *n. pr.* Τίτος.
tēkan *red. v.* (181) *berühren, anrühren. — Comp.* at-tēkan *dass.*
Theodemir, Theodomirus *n. pr.* (6 a. 2; 70 a. 1).
Theodoricus *n. pr.*(18 a. 1; 70 a. 1),
Theudes *n. pr.* (18 a. 1).
Theudicodo *n. pr.* (18 a. 1).
*tigus *m. decade* (142).
and-tilōn *sw. v. sich anpassen (gatils adj. passend, til n. ziel).*
ga-timan *st. v.* (175 a. 1) *geziemen.*
timrja *m.* (108) *zimmermann.*
tiuhan *st. v.* (173) *ziehen. — Compos.:* a) at-tiuhan *herbeiziehen, herbeiführen.* b) us-tiuhan *hinausführen, wegführen; ausführen, vollenden.*
-tōjis *adj.* (26; 126) *tuend (nur in comp.)*
trauains *f. vertrauen, zuversicht.*
trauan *sw. v.* (26; 170 a. 2; 193) *trauen, vertrauen. — Comp.:* ga-trauan *vertrauen, mutig sein.*
Trauas, *d.* Trausdai *n. pr.* Τρῳάς.
trausti *n.* (95 a. 1) *bündnis.*
triggwa *f.* (97 a. 1) *bund.*
triggws *adj.* (68; 124) *treu, zuverlässig.*
ana-trimpan *st. v.* (174 a. 1) *hinzutreten.*
triu *n.* (93) *baum.*
trudan *st. v.* (175 a. 2) *treten.*
tuggl *n. gestirn.*
tuggō *f.* (111) *zunge.*
tulgjan *sw. v. befestigen. — Compos.* ga-tulgjan *dass.*
tulgus *adj.* (131) *fest.*
tunþus *m. zahn.*
twai *num.* (140) *zwei.*

twalib-wintrus *adj.* (88ᵃ a. 1; 131) *zwölfjährig.*
twalif *num.* (56 a. 1; 141) *zwölf.*
tweifls *m.* (91 a. 2) *zweifel.*
tweihnai *num.* (147) *je zwei.*
twis-standan *s.* standan.
Tykekus *n. pr.* (6).
Tyra *n. pr.* Τύρος.

þaddaius *n. pr.* Θαδδαῖος.
þadei *adv.* (213 a. 1) *wohin.*
þagkjan *an. v.* (209) *denken, bedenken, erwägen.* þagkjan sis bei sich überlegen. *— Compos.* andþagkjan (sik) *sich erinnern.*
þahan *sw. v.* (193) *schweigen.*
þāhō *f.* (5ᵇ) *ton,* πηλός.
þairh *praep. c. acc.* (217): *durch; vermittelst;* þairh þōei *weswegen* Skeir. 49.
þairkō *n.* (110) *loch.*
ga-þairsan *st.v.* (174 a. 1)*verdorren.*
þan 1) *relativ (meist voranstehend) wann, als, da, wenn.* 2) *demonstrat. (nachstehend) dann, damals, darauf* (214 a. 1). 3) *conj.* (218) *aber, zwar, daher, nun, denn (mit vorkergehendem* uh).
þana-mais *adv.* (153 a. 2) *weiter, noch.*
þana-seiþs (153 a. 2; 212 a. 1) *adv. weiter, noch;* ni þanaseiþs *nicht mehr.*
þandē *conj.* (218) *wenn, weil; bis.*
uf-þanjan *sw. v.* (187) *ausdehnen.*
þan-nu *adv.conj.* (218) *wol, ja, also.*
þan-uh *adv. conj.* (218) *da, dann.*
þar *adv.* (213 a. 1) *daselbst.*
þar-ei *adv. wo.*
þarihs *adj.* (20 a. 1) *ungewalkt.*
þar-uh *adv. daselbst, da; conj. nun* (218).
þat-ainei *adv. nur.*
þat-ei 1) *neutr. des pron. relat.* (157). 2) *conj.* (218) *dass, weil, damit. — Oft für griechisch* ὅτι*, zur einführung der worte eines redenden.*
þaþrō *und* þaþrō-h *adv.* (213 a. 1) *von da, daher; danach, sodann.*
þau *und* þau-h 1) *conj.* (218) *als (nach comparat.), oder (in doppelfragen).* 2) *adv.* (216) *doch, wol, etwa (meist griechisch* ἄν *widergebend).*
þauh-jabai *conj.* (218) *wenn auch.*
þaúrban *v. praet.-praes.* (199) *bedürfen, nötig haben, not leiden.*

þaúrfts f. (56 a. 4; 103) bedürfnis, not.
þaúrnus m. (105) dorn.
þaúrp n. (94 a. 2) dorf.
ga-þaúrsnan sw. v. (32) verdorren.
þaúrstei f. (32; 113) durst.
þaúrsus adj. (32; 131) dürr.
þê-ei (157 a. 1; 218) conj. darum dass.
þei (157 a. 2) 1) relat. (= þatei) nach þatahvah, þishvah etc. (164 a. 1). 2) conj. (218) dass, damit.
þeihan st. v. (172 a. 1) gedeihen.
þeihvô f. donner.
þeins pron. (151) dein.
at-þinsan st. v. (174 a. 1) herziehen.
þis-hvaduh adv. } s. 164 a. 2.
þishvaruh adv.
þis-hvazuh pron., mit folg. relat. (164 a. 1): wer nur immer.
þiubjô adv. (211) heimlich.
þiufs, þiubs (56 a. 1) m. (a) dieb.
þiuda f. (97) volk; plur. die heiden. þai þiudô die der heiden, die heiden.
þiudan-gardi f. (58ᵃ a. 1; 98) königreich.
þiudanôn sw. v. (190) könig sein.
þiudans m. (a) könig.
þiudinassus m. (105) königreich.
þiu-magus m. (58ᵃ a. 1) knecht.
*þius m. (91 a. 3) diener.
þiuþ n. das gute, gutes.
þiuþi-qiss f. (58ᵃ a. 2) segnung.
þiuþjan sw. v. (187) segnen. — Compos. ga-þiuþjan dass.
þiwi f. (95 a. 1) dienerin.
ga-þláihan red. v. (179 a. 1) liebkosen, trösten.
þlaqus adj. (131) weich.
þliuhan st. v. (173 a. 1) fliehen. — Compos. ga-þliuhan dass.
þômas n. pr. Θωμᾶς.
þrafstjan sw. v. trösten. — Compos. ga-þrafstjan dass.
þragjan sw. v. laufen.
þramstei f. (113) heuschrecke.
þreihan st. v. (172 a. 1) drängen, bedrängen.
þreis num. (140) drei.
þridja ord. (146; 149 a. 1) der dritte.
þriskan st. v. (174 a. 1) dreschen.
us-þriutan st. v. (173 a. 1) belästigen, schmähen.
þruts-fill n. (15 a. 1, 85ⁿ a. 3) aussatz.
þu pron. (150) du.

þugkjan an. v. (209) meinen, unpers. þugkeiþ mis mich dünkt, ich meine.
-þûhts adj. (15ᵇ) denkend, s. háuh-, mikil-þûhts.
þûhtus m. (15ᵇ) gewissen.
þulains f. (103 a. 1) das dulden, die geduld.
þulan sw. v. (193) dulden, leiden. — Compos. ga-þulan dass.
þûsundi num. (15; 145) f. tausend.
þûsundi-faþs m. (88ᵃ) hauptmann.
þwahan st. v. (177 a. 1) waschen, sich waschen.
ga-þwastjan sw. v. festmachen, stärken.

-u, enklitische partikel zur bezeichnung der frage (218), z. b. skuld-u ist ist es erlaubt? abu (af + u) þus silbin þu þata qiþis sprichst du das von dir selbst? Nach dem praefix ga- (216 a 1.) — vgl. niu.
Ubadamirus n. pr. (40 a. 1).
Ubadila n. pr. (40 a. 1).
ubilaba adv. (210) übel.
ubils adj. (124; 138) übel, schlecht, böse; — neutr. subst. þata ubil und þata ubilô.
ubil-tôjis adj. (126) übeltäterisch.
uf (56 a. 2; 217) praep. c. dat. u. acc.: unter.
uf-aíþeis adj. (56 a. 2) vereidet.
ufar praep. c. dat. u. acc. (217): über.
ufarassjan sw. v. machen, dass etwas im überfluss da ist, vermehren.
ufarassus m. überfluss, übermass, dat. ufarassau adv. im überfluss, im höchsten grade.
ufarô adv. (211 a. 1) darüber; praep. c. gen. u. dat. (217): über.
ufta adv. (214 a 1) oft.
-uh, oder -h (vgl. 24 a. 2 u. 62 a. 3), enklitische partikel (= lat. que, 218): und, auch, nun. — An pronomina und partikeln gehängt steht es oft nur zur verstärkung, vgl. sah (154); þaþrô-h, þau-h, þar-uh, þan-uh; — zur modification der bedeutung dienend: hvazuh, hvarjizuh (164 ff.).
ûhteigs, ûhtiugs adj. (15; 19) zeitig. — adv. ûhteigô (15 a. 3; 211).
ûhtwô f. (15; 112) morgendämmerung. air ûhtwôn vor tage.
ulbandus m. (?) kameel.

un-agands — ga-ga-waírþan.

un-agands *part.* (35; 202 a. 2) *furchtlos.*
un-and-huliþs *p. p.* (zu and-huljan) *unenthüllt.*
un-and-sôks *adj.* (35) *unwiderleglich.*
und *praep.* (217) 1) *c. dat. für, anstatt.* 2) *c. acc. bis zu, bis.* und þatei (218) *bis dass, so lange als.* und filu mais *um vielmehr.*
undar *praep. c. acc.* (217) *unter.*
undarô *adv.* (211 a. 1) *unten. — praep. c. dat.* (217) *unter.*
un-fáurs *adj.* (180) *geschwätzig.*
un-frôþs *adj.* (74 a. 4) *unklug.*
un-ga-hôbains *f.* (35) *unenthaltsamkeit.*
un-ga-laubjands *p. praes.* (zu ga-laubjan) *ungläubig.*
un-ga-saíhvans *p. praet.* (zu ga-saíhvan) *ungesehen, unsichtbar.*
un-handu-waúrhts *adj. nicht mit der hand gemacht.*
un-hrains *adj.* (i) *unrein.*
un-hulþô *f. unhold, dämon.*
un-karja *sw. adj. unbesorgt.*
un-kaúreins *f.* (103 a. 1) *unbeschwerlichkeit.*
*un-lêþs *adj.* (74 a. 2) *arm.*
un-mana-riggws *adj.* (68; 68ᵃ a. 3) *wild.*
unsar *pron.* (124 a. 1. 4; 151) *unser.*
un-sêls *adj.* (130) *übel, böse.*
un-sibjis *adj.* (126) *verbrecherisch.*
untê *conj.* (218) *bis, so lange als; denn, weil, dass.*
un-þiuþ *n. das böse.*
un-wâhs *adj.* (30) *untadelhaft.*
un-weis *adj. unwissend, unkundig.*
uu-wêniggô *adv.* (211 a. 1) *unverhofft.*
un-witands *p. praes.* (zu witan) *unwissend.*
ur-rists *f.* (30) *auferstehung.*
ur-runs *m.* (49; 78 a. 4; 101 a. 2) *ausgang.*
us (uz- 78 c, ur- 78 a. 4, *ausfall des* s 78 a. 5) *praep. c. dat.* (217): *aus, aus, etwas heraus, von — wey, von.*
us-beisns *f.* (75 a. 1) *erwartung.*
us-dauþs *adj.* (74 a. 2) *eifrig* (s. daudjan).
us-drusts *f. das fallen* (zu driusan).
us-fairina *adj.* (132 a. 2) *schuldlos.*
us-filma *sw. adj. erschrocken, erstaunt.*

us-grudja *sw. adj.* (132 a. 2) *träge, mutlos.*
us-haista *sw. adj.* (69 a. 2) *bedürftig.*
us-kunþs *adj. erkannt, offenbar.*
us-liþa *m. gichtbrüchiger.*
us-mêt *n.* (34) *aufenthalt.*
us-skaus *adj.* (42 a. 2; 124 a. 3) *vorsichtig.*
us-stass *f.* (103 a. 3) *auferstehung.*
us-waúrhts *adj. gerecht.*
us-waúrpa *f.* (32) *auswurf.*
ût *adv.* (15; 213 a. 2) *hinaus, heraus.*
ûta *adv.* (213 a. 2) *draussen.*
ûtana *und* ûtaþrô *adv.* (213 a. 2) *von aussen, ausserhalb.*
uz-êta (us-ôta? 78 a. 4) *m. krippe.*

-Waddjus *f.* (105) *mauer (nur in compos., z. b.* baúrgs-waddjus).
wadi *n. wette, pfand.*
wadja-bôkôs *f. pl.* (88ᵃ) *pfandbrief.*
*waggari *n.* (?) *kopfkissen.*
wahsjan *st. v.* (177 a. 2) *wachsen.*
wahstus *m. wuchs, leibesgrösse.*
*wahtwô (od. wahtwa?) *f.* (58 a. 2) *wache.*
wai *interj.* (219) *wehe!*
waian *red. v.* (22; 182) *wehen.*
wai-dêdja *m.* (21 a. 2) *übeltäter.*
wai-faírhvjan *sw. v. wehklagen.*
waihsta *m. winkel, ecke.*
waihts *f.* (116 u. a. 1) *sache, ding, etwas; gewöhnlich mit negation* ni waihts (u. ni waiht *n.* 116 a. 1) *nichts;* ni waihtai, ni in waihtai *in nichts, durchaus nicht.*
waila (20, 3) *adv. gut, recht, wol.*
waila-mêrjan *sw. v. s.* mêrjan.
waila-wizns *f. wolsein, nahrung.*
wair *m.* (91 a. 4) *mann.*
waírpan *st. v.* (174) *werfen. — Compos.* us-waírpan *c. dat. oder acc. hinauswerfen, austreiben.*
waírs *adv. comp.* (212 a. 1) *schlimmer.*
waírsiza *adj. comp.* (138) *schlimmer.*
waírþan *st. v.* (174 a. 1) *werden (auch als hilfsverbum), entstehen, geboren werden, geschehen, sich ereignen. — Compos.* fra-waírþan *s.* fra-wardjan.
waírþida *f. würdigkeit, tüchtigkeit.*
ga-ga-waírþnan *sw. v.* (§ 194 a. 1) *sich versöhnen (vgl.* ga-waírþi *n.*).

wairþs adj. *wert, würdig.*
waja-mêreins f. (113 a. 1) *lästerung.*
waja-mêrjan sw. v., s. mêrjan.
wakan st. v. (177 a. 1) *wachen. —* Comp. þairh-wakan (63 a. 1) *durchwachen.*
us-wakjan sw. v. (187) *aufwecken.*
ga-waknan sw. v. (35; 194) *erwachen.*
Valamir n. pr. (6 a. 2; 40 a. 1).
waldan red. v. (179 a. 1) *walten.*
waldufni n. (95 a. 1) *gewalt, macht.*
waljan sw. v. (187) *wählen.*
waltjan sw. v. *sich wälzen.*
wamba f. (97) *bauch, leib.*
wamm n. *fleck.*
wandjan sw. v. (188) *wenden, hinwenden. —* Compos. a) ga-wandjan *umwenden, hinwenden.* ga-wandjan sik *(auch ohne sik) umkehren, sich umwenden, sich bekehren.* b) us-wandjan *sich wegwenden.*
waninassus m. *mangel.*
*****war** adj. (124 a. 1) *behutsam.*
fra-wardjan sw. v. *etwas verderben, zu grunde richten (zu fra-wairþan zu grunde gehen).*
warei f. *behutsamkeit, verschlagenheit.*
wargiþa f. *verdammnis.*
warjan sw. v. (187) *wehren.*
warmjan sw. v. (188) *wärmen.*
wasjan sw. v. (187) *kleiden, sich kleiden. —* Compos. ga-wasjan *kleiden, bekleiden.*
wasti f. (98) *kleid;* plur. auch *kleidung.*
watô n. (110 a. 1) *wasser.*
waúrd n. (98) *wort, rede.*
waúrkjan an. v. (209) *wirken, bewirken, bereiten, machen, tun. —* Compos. ga-waúrkjan *dass.*
waúrms m. *wurm.*
waúrstw n. *werk.*
waúrstweigs adj. *wirksam.*
waúrstwja m. *arbeiter.*
waúrts f. *wurzel.*
wêgs m. (91 a. 5) *wogenschlag, woge, welle.*
weiha m. (108) *priester.*
weihan st. v. (172) *kämpfen.*
weihnan sw. v. (194) *heilig werden.*
weihs adj. *heilig.*
wein n. *wein.*
weina-basi n. (58 a. 1) *weinbeere.*

weina-triu n. (88 a. 1; 94 a. 1) *weinstock.*
wein-drugkja m. (88 a. 1) *weintrinker.*
weipan st. v. (172 a. 1) *bekränzen.*
-weitan st. v. (172 a. 1; 197 a. 1) *sehen, nur 'in compos.:* a) fra-weitan *rächen;* part. fraweitands m. (115) *rächer.* b) in-weitan *anbeten.*
fair-weitjan sw. v. *umherspähen, hinspähen auf etwas (c. gen., du oder in).*
weitwôdei f. *zeugnis.*
weitwôdiþa f. (71 a. 4) *dass.*
*****weitwôþs**, weitwôds m. (30; 74 a. 2; 117) *zeuge.*
wênjan sw. v. *hoffen, erwarten.*
wêns f. (103) *hoffnung, erwartung.*
ga-widan st. v. (176 a. 1) *verbinden.*
widuwô f. *witwe.*
ga-wigan st. v. (176 a. 1) *bewegen.*
wigs m. (91) *weg.*
wilja m. (108) *wille. —* Wilia n. pr. (40 a. 1).
wilja-halþei f. (88ª; 113 a. 2) *gunst.*
wiljan an. v. (205) *wollen.*
-wiljis adj., s. ga-, silba-wiljis.
wilþeis adj. (127) *wild.*
wilwan st. v. (174 a. 1) *rauben. —* Compos. dis-wilwan *ausrauben.*
-windan st. v. (174 a. 1) *winden. nur in compos.:* bi-windan *umwinden.*
winds m. (a) *wind.*
winnan st. v. (174 a. 1) *leiden, schmerz empfinden.*
wis n. *meeresstille.*
wisan st. v. (176 a. 1; 204. — praes. im; 3. p. ist mit ni: nist, mit þata: þatist 204 a. 3) *sein (hilfsverbum), da sein, vorhanden sein, bleiben, angehören (c. gen.), haben (c. dat.). — In der bedeutung 'bleiben' wird auch der indic. und opt. praes. von wisan gebraucht, z. b.* wisiþ 2 Cor. 3, 14. — Comp. a) at-wisan *da sein.* b) ufar-wisan *über etwas sein, im überfluss vorhanden sein.*
witan sw. v. (197 a. 1) *auf etwas sehen, acht geben; bewachen.*
witan v. praet.-pr. (30; 197) *wissen.*
witôþ, g. witôdis n. (94) *gesetz.*
witubni n. (30) *kenntnis.*

wiþra *praep. c. acc.* (217): *gegen, wider; gegenüber, vor.*
wiþrus *m. lamm (widder).*
wlaitôn *sw. v. umherblicken.*
wlits *m.* (101 a. 1) *angesicht.*
wôkains *f.* (35) *das wachen.*
wôkrs *m.* (91 a. 2) *wucher.*
wôpjan *sw. v. rufen, laut ausrufen.*
— *Compos.* uf-wôpjan (63 a. 1) *ausrufen.*
wôþeis *adj.* (128) *süss, angenehm.*
*wôþs, wôds (74 a. 2) *adj. wütend, besessen.*
wrakja *f.* (97 a. 1) *verfolgung.*
wratôn *sw. v. gehen, reisen.*
wrêþus *m.* (7 a. 3; 105) *herde.*
wrikan *st. v.* (176 a. 1) *verfolgen.*
ga-wrisqan *st. v.* (174 a. 1) *frucht bringen.*

wrôhjan *sw. v. anklagen.*
wulan *st. v.* (175 a. 2) *sieden.*
wulfs *m.* (91) *wolf.*
Wulfila *n. pr.* (221) '*wölfchen*', *gr.* Οὐλφίλας.
wulla *f. wolle.*
wulþags *adj. herrlich, verherrlicht.*
wulþrs *adj. wertvoll.*
wulþus *m.* (105) *herrlichkeit.*
wundufni *f. wunde.*

Xristus *n. pr.* (1 a. 4) Χριστός.

Y *siehe* § 39.

Zaibaidaius *n. pr.* Ζεβεδαῖος.
Zakarias *n. pr.* (43).

Verzeichnis abgekürzt angeführter bücher.

Anz. fda. = Anzeiger für deutsches alterthum, s. Zs. fda.
Beitr. = Beiträge zur geschichte der deutschen sprache und literatur. Halle 1874 ff.
Bezzenb. beitr. = Beiträge zur kunde der indogerm. sprachen, hg. v. A. Bezzenberger Göttingen 1875 ff.
Brugmann = Grundriss der vergleichenden grammatik der indog. sprachen von K. Brugmann. Strassburg 1886—92.
Dietrich = aussprache des got., s. § 2 a. 1.
Germ. = Germania hg. von Pfeiffer-Bartsch-Behaghel (1856—92).
Grundr. = Grundriss der german. philologie hg. v. H. Paul. Strassburg 1889—93.
IF = Indogerman. forschungen, hg. v. K. Brugmann und W. Streitberg. Strassburg 1892 ff.
Kuhns zs. = Zeitschrift für vergleichende sprachforschung. Berlin 1852 ff.
Litbl. = Literaturblatt für german. und roman. philologie. Heilbronn 1880 ff.
Wrede, Wand. = sprache der Wandalen, s. § 220 a. 4.
Wrede, Ostg. = sprache der Ostgoten, s. § 221 a. 4.
Zs. fda. = Zeitschrift für deutsches alterthum. Berlin 1841 ff. Dazu seit bd. 19: Anzeiger für d. alt. Berlin 1876 ff.
Zs. fdph. = Zeitschrift für deutsche philologie. Halle 1869 ff.

www.ingramcontent.com/pod-product-compliance
Lightning Source LLC
Chambersburg PA
CBHW030353170426
43202CB00010B/1362